네이처 포지티브
Nature Positive

기업이 알아야 할 자연을 위한 ESG

추천하는 글

일의 세계는 고용을 지원하고 생계를 보장하며 생존터를 마련하는 역할을 통해 자연환경과 본질적으로 연결되어 있다. 국제노동기구(ILO)는 농업, 어업, 관광업과 같은 부문에서 10억 개 이상의 일자리와 전 세계 국내총생산(GDP)의 절반을 자연에 의존한다고 추정한다. 중요한 생태계를 손상시키거나 파괴하는 것은 경제, 사회, 환경 면에서 막대한 비용을 초래할 뿐 아니라 미래 세대가 의존할 수 있는 자원에 심각한 영향을 미친다. 이를 인식하여 투자자, 규제기관, 소비자, 노동자들은 기업이 금융자본 뿐만 아니라 자연자본과 사회자본의 좋은 관리자가 되어야 한다고 요구하고 있다. 환경, 사회, 지배구조(ESG) 원칙 및 프레임워크의 성장은 이러한 인식을 반영한 것이다.

  기업은 자연과 그 생태계를 보호, 복원, 개선하고 부정적인 영향을 예방하고 대응함으로써 경제와 사회, 환경 측면에서 지속가능한 사회로 나아가는 데 중요한 역할을 해야 한다. 《네이처 포지티브: 기업이 알아야 할 자연을 위한 ESG》는 기업이 ESG 프레임워크에 자연에 관한 고려 사항을 포함하는 방법을 자세히 설명한다. 또한 실용적인 통찰, 사례 연구, 실행가능한 전략을 제공하여 모든 규모의 기업에서 균형 잡히고 효과적인 ESG 접근 방식을 실현할 수 있는 방안을 제안한다. 동시에 이 책은 기업뿐만 아니라 모든 이해관계자에게 포괄적인 지침을 제공한다.

  기업은 인권을 존중할 책임이 있으며, 이 책임에는 환경 존중도 포함된다. 공급망을 포함한 인권 실사의 중요성이 지난 10년 동안 크게 증가했다. 이러한 인권 실사에는 환경과 자연 관점을 적용하는 것이 매우 중요하다. 실제로 유럽연합을 비롯하여 많은 국가에서 환경 관점을 포함한 인권 실사 의무화 법안(EU 기업 지속가능성 실사법)을 설계하고 있다. 이 법안은 이를 채택한 국가의 국경을 넘어 개발도상국의 공급망에까지 적용되는 경우가 많다. 이러한 중요한 발전을 고려할 때, 이 책은 기업이 자연과 인권에 미치는 부정적인 영향을 예방하고 대응하는 데 도움이 될 것이다. 그리고 이는 앞으로 더 많은 친환경 일자리 창출에 기여하는 것까지 연결되리라 기대한다.

김기범 (국제노동기구 거시경제/고용정책 전문위원)

현재 AI 기술 발전, 지정학적 분쟁 등이 전 세계의 관심을 지배하고 있지만 인류가 마주한 가장 중장기적인 문제는 기후위기와 생물다양성위기가 동시에 다가오는 쌍둥이 위기이다. 여기에 여러가지 원인이 초래하는 빈곤과 인권 문제가 겹쳐있다. 이 모든 문제에 대응하여 인류가 나아가야 할 방향이 지속가능성(Sustainability)이다. 기업의 기본적 존재 이유는 인류에게 상품과 서비스를 제공하여 경제적 가치를 창출하는 것이지만, 현재와 미래는 지속가능성에 대한 책임을 동시에 이행해야 하는 세상이다. 그래서 기업은 지속가능성에 대해 더 강력하고 완전하게 행동할 것을 요구받는다. 2023년 하반기 TNFD 자연 관련 공시 권고가 발표되면서, 기업들은 ESG 활동 범위를 기존의 기후변화에서 자연과 생물다양성 분야로 더 넓혀야 하며, 이 과정에서 환경적 완전성을 인정받아야 한다.

    이 책은 이런 숙제를 안고 있는 기업에게 무엇을 목적으로, 어떻게 해야 하는지를 잘 제시한다. 네이처 포지티브(Nature positive)를 목적으로, 기업과 자연의 상호 영향을 과학적으로 평가(Assessment)하면서, 악영향 완화 접근법(Mitigation hierarchy)에 맞추어 행동하는 것이다. 또한, 이 책은 기후변화와 생물다양성 손실에 대한 원인과 관련 정책의 차이를 상호 비교해서 제시한다. 그런 관점이 기후변화 ESG에만 익숙한 한국 기업에게 자연 관련 ESG에 관한 이해도를 한층 높일 수 있을 것이다. 업종별로 고려할 핵심 사항을 12개 업종에 대해 비교 분석한 것은 매우 실용적이다.

    이런 내용의 책을 출간 수 있다는 것은 저자들이 지속가능성을 둘러싼 국제 동향, 쌍둥이위기에 대한 기업의 대응 방식, 각종 환경 규제에 대한 전문적 지식과 식견을 갖추었기에 가능하다. 기업과 정부 관계자에게 이 책이 가진 실용적 가치를 고려하여 꼼꼼히 읽어볼 것을 적극적으로 권한다.

윤종수 (세계자연보전연맹 이사, 김앤장 법률사무소 고문, KT이사회 의장)

거대한 변화의 소용돌이 속에 있으면서도 간과하다가 파도가 덮친 후에야 허둥지둥 대응하는 경우가 있다. 지난 3년 동안 우리 사회가 맞이한 ESG의 물결도 그러한 예이다. 돌아보면, 2000년 글로벌 보고 이니셔티브(GRI)가 지속가능성 보고 기준을 제시하고, 2006년 유엔의 책임투자원칙(PRI)이 ESG를 강조한 지 20여 년이 지났다. 국제사회의 기업 투자와 운영의 철학은 이미 저만큼 앞서 가고 있는데 우리는 이제야 부산스럽게 쫓아가는 형국이다. 미래의 방향을 읽고 과감히 첫걸음을 먼저 내딛는 것이 선도자의 이점을 확보하는 데 더욱 중요해지고 있다.

이런 맥락에서 ESG 지형이 확장되는 것을 주목할 필요가 있다. 기업 활동에서 기후변화를 고려하는 것, 즉 기후변화가 기업에 미치는 영향과 거꾸로 기업 활동이 기후에 미치는 상황을 고려해야 한다는 것은 이제 상식에 가깝다. 이에 더하여 전에는 이름도 생소했던 생물다양성, 자연기반해법, 네이처 포지티브, TNFD 등 자연과 관련된 다양한 요구들이 기업 비즈니스에서 새롭게 부각되고 있다. 국제지속가능성기준위원회(ISSB)는 공시 표준을 단계적으로 제안하고 있는데, 이미 완료된 기후변화에 이어 차기 주제로 생물다양성과 생태계가 가장 유력하다고 한다. 공시의 주체인 기업 입장에서는 시대적 흐름을 따르려 해도 무엇을 어떻게 해야 하는지 고민이 클 것이다. 정부의 ESG 정책 담당자도 비슷한 고민을 할 것으로 보인다.

이러한 시기에 '기업이 알아야 할 자연을 위한 ESG'라는 부제를 달고 출간되는 이 책을 반가운 마음으로 읽었다. ESG와 연결된 자연 및 생물다양성 분야의 국제적 움직임과 특징, 그리고 실제 현업에서 기업의 담당자가 이해하고 적용할 수 있는 풍부한 내용을 쉬운 글로 담은 책이다. 자연과 생물다양성이라는 내용을 일목요연하지만 쉽게 정리한 것은 저자들이 유엔, 세계자연보전연맹, 환경부 등의 기관에서 오랜 기간 종사하며 전문성을 쌓아 왔기에 가능했을 것이다. 특히 기업의 자연과 생물다양성 분야 공시를 대비하는 이들에게 궁금한 내용에 답하는 자료로 손색이 없다는 생각이 들었다. 많은 분들이 읽어 보시기를 추천한다.

이민호 (법무법인 율촌 ESG연구소장)

우리는 종종 '자연'을 '경제'와 동떨어진 것으로 생각하는 경우가 있다. 그렇지만 세계경제포럼(WEF)에 따르면 세계 총 GDP의 절반 이상은 '자연'에 의존하고 있다. 우리는 자원과 물, 에너지, 동식물, 생태계를 이용하고 있고 또 그 안에 의존하며 살고 있으니 자연과 경제는 불가분의 관계인 것이다. 그러나 1970년 이후 산림벌채, 남획, 밀렵 등으로 인해 전 세계 야생동물의 개체수가 69% 감소했고, 약 100만 개의 멸종위기종이 각종 오염에 위협을 받고 있다. '경제' 중심의 사고는 '자연'을 황폐화시키고, 이렇게 황폐해진 '자연'은 결국 우리의 '경제'를 다시 어렵게 만들 것이다.

이 책은 기업의 ESG 관점에서 자연을 어떻게 바라보아야 하는지 제시하고 있다. 최근 전 세계적으로 가장 큰 관심을 받고 있는 TNFD의 세부 내용도 다루고 있다. 또한 기업이 그 가치사슬 속에서 자연을 어떻게 이해하고, 이행하며, 관리할 것인지에 대한 전략을 다룬다. 저자들은 '네이처 포지티브'라는 방향성을 보여주면서 자연과 사회, 경제 그리고 기업이 어떻게 공존하고 공생할 것인지에 대한 구체적인 전략을 제시한다.

기업 전략가, ESG 공시 담당자, 정부 관계자, 입법기관 담당자, 학계 및 시민사회에 종사하는 분들에게 필수 지침서가 될 것이다. 특히, 최근 국내외 선도 금융기관을 중심으로 TNFD 기반 포트폴리오에 대한 평가와 공시 사례가 확산되고 있어 금융기관 종사자, 기업의 투자·여신·회사채·프로젝트 파이낸싱 및 IR 담당자들에게 적극 추천한다. 자연을 보호하고 지속가능한 미래를 위한 전략을 모색하는 데 있어 귀중한 자원이 될 책이다.

임대웅 (BNZ파트너스 대표이사, 유엔환경계획 금융 이니셔티브 한국 대표 겸 아세안 자문관)

21세기는 기후변화의 위기와 생물다양성 감소의 위기라는 두 가지의 지구적 환경위기에 직면하고 있다. 이러한 환경문제는 전문가, 개인, 정부의 노력과 힘만으로는 해결하기 어렵다. ESG는 기업이 지구적 환경문제 해결에 동참할 좋은 기회를 제공한다. ESG의 환경 이슈에는 기후변화, 자연 및 생물다양성, 수자원, 순환경제, 환경오염 등 여러 가지가 있으나 많은 기업이 기후변화에 특히 큰 관심을 기울여왔다. 기후에 비하여 자연과 생물다양성은 아마도 정량화 및 평가가 어렵고 복잡하여 그 중요성에 비해서 관심을 덜 가져왔다. 그러나 최근의 국제적인 흐름은 자연과 생물다양성이 ESG에서 기후만큼 중요한 위치를 차지하게 되리라는 것을 보여준다. 전환점은 2022년 12월에 합의된 생물다양성협약의 쿤밍-몬트리올 세계생물다양성체계(GBF)와 2023년 9월에 발표된 자연관련 재무정보공개협의체(TNFD)의 자연 관련 공시 권고이다.

인류의 생존과 문명은 자연에 의존해 왔으며 자연이 인간에게 제공하는 모든 혜택을 뜻하는 생태계 서비스는 생물다양성이 있기에 가능하다.
생물다양성이라는 용어는 그 의미가 확대되고 진화되어 요즈음은 자연의 살아 있는 부분, 또는 지구상의 모든 생물 전체를 지칭하는 뜻으로도 사용된다. 지구적 환경문제를 기술로만 해결할 수는 없으며 자연을 보전하고 복원해서 자연기반해법으로 대응하면 기후와 생물다양성 위기를 함께 해결할 수 있다. 다만, 기업은 ESG 경영에서 자연 및 생물다양성과 관련하여 무엇을 해야 할지 궁금해하고 어려워한다. 이 책은 기업이 고민하는 이러한 문제에 대한 해답을 줄 것이다.

기후변화와 생물다양성은 둘 다 1992년에 국제협약으로 발의되었으나 항상 생물다양성이 기후변화의 뒤를 따라왔다. 2015년의 파리협정에 해당하는 것이 세계생물다양성체계이며, 넷제로에 해당하는 것이 네이처 포지티브, TCFD에 대응하는 것이 TNFD이다. 이 책의 저자들은 자연보전에서 국제적인 흐름을 이끌고 있는 세계자연보전연맹에 근무한 경험 등을 바탕으로 네이처 포지티브의 개념부터 설명한다. 또한 TNFD의 근간이 되는 세계생물다양성체계에 대한 자세한 설명을 다루고 있다. TNFD의 권고는 유럽연합을 중심으로 여러 나라에서 법적인 규제로 발전될 예정인데 이 책에서 자연 관련 재무 공시의 개념과 지표 설정 및 평가 방법 등을 자세히 다루고 있다. 이제는 기업이 전통적으로 관심을 가져온 기업 내부의 활동뿐만 아니라 원료의 생산 및 운반 과정과 제품의 사용 및 폐기에 이르는 가치사슬의 전 과정에 책임을 져야 하기에 자연과 관련하여 해야 할 일이 매우 다양하다. 이 책의 마지막 부분은 자연의 보전 및 복원과 관련하여 할 수 있는 일을 자세히 열거하고 있어 각 기업이 어떤 ESG 사업을 할 수 있을지 아이디어를 얻는 데 도움을 줄 것으로 생각한다. 이 책은 앞으로 국제적 환경 규제에 대응하기 위해서 기업들이 자연 및 생물다양성 분야의 ESG 경영에 왜 관심을 가져야 하는지, 그리고 무엇을 해야 할지에 대한 좋은 안내서가 될 것이다. 또한 지구적 환경위기 극복과 그린워싱 방지에도 큰 도움이 되리라 기대한다.

조도순 (국립생태원장)

현재 대부분의 국가에서 시행하는 환경규제 체계를 보면 기업 활동이 자연에 미치는 영향에 대하여 규제 기준치를 정해 직접 관리하는 방식을 찾을 수 없다. 생물, 자연, 생태계는 지역마다 다양한 모습을 띠고 각 기능은 복잡하고 불확실하기에 수질오염, 대기오염, 온실가스 규제처럼 정량적으로 통일된 배출 기준이나 행동 기준을 정하기 어려운 것이다. 각종 개발 사업이 자연에 미치는 영향을 최소화하기 위해 환경영향평가를 거친다. 하지만 이는 개발 사업이 중요한 생태계를 파헤치는 것을 방지하기 위한 것이지, 이미 운영 중인 기업 활동이 자연에 미치는 영향을 전반적으로 관리하기 위한 것은 아니다.

TNFD 자연 관련 공시 권고가 발표된 이후, 기업 관계자들은 자연을 위한 ESG 활동을 어떻게 해야 할지 당황하고 있다. 정부의 직접 규제가 아직 없는 영역이기에 체계적인 대응 경험도 없는 것이다. 자연에 대한 ESG는 국내에서 자발적으로 생긴 것이 아니고 국제적 차원에서 하향식으로 부과된 것이기도 하다. 상황이 이렇다 보니, 자연을 위한 ESG를 다룬 이 책은 기업의 ESG·환경 관련 담당자나 정부 관계자 등에게 매우 유용할 것이다. TNFD 체계와 관련한 다양한 해외 자료를 폭넓게 분석하여 생태계의 특징, 기업이 자연에 영향을 미치는 형태와 업종별 차이, 업종별 주요 대응 활동, 관리 지표 등에 대해 알기 쉽게 정리하고 있기 때문이다.

최근 국제지속가능성기준위원회는 2023년 발표한 기후공시 기준의 다음 주제로 자연과 인적 개발 분야를 정하고, 몇 년 안에 공시 기준을 정하기로 했다. 이런 움직임을 보면, 수출입 규모가 큰 한국 기업의 대다수는 3~4년 안에 TNFD 체계를 고려한 자연 관련 ESG 활동을 본격적으로 이행해야 한다. 한국 정부도 이에 맞추어 기업 지원을 위한 제도나 정책을 정비할 수밖에 없다. 이 책의 내용을 이해한 독자라면 자연 관련 ESG의 전체 상을 그릴 수 있을 것이다. 그리고 그렇게 심화한 이해에 터 잡아 개별 상황에 맞는 활동을 보다 쉽게 설계할 수 있을 것이다. 중요한 국제적 흐름을 미리 파악하고 매우 실용적인 책을 준비해 준 저자들의 노고에 깊이 감사드린다.

조홍식 (서울대학교 로스쿨 교수, 한국법학교수회 회장, 외교부 기후환경대사)

일러두기

1. 맞춤법과 외래어 표기법은 국립국어원의 용례를 따랐다. 다만, 전문용어와 고유명사(기관명, 보고서명 등)의 경우 연구서나 논문에서 통용되는 방식을 따랐다. 또한 출처와 자료의 외국 인명은 국문을 병기하지 않고 원어 그대로 썼다.
2. 본문에서 단행본은 겹화살괄호(《 》)를, 보고서와 논문, 선언문, 법은 홑화살괄호(〈 〉)를 썼다. 프로젝트와 사업명 등은 작은따옴표(' ')를 썼다.
3. 국제기구와 협약은 가능한 국문으로 풀어쓰되, 가독성이 떨어지는 경우에는 약어로 표기했다. 영문 공식 명칭은 처음 언급됐을 때 표기했다.

네이처 포지티브
Nature Positive

기업이 알아야 할 자연을 위한 ESG

목차

들어가는 글: ESG의 새로운 방향, 네이처 포지티브   16
[부록] 기후위기와 자연위기 대응 방식 비교   26

Part 1. 네이처 포지티브 전략

1장. 손실을 멈추고 회복을 향하여   34
   1. 정의   35
   2. 자연과 함께 하는 경제 만들기   41
2장. 자연과 사회   46
   1. 사회, 경제적 동향   47
   2. 산업의 자연 의존성   52

Part 2. 자연 관련 ESG의 흐름

1장. ESG의 새로운 화두   62
   1. ESG 관련 동향   63
   2. 세계생물다양성체계   66
2장. 기후와 자연을 고려한 ESG   70
   1. 기후변화 부문   71
   2. 자연 부문   73
3장. 국제사회의 표준 형성   76
   1. 지속가능성 보고 기준(GRI)   77
   2. 글로벌 공시 기준(ISSB)   81
4장. 국제사회의 ESG 대응   84
   1. 유럽연합   85
   2. G7   94
   3. G20   96

Part 3. TNFD 자연 관련 공시 권고의 이해

1장. TNFD의 등장 — 104
  1. 자연이 기업의 재무 성과에 미치는 영향 — 105
  2. TNFD 마련 과정 — 108

2장. 상호작용하는 자연 — 112
  1. 주요 개념 — 113
  2. 자연과 관련된 이슈 — 121

3장. 주요 체계와 일반 사항 — 136
  1. 주요 활용 대상 — 137
  2. 구성 요소와 체계 — 139

4장. 공통 공시 사항 — 152
  1. 지배구조 — 154
  2. 전략 — 159
  3. 위험과 영향 관리 — 166
  4 관리 지표와 목표 — 170
  5. LEAP 접근법 활용 — 176

5장. TNFD 체계의 가능성 — 180

Part 4. 자연을 위한 ESG 이행하기

1장. 자연의 지역적 특징 이해하기   188
    1. 생물군계와 기업 활동의 관계   190
    2. 기업 활동과 자연의 상호작용   202
    3. 민감한 장소 확인하기   210

2장. 가치사슬의 특징   224
    1. 가치사슬 관련 TNFD 권고사항   226
    2. 가치사슬 이해도 높이기   235

3장. 자연에 미치는 악영향 줄이기   242
    1. AR3T 체계   244
    2. 업종별 악영향 대응 방안과 기회   250
    3. 자연기반해법 이행   264
    4. 침입외래종 관리   270
    5. 녹색분류체계 활용하기   274
    6. 자연 관련 시장 이해하기   281

4장. 기업의 관리 체계 만들기   306
    1. 관리 지표 설정하기   308
    2. 목표 설정 이해하기   337

나가는 글: 기꺼이 감내해야 할 도전   342
미주   346
참고 문헌   356
주요 용어   367
저자 소개   376

들어가는 글:
ESG의 새로운 방향, 네이처 포지티브

2023년 9월, 자연 관련 재무정보공개협의체TNFD: Task Force on Nature-related Financial Disclosures가 자연 관련 공시 권고Recommendations of the TNFD를 최종 발표했다. 2017년 국제사회가 기후 관련 재무정보공개협의체 TCFD: Task Force on Climate-related Financial Disclosures를 설립하여 기후 관련 공시 권고Recommendations of the TCFD를 발표한 이후 6년 만에 자연 관련 공시 체계가 모습을 드러낸 것이다.

 기후 관련 공시는 TCFD 권고 이외에도 다양하다. 글로벌 보고 이니셔티브GRI: Global Reporting Initiative, 과학기반목표 이니셔티브SBTi: Science-based Target initiative, 탄소정보공개 프로젝트CDP: Carbon Disclosure Project 등 많은 기관이 기업의 기후변화 대응을 촉진하기 위해 활동해 왔다. 2023년 6월에 국제지속가능성기준위원회ISSB: International Sustainability Standards Board의 기후 관련 공시 기준(IFRS S2)이 발표되면서, 기업 입장에서는 통합된 기후 관련 공시 체계를 받아 들게 되었다. 국가 차원에서는 유럽연합, 일본, 브라질 등이 TCFD 체계를 활용한 기후 관련 공시를 국가 내 제도로 법제화하였다. 코로나19 팬데믹 시기에 촉발된 세계 차원의 2050년 탄소중립 목표 선언 흐름에 맞추어 국내외 많은 기업이 탄소중립 달성 목표를 발표하고, 기후 관련 ESG를 핵심 과제로 추진하고 있다. 그 외에도 재생에너지-100RE-100 이니셔티브, 금융기관에 적용되는 책임투자원칙PRI: Principles for Responsible Investment 등도 기업의 기후변화 대응을 촉구하는 움직임이다.

앞서 언급된 기관들과 유럽연합은 기업, 금융기관의 생물다양성 보전 움직임을 촉진하기 위해 자연 관련 공시 기준을 각각 시행해 왔다. 그러나 TNFD가 자연 관련 공시 권고를 발표하면서 비로소 자연 관련 과학적 지식을 최대한 반영한 공시 체계가 만들어졌다고 할 수 있다.

2023년 9월 이후, 여러 국내 기업을 대상으로 TNFD 체계와 대응 방안에 대해 강의하면서 느낀 것은 그들이 기후 관련 ESG에 비해 자연 관련 ESG 활동의 중요성과 필요성을 매우 낮게 인식한다는 점이다. 자연이라는 것이 정확히 어떤 범주를 말하는지, 기업이 어떻게 자연에 영향을 미치는지, 무슨 대응 방안을 세워야 하는지에 대한 기본 지식이 매우 부족하다는 점도 알게 되었다. 또한 이제야 탄소중립 ESG 전략을 만들고 이행을 시작했는데, 이해하기도 어려운 자연 관련 공시 체계가 발표되었다고 매우 당혹스러워하는 이들도 많았다.

그래서 이 책은 TNFD 체계를 처음 접하는 기업 관계자가 알아야 할 국제적 움직임과 자연 관련 ESG의 특징, 그리고 이행 과정을 전달하는 것을 목표로 집필하였다.

주목해야 할 국제적 흐름

인간은 의식주와 산업에 필요한 자원을 모두 자연에서 얻는다. 전 세계 GDP의 절반 이상을 자연에 의존한다는 분석도 있다. 그럼에도 불구하고 문명화 이후 산림의 50%, 습지의 70%가 없어졌으며 포유류, 조류 등 야생동물의 개체수는 60% 이상 줄어들었다. 또한 매년 우리나라 면적의 1.2배에 달하는 생태계가 인간에 의해 훼손되고 있다. 일부 과학자들은 생물종의 75% 이상이 없어지는 여섯 번째 대멸종이 올 것이라고 경고한다. 인류가 개입하면 자연 상태보다 10~100만 배 빠르게 생물종을 멸종시킨다고 한다.

현재 전 세계는 기후위기에 대응해 지구의 온도 상승을 산업화 이전의 1.5℃ 이하로 억제하기 위해 넷제로Net-zero, 탄소중립Carbon neutrality을 달성해야 한다는 목표에 공감하고 있다. 반면 생물종의 멸종, 생태계 파괴 등 자연의 위기에 대응한 움직임은 많이 뒤처져 있다. 다행히도 최근 들어서 기후위기와 자연위기를 동시에 대응해야 한다는 논의가 힘을 받으며, 3가지 큰 흐름으로 연결되고 있다.

첫째, 기후위기와 자연위기는 서로 분리된 문제가 아니므로 이제부터는 동시에 대응해야 한다는 국제적 흐름이 만들어졌다. 기후변화와 자연 분야에서 모든 국가가 참여하는 최고 의사결정기구인 기후변화협약UNFCCC: United Nations Framework Convention on Climate Change, 생물다양성협약CBD: Convention on Biological Diversity은 기후위기와 자연위기를 동시에 해결해야 할 인류의 과제라는 것을 명확히 한다. 2015년 파리기후변화협정Paris Agreement(이하 '파리협정')은 선진국과 개발도상국 모두가 기후위기에 대응하게 만든 중대한 계기가 되었다. 자연위기에 대해서는 2022년 12월 채택된 쿤밍-몬트리올 세계생물다양성체계 GBF: Kunming-Montreal Global Biodiversity Framework(이하 '세계생물다양성체계') 가 자연 분야의 파리협정 역할을 하게 되었다. 두 가지 위기에 동시에 대응할 목표점이 명확해진 것이다.

이와 더불어 기후위기와 자연위기에 서로 통합적으로, 시너지 효과를 고려하여 접근해야 한다는 공감대도 만들어지고 있다. 제28차 기후변화협약 당사국총회(2023)에서는 파리협정 이후 전 세계가 이행한 노력을 재평가하고, 미래의 방향성을 제시하는 1차 전 지구적 이행점검GST: Global Stocktake이 있었다. 이행점검의 결과물은 각 국가가 기후위기와 자연위기를 상호 시너지를 고려하여 통합적으로 다루어야 하며, 산림과 육상·해양 생태계를 보전하여 온실가스 흡수를 늘려야 한다고 정했다. 또한 기후변화 적응 측면도 농업과 식량 안보, 토지이용 관리, 자연기반해법Nature based Solution, 자연보전 등이 다양한 분야에서 통합적으로 이루어져야 한다고 결정했다. 세계생물다양성체계도 자연기반해법을 널리 적용하여 기후변화에 적극 대응할 것을 목표로 설정했다.

둘째, 국제사회는 민간기업도 기후 관련 ESG와 자연 관련 ESG 활동을 동시에 해야 한다고 방향성을 명확히 했다. TNFD 체계는 기후 관련 공시에 관여해 온 글로벌 보고 이니셔티브, 과학기반목표 이니셔티브, 탄소정보공개 프로젝트, 국제지속가능성기준위원회 등이 참여하여 같이 만들었다. 이에 따라 TNFD 체계는 TCFD 체계의 공시 범위와 방식을 유사하게 활용하고 있으며, 기후위기와 자연위기 대응에 어떻게 포괄적으로 접근하고 있는지를 공시 내용에 포함하도록 요구하고 있다. 또한, 국제지속가능성기준위원회의 기후 관련 공시 기준(IFRS S2) 이후 연구 주제로 생물다양성과 생태계 서비스가 확정되었다.

셋째, 기후위기 대응의 2050년 장기 목표인 넷제로, 탄소중립과 병행하는 자연 분야 2050년 목표로 '네이처 포지티브Nature positive' 개념이 새롭게 제기되고 있다. 네이처 포지티브는 자연과 생물다양성 손실을 멈추고, 자연이 회복되며 생물다양성을 포함한 자연자본 Natural capital이 증가하는 상태를 말한다. 세계경제포럼WEF: World Economic Forum은 산업 부문에서 네이처 포지티브 방향으로 전환해야 한다는 이니셔티브를 시작했다. G7 국가는 2023년 4월 네이처 포지티브 경제Nature positive economy라는 정책 방향 합의문을 발표한 바 있다. 27개 자연보전 단체도 네이처 포지티브를 넷제로, 탄소중립과 동등한 수준의 국제적 목표로 만들기 위해 같이 움직이고 있다.

이 같은 국제적 움직임을 보면 국내외 글로벌 기업이 탄소중립과 네이처 포지티브라는 2가지 목표 아래 기후·자연 관련 ESG 전략을 수립하고, 이를 매년 공시 보고서로 발표할 시기가 그리 멀지 않다는 점을 알 필요가 있다.

기업이 알아야 할 자연 관련 ESG의 특징

많은 기업이 TNFD 체계를 어떻게 준비해 나가야 할지 고민한다. 익숙하지 않은 기술적 내용들이 많은 탓이다. 또한, ESG 활동에 일부 부정적인 목소리가 나오는 정치적 상황을 접하면서 얼마나 진지하게 대응해야 하는지도 혼란스러워한다. 그럴수록 TCFD 체계와 기후 관련 ESG 활동이 거대한 흐름으로 만들어지기까지의 과거를 되돌아볼 필요가 있다. 기업에서 현재 행하는 기후 대응 ESG 활동은 1~2년 안에 이루어진 것이 아니다. 2010년대 동안 온실가스 배출권 거래제도를 이행하는 한편 탄소정보공개 프로젝트, 글로벌 보고 이니셔티브, 과학기반목표 이니셔티브 등 민간에서 마련한 자발적인 기후 공시, RE-100 이니셔티브 등에 대응하는 동안 갖춰진 지식과 데이터, 경험 덕분이다.

2020년대 이전까지는 기후 대응 ESG를 자발적으로 해도 되고, 안 해도 별문제가 없는 상황이었다. 그러나, 코로나19 팬데믹과 탄소중립 확산을 거치면서 이제 기후 관련 ESG는 하지 않으면 안 되는 핵심 이슈가 되었다. TNFD 체계를 바라보는 마음가짐도 이와 유사하면 좋을 것이다. 1~2년 안에 완비하는 것이 아니라 다년간의 세심한 준비 과정을 거쳐 대응할 필요가 있다. 다만, 앞서 언급한 것처럼 TNFD 체계는 기후 관련 공시에서 얻은 경험에 기반하여 만들어진 것이므로 과거보다 더 쉽게 접근할 수 있을 것이다. 국제사회의 합의를 통해 이미 방향성이 정해져 있으며 국제지속가능성기준위원회와 같은 국제적 가이드라인에 반영 필요성, 각 국가 내 법제화 필요성 등이 제시되어 있다. 이런 상황을 고려하여 한국 기업, 사회에서 유념해야 할 몇 가지 사항을 제안하고자 한다.

첫째, TNFD 체계에서 요구하는 많은 부분은 이미 기업이 이행하는 활동을 포함하고 있다는 점이다. TNFD 체계에서는 자연 훼손에 영향을 미치는 요인으로 육상·담수·해양 생태계와 토지의 이용, 물과 환경 자원의 과다 활용, 온실가스 배출, 수질·대기·토양오염물질과 폐기물 배출, 침입외래종Invasive alien species 확산 등 5가지를 꼽는다. 기업은 이에 대한 분석과 대응 전략을 세워야 한다. 5가지 중 절반 이상은 현재 기업이 환경 규제를 준수하기 위해 이행하고 있는 것으로 관련 지식, 경험, 노하우를 지니고 있을 것이다. 이런 현황을 확인하는 것에서부터 출발하면 보다 쉽게 접근할 수 있다.

둘째, TNFD 체계 준비 시 필요한 자연보전 활동은 기존에 기업이 이행하던 자연보전 사회적 책임 활동CSR: Corporate Social Responsibility과는 다르다는 점을 이해해야 한다. 기업 관계자와 대화해보면, 사업장 위치와 전혀 관련 없는 지역에서 1사 1하천 가꾸기, 산림 나무 심기, 멸종위기종 보호 활동 지원 같은 사회적 책임 활동을 확대하는 것만으로 TNFD 체계 대응이 충분하지 않겠냐는 오해를 하는 경우가 많다. 그러나 TNFD 체계는 기업이 직접 운영하는 사업장과 가치사슬value chain 공급망 주변 자연에 미치는 영향을 분석하고, 악영향을 저감하는 활동이므로 지금까지의 사회적 책임 활동과 큰 차이가 있다.

셋째, TNFD 체계는 기후 공시와 유사하게 가치사슬 공급망 전체를 관리 대상 범위로 정하고 있다. 기후 공시가 온실가스 배출원의 범위에 따라 스코프scope 1, 2, 3 등으로 분리하여 기업의 관리 대상을 점차 넓혀 가는 것처럼, TNFD 체계는 업스트림upstream과 다운스트림downstream으로 분류하여 접근한다. 표현은 다르지만 가치사슬 전체를 고려해야 한다는 원칙은 동일하다.

넷째, 자연 관련 ESG의 핵심은 운영 사업장이나 회사의 가치사슬 공급망 주변에서 생물다양성이 민감한 장소가 있는지에 기반하여 접근하는 것이다. 민감한 장소라면 적극 관리가 필요하고, 민감하지 않다고 판단되면 관리 필요성이 낮아진다. 반면, 기후 관련 ESG는 기업이 화석연료를 사용하는 모든 시설에 대해 에너지를 얼마나 사용하며, 어떻게 재생에너지로 바꿀 것인지를 판단하는 게 중요하다. 사업장의 위치와 크게 관련 없다. 이것이 가장 큰 차이점이라는 것을 이해해야 한다. 따라서 TNFD 체계에 처음 접근하는 기업은 직접 운영 또는 가치사슬 공급망 사업장을 지도에 표시하고 그 주변 지역의 생물다양성을 확인하는 것부터 시작할 필요가 있다.

다섯째, 자연 관련 공시를 준비할 때 분석 과정에 필요한 과학적 데이터가 기후변화 분야에 비해 복잡하며 체계적으로 갖추어져 있지 않다는 한계가 있다. 기후변화 분야는 에너지 종류만 동일하면 지역에 상관없이 동일한 방식으로 온실가스 배출량을 계산하면 된다. 그러나 생물종, 생태계의 특징은 지역마다 다를 가능성이 높아서 모든 지역에 동일한 데이터, 분석 방식을 사용할 수가 없다. 어쩔 수 없는 근본적인 차이점이다. 따라서 TNFD 체계를 준비하려면 현장 데이터를 체계적으로 모으는 과정에 인력과 재원을 합리적으로 배분해야 하며 현장 전문가와 같이 할 필요가 있다.

여섯째, 자연에 대한 악영향을 줄이는 활동에는 우선순위Mitigation hierarchy가 있다는 것을 기업의 대응 전략이 따르고 있는지가 중요한 평가 기준이 된다는 것을 인식해야 한다. 생태계가 민감한 지역을 훼손하거나, 가치사슬상 자연에 영향이 큰 원료를 과도하게 사용한 이후 다른 지역에서 자연 복원 활동을 하는 것은 좋은 점수를 받기 어렵다는 것이다. 악영향 원인을 처음부터 만들지 않는 것이 가장 바람직한 대응 전략이다. 그래서 TNFD 체계는 회피Avoid, 저감Reduce, 재생

Regenerate, 복원Restore, 변화 행동Transformative action 등의 우선순위를 제시한다.

일곱째, 사업장이 위치한 지역의 지자체, 지역 주민, 정부기관과의 협업에 더 많은 관심을 가지고 인력과 재원을 투입해야 한다. 앞서 설명한 것처럼 생물다양성이 민감한 지역에 초점을 맞추어 대응 활동을 해야 하는데 이런 지역은 대부분 중앙정부, 지자체, 지역 주민이 관리하고 있거나 이해관계자의 도움이 있어야 대응 활동이 가능하기 때문이다.

이 책은 자연 관련 ESG를 준비하는 기업인, ESG를 담당하는 공공기관 관계자, 자연보전 활동에 관심이 많은 독자들이 TNFD 체계와 자연을 위한 ESG 활동에 대한 기본 지식을 넓히고 올바르게 이해할 수 있도록 돕기 위해 쓰여졌다. 그래서 1부에서는 국제사회가 어떤 정책적 배경, 사회적 흐름에서 네이처 포지티브를 강조하고 자연에 대한 ESG 활동을 요구하는지를, 2부는 국제적 차원에서 지속가능성 공시 체계를 주도하는 그룹이 자연 관련 공시는 어떻게 준비하고 적용하려 하는지를 설명했다. 3부에서는 2023년 9월 발표된 TNFD 자연 관련 공시 권고의 핵심 사항을 요약했다. 4부에서는 TNFD 체계를 이해하고 자연 관련 ESG를 이행하는 데 반드시 필요한 기본 지식을 상세하고 풍부하게 제시했다.

네이처 포지티브는 아직 우리 사회에서 낯선 용어이다. 저자들은 자연 관련 ESG에 대한 더 많은 지식과 경험이 한국 사회에 빠르게 축적되기를 간절히 바란다. 그래서 네이처 포지티브가 탄소중립처럼 익숙하게 들리고 다양한 실천 활동이 이어지기를, 이 책이 그 시작점이 되기를 기대한다.

2024년 6월
저자 일동

[부록] 기후위기와 자연위기 대응 방식 비교(오일영, 2023에서 저자 재구성)

기후위기 대응	자연위기 대응
관리 대상과 목표	
• 지구 대기 온도 상승을 산업화 이전의 1.5°C 이내로 억제 추진 • 지구 대기 중 온실가스 농도 관리 • 2050년까지 '넷제로(전 세계 온실가스 순배출 제로화)' 달성	• 육지, 해양, 담수와 대기를 포함하는 자연 영역 관리 • 환경자산, 생물다양성, 생태계 서비스 악화 방지 • 2050년까지 '네이처 포지티브(2030년까지 자연의 손실을 멈추고, 2050년까지 완전히 회복)' 목표 설정 논의 중
영향 유발요인	
• 화석연료 연소, 제품 생산, 토지이용 등 인간이 활동하며 배출한 온실가스(CO_2, CH_4, N_2O, HFCs, PFCs, SF_6, NF_3)가 대기 중에 쌓이며 온실효과 유발 • 대기 중 온실가스를 흡수하는 산림, 습지 등 파괴 • 이상의 영향 유발요인은 전지구의 온실효과에 영향(전 지구적 차원)	• 기후변화 • 육지·담수·해양 이용의 변화 • 물, 광물, 식물, 동물 등 자연자원의 과도한 이용 • 수질·대기·토양 오염물질과 폐기물 배출 • 생태계를 교란하는 침입외래종 유입 및 확산 • 이상의 영향 유발요인은 특정 지역의 생물다양성에 영향(지역적 차원)
악영향	
• 홍수, 가뭄, 해수면 상승, 산불 빈발 등 재난 피해 증가 • 폭염 사망, 질병 증가 • 생태계 파괴, 생물다양성 감소 • 식량 생산 감소, 기후이민 증가	• 생태계 훼손과 파괴 • 생물종의 감소와 멸종 • 생태계 서비스(공급, 조절·유지, 문화) 감소에 의한 거주 및 경제활동 악화 • 환경자산 감소에 의한 경제적 피해, 인권 피해, 환경이민 증가

기후위기 대응	자연위기 대응
국제협약	

• 기후변화협약(1994년 발효)
  - 기후변화협약 당사국총회(COP):
    매년 개최, 2023년 제28차 총회 개최
  - 파리협정(2015년 채택)
    ▶ 지구 온도 상승 목표 설정
    ▶ 국가별 감축 목표(NDCs,) 설정 의무
    ▶ 장기저탄소발전전략 수립 의무
    ▶ 온실가스 감축 실적의 국가간
       거래(ITMOs) 시장
    ▶ 기후재정 지원, 기후기술 개발과 이전,
       능력 향상
    ▶ 주기적으로 온실가스 배출량,
       기후변화 대응 현황 보고서 제출
	• 생물다양성협약(1993년 발효)
	  - 생물다양성협약 당사국총회(COP): 2년마다
	    개최, 2022년 제15차 총회 개최
	  - 쿤밍-몬트리올
	    세계생물다양성체계(2022년 채택)
	    ▶ 4개 목표(Goal)과 23개 상세 목표(Target) 설정
	    ▶ 멸종위기종, 야생종을 지속가능하게 관리
	    ▶ 중요한 육상·해양 생태계 및 보호지역 확대
	    ▶ 생태계 복원, 기후변화 대응, 도시 지역 관리
	       등에 자연기반해법 이행
	    ▶ 자연을 위한 지속가능한 생산과 소비
	    ▶ 유전 자원의 이익 공유
	    ▶ 민간기업·금융기관의 자연 관련 영향, 위기,
	       대응 전략 공시 실시
	    ▶ 자연 관련 재정 지원, 기술 개발과 이전,
	       능력 향상
	    ▶ 인권과 거버넌스 보장

관련된 국제 협약	

• 국제민간항공기구(ICAO)의
  국제민간항공사 온실가스 배출 규제
• 국제해사기구(IMO)의 국제해운사
  온실가스 배출 규제
	• 멸종위기 동식물 국제 거래에 관한 협약
	  (CITES, 1975년 발효)
	• 국제습지협약, 람사르협약
	  (Ramar Convention, 1975년 발효)
	• 국제 이동생물종 보호에 관한 협약
	  (CMS, 1983년 발효)
	• 공해상 해양생물다양성을 위한 협정(High Sea
	  Treaty/BBNJ, 2023년 채택)

기후위기 대응	자연위기 대응
과학적 기반 제공	
• 기후변화에 관한 정부간 협의체 (IPCC, 1988년 설립) - 총 6차례 종합평가보고서 발간(6차: 2023년). 그 외 다수 주제별 특별보고서 발간	• 생물다양성 과학기구(IPBES, 2012년 설립) - 총 1차례 세계 종합평가보고서 발간 (1차: 2019년). 그 외 지역별, 주제별 특별보고서 발간
영향 유발요인 저감 방식	
• 에너지, 자원 및 제품 소비량 감축 • 화석연료를 재생에너지로 대체 - 태양광, 풍력, 조력, 지열 등으로 전력과 열 생산 - 그린 수소, 암모니아 활용 • 온실가스 배출 원재료 교체 - 철강, 화학 등에 사용되는 탄화수소를 수소로 대체 - 축산용 저메탄 사료 사용 • 탄소 포집·활용·저장(CCUS) • 온실가스 흡수원 자연기반해법 실시 - 재조림, 산림 관리 - 바이오차 활용, 농경지 식수 - 맹그로브 숲, 해안 습지 복원	• 회피 - 자연보호지역 지정과 관리 - 자연에 유해한 원재료, 사업 방식 교체 - 침입외래종 유입 및 확산 방지 • 저감 - 수질·대기·토양 오염물질 배출 감축, 제품 및 생산공정 변경 - 폐기물 발생 감축과 재활용 확대, 순환경제 활성화 - 지속가능인증 받은 원료 사용 확대 • 재생 - 재생 농업, 식생 수로, 토양유기물 함량 증대 등 특정 생태계 서비스 향상 목적의 자연기반해법 실시 • 복원 - 훼손 또는 단절된 산림, 습지, 서식지 복원, 신규 생태계 조성 등 생태계 회복 목적의 자연기반해법 실시
국가 차원의 관리 체계(한국 사례)	
• 2050 탄소중립·녹색성장 국가 전략 및 국가 기본계획(한국, 2023년) • 2030 국가온실가스 감축 목표(한국, 2021년) - 2018년 배출량 대비 40% 감축 • 탄소배출권 할당과 거래 제도(한국, 2015년) • 탄소세 부과(한국, 미시행) • 저공해차 보급 목표제(한국, 2020년) • 건물, 자동차, 제품 등에 대한 에너지효율, 탄소배출량 인증제도 • 녹색분류체계(한국, 2022년)	• 제5차 국가생물다양성전략(한국, 2023년) • 자연보호지역, 국립공원, 습지보호지역 등 관리제도 • 환경영향평가제도 • 수질, 대기, 토양, 폐기물 관리 등 오염원별 관리제도 • 생태계교란생물 지정관리제도 • 생물다양성 상쇄, 크레딧 제도(한국, 미시행) • 녹색분류체계(한국, 2022년)

기후위기 대응	자연위기 대응
국제 차원의 거래 규제	
• 유럽연합 탄소국경조정제도 (CBAM, 2023년) • 유럽연합 기업 지속가능성 실사법(2024년)	• 유럽연합 산림파괴방지법(2023년) • 유럽연합 기업 지속가능성 실사법(2024년)
민간 자발적 이행 체계	

• 탄소정보공개 프로젝트 기후변화 (CDP Climate Change, 2002년)
• 과학기반목표 이니셔티브(SBTi, 2015년)
• RE-100(2014년)
• 자발적 탄소시장. 다수 국제 민간인증기관이 개별 인증 기준 마련, 관리
  - Verra(Verified Carbon Standard)
  - Plan Vivo
  - Gold Standard
  - American Carbon Registry
  - Climate Action Reserve
	• 탄소정보공개 프로젝트 물 안보 (CDP Water security, 2010년)
	• 탄소정보공개 프로젝트 산림 (CDP Forest, 2014년)
	• 과학기반목표 네트워크(SBTN, 2019년)
	• 국가 차원의 자발적 생물다양성 크레딧 시장. 호주, 뉴질랜드, 영국, 콜롬비아에 소규모 자발적 시장 존재
	  - Nature Repair Market
	  - Biodiversity Credit system
	• 국제 차원의 자발적 생물다양성 크레딧 시장. 다수 민간인증기관이 초기 시작하거나, 준비 중
	  - Wallacea Trust
	  - Plan Vivo
	  - Open Earth

ESG 체계	
• 기후 관련 재무정보공개협의체 (TCFD, 2017~2023년) • 국제지속가능성기준위원회(ISSB) 기후 관련 공시 기준(IFRS S2) • 유럽연합 지속가능성 보고 기준(ESRS) E1(2023년)	• 자연 관련 재무정보공개협의체 (TNFD, 2023년) • 유럽연합 지속가능성 보고 기준(ESRS) E2-E5 (2023년)

네이처 포지티브 전략

Part 1

NATURE POSITIVE

기후변화는 인류가 직면한 가장 큰 위기이다. 지구 대기의 온도를 산업화 이전보다 1.5℃ 상승하는 수준으로 억제해야 그나마 기후재앙을 최소화하면서 인류도 생존할 수 있다. 그러려면 2050년까지 인류가 배출하는 온실가스 양과 자연이 흡수하는 온실가스 양의 차이가 '0'에 가까워지는 상태인 넷-제로, 즉 탄소중립을 달성해야 한다. 이에 대해서는 이미 전 세계가 공감대를 형성하고 국가와 기업 차원에서 탄소중립을 위한 구체적 행동이 이루어지고 있다. 지금의 행동 수준보다 더 강한 조치가 필요한 상황에서 기후변화협약, 기업에 대한 ESG 평가 체계는 국가나 기업의 기후행동이 적정한지를 평가하여, 지속가능한 효과가 있도록 만들어 나가고 있다.

반면에 인류의 모든 삶 그리고 전 세계 GDP의 절반 이상이 자연에 의존함에도 자연의 위기에 대한 행동은 기후위기 대응에 비해 많이 뒤져 있다. 다행히도 2022년 생물다양성협약에서 쿤밍-몬트리올 세계생물다양성체계를 확정하고, 2023년 TNFD 자연 관련 공시 권고를 발표하면서 자연위기에 대응할 전 세계의 목표와 기업의 행동 가이드를 갖추게 되었다. 이와 더불어, 우리가 주목해야 할 것이 네이처 포지티브에 대한 국제적 움직임이다. 기후위기 대응 방향이 탄소중립이라면, 자연위기 대응 방향은 생물다양성, 환경자산 등 자연자본이 감소를 멈추고, 늘어나는 상태인 네이처 포지티브가 될 것이다. 머지않아 우리 사회와 기업이 탄소중립과 네이처 포지티브를 동시에 추구해야 하는 핵심 의제로 설정하여 행동해야 할 시기가 올 것이다.

이성아 (국제이주기구 사무차장, 전 세계자연보전연맹 사무차장)

1장.
손실을 멈추고 회복을 향하여

1. 정의

자연

맑은 공기, 깨끗한 물, 영양 가득한 음식, 안정적인 지구시스템이 없다면 인간은 번영은커녕 생존조차 할 수 없다. 이 모든 것을 인간에게 제공하는 것은 자연이다. 자연은 지구를 안정적으로 유지하기 위해 계속해서 우리를 도와왔다. 그렇게 자연은 우리 경제 사회에 없어서는 안 될 중추가 되었다. 실제로 전 세계 GDP의 절반 이상을 자연에서 나오는 원료와 자연생태계에서 창출되는 다양한 소재에 직간접적으로 의존한다. 산업의 많은 부분이 자연에 의존하는 셈이다. 자연계가 훼손된다면 전 세계 GDP의 절반 이상, 그리고 우리가 의존하고 있는 여러 산업의 반 이상이 지속될 수 없다는 이야기다.[1]

그러나 인간의 기업 활동은 자연을 계속해서 훼손시키고 있다. 지난 반세기 동안 인구 증가와 1인당 소비 증가(특히 선진국과 중간 소득 국가)는 한정된 천연자원과 생태계에 지속적인 압박으로 작용했다. 또한 관련된 토지 및 해양 이용 변화, 오염물질 및 온실가스 배출로 인해 기록적인 수준의 자연 손실이 발생하고 있다. 이로 인해 지구와 인간에 대한 자연의 기여가 모두 저하되어 세계 경제, 미래 세대의 복지, 전체 지구시스템의 건강을 위협하고 있다.[2]

자연재해, 생물다양성 손실, 기후변화는 전 세계적으로 일어나고 있는 현상이며 앞으로는 더욱 심각해질 것이다. 과학이 우리에게 제시하는 자료를 볼 때, 또 지금까지 우리 사회가 진행한 대책과 진행 결과를 분석해 볼 때, 지금 상태로는 지구온난화를 1.5℃ 정도로 억제하자는 목표에 성공하기가 꽤 힘들 것으로 예상된다. 지구 대기의 온도가 1.5℃ 이상으로 올라가는 기후 오버슛climate overshoot이 진행될 가능성이 점점 더 높아지고 있다. 이제 문제는 기후 오버슛이 얼마나 오래 지속될 것인가이다.

인간이 생존하려면 온난화의 상승 곡선을 가능한 한 빨리 구부려 자연과 인간의 단 하나뿐인 생존 터전인 지구에 영구적인 손상과 변화를 초래할 수 있는 기후 오버슛 초과 기간이 생기는 것을 방지해야 한다. 방지하지 못한다면 되도록 축소하는 것이 시급하다.

이 문제를 해결할 수 있는 가장 입증된 방법이 바로 자연이다. 이미 잘 알려진 것처럼 산림이나 습지를 보전하고, 훼손된 곳을 복원하면 대기 중 온실가스를 흡수할 수 있다. 또한 자연은 새, 동물, 곤충에 안정적인 서식지를 제공하며 비가 왔을 때 하천으로 유입되는 물의 양을 조절하여 홍수를 예방할 수 있다. 그러나 우리가 평소대로 생활하고 기존의 가치대로 기업 활동을 계속한다면business as usual 자연은 더 이상 우리를 도울 수 없다.

여기서 얘기하는 '자연'이란 무엇을 의미하는 것일까? 산과 나무와 강처럼 개발되지 않은, 원래부터 있던 풍경이 자연인 걸까? 흔히 동식물이나 곤충과 같은 생물다양성을 줄여서 자연이라 부르는 경우가 많다. 하지만 이 책에서, 그리고 TNFD 체계에서 이야기하는 자연은 천연자원, 광물 및 화석연료, 물, 토양, 물리적 또는 화학적 속성과 같은 무생물 구성요소를 포괄하는 더 넓은 개념이다.

때로는 자연을 신과 같은 존재로 간주하기도 한다.[3] 최근에는 인간도 자연의 일부이며, 우리 사회와 경제는 역시 자연과 하나라는 공감대가 커지고 있다. 그럼에도 불구하고 자연과 생물다양성은 지속적으로, 점점 빠르게 손실되고 있다. 이는 오늘날 인류가 직면한 큰 위험 중 하나이다. 중요한 것은 기후변화 해결, 자연 복원, 생물다양성 보호는 서로 뗄 수 없는 인류의 목표라는 점이다. 자연시스템을 수리하고 복원하여 건강하고 회복력 있는 상태로 되돌리는 조치를 하지 않으면 기후변화도 해결할 수 없다.

네이처 포지티브

전 세계적으로 보면 지속가능발전목표SDGs: Sustainable Development Goals, 세계생물다양성체계, 파리협정 등 국제적인 목표와 협약들이 자연보전과 복원을 촉진하는 데 긍정적인 역할을 해오고 있다.

자연 분야의 파리협정이라고 할 수 있는 세계생물다양성체계에 초점을 맞추어 보자. 2030년까지 생물다양성 손실을 중단하고 회복하겠다는 국제적인 목표에 여러 국가가 합의한 이 협약은 2022년 12월 캐나다 몬트리올에서 열린 제15차 생물다양성협약 당사국총회에서 채택되었다. 이는 세계적인 의제에서 자연을 기후와 동일한 수준으로 끌어올리는 중요한 이정표가 되었다. 세계생물다양성체계의 23개 목표에는 정부, 기업, 시민사회 등 모든 주체가 자연 손실을 해결하기 위한 계획이 자세히 설명되어 있다. 특히 정책, 규정 및 재정적 인센티브를 통해 기업과 경제 활동에 상당한 영향을 미칠 것으로 예상된다.

표 1-1. 세계생물다양성체계의 23개 실천 목표(CBD, 2022에서 저자 재구성)

목표	실천 목표	
생물다양성에 대한 위협 감소	1	생물다양성의 중요도가 높은 지역의 손실을 줄이기 위해,
	2	복원을 효과적으로 촉진하기 위해,
	3	생물다양성이 특히 중요한 지역에서 효과적인 보존 및 관리를 촉진하고 이를 더 넓은 경관에 통합하기 위해,
	4	인간 활동으로 인한 생물종의 멸종을 막기 위해,
	5	야생종을 지속가능하고 안전하게 사용, 수확, 거래하며, 과잉 착취 및 여러 다른 위험을 방지하기 위해,
	6	침입외래종의 영향을 줄이기 위해,
	7	오염의 영향을 줄이기 위해,
	8	기후변화와 해양 산성화가 생물다양성에 미치는 영향을 최소화하기 위해,
지속가능한 사용과 이익 공유	9	야생종을 관리하고 사용함으로써 사회적·경제적 혜택을 제공하기 위해,
	10	비즈니스가 매우 중요한 역할을 하는 농업, 양식업, 수산업 및 임업을 지속가능하게 관리하기 위해,
	11	인간에 대한 자연의 기여를 복원, 유지, 강화하기 위해,
	12	도시 지역에 녹색 공간과 청색 공간을 증가시키고 향상하기 위해,
	13	유전자원(genetic resources)을 이용하면서, 그 과정에서 발생하는 이익을 공정하고 공평하게 공유하기 위해,
이행 및 주류화 방안	14	생물다양성과 자연의 가치를 정책, 법령, 사회계획에 통합하기 위해,
	15	기업이 생물다양성에 미치는 영향을 정기적으로 모니터링하여 공개하도록 장려하기 위해,
	16	지속가능한 소비를 하도록 지원하는 정책을 요구하고, 과소비와 폐기물 발생을 줄이기 위해,
	17	생물안전 조치 및 생명공학의 혜택을 분배하는 국가의 역량을 강화하기 위해,
	18	자연에 유해한 인센티브와 보조금을 줄이기 위해,
	19	목표와 목표 달성을 위한 재원을 늘리기 위해,
	20	기술 혁신과 과학적 협력 역량을 강화하기 위해,
	21	데이터, 정보 및 관련 지식을 의사결정자, 실무자와 대중에게 쉽게 전달하기 위해,
	22	공평하고 포용적인 의사결정 과정을 위해,
	23	여성이 평등하게 참여하고 동등한 역량을 가질 수 있게 하기 위해

* 기업의 생산 및 소비 방식에 영향을 미칠 수 있는 목표

이러한 국제적인 흐름을 타고 자연이 손실되는 위험을 해결하고 자연에 긍정적으로 기여하기 위한 여정을 시작하는 기업은 여러 가지 이점을 누리게 될 것이다. 새롭게 만들어질 정책과 규제 요구 사항에 먼저 대응하고, 자연과 관련된 물리적·전환·체계적 위험Nature related physical, transition, systemic risk을 선제적으로 관리할 수 있다. 또한 소비자, 지역사회, 새로운 세대와 신뢰를 구축하여 브랜드 가치를 높이고 자연에 긍정적인 사업 기회 활용 등으로 이어질 수 있다.

정부, 투자자, 소비자 등 기업을 포함한 모든 이해관계자가 기후변화와 생물다양성 손실에 대처하기 위해 기업 관행을 변화시키는데 더욱더 강력한 노력을 기울이게 될 것이라는 점은 의심의 여지가 없다. 이러한 전반적인 변화를 포착하는 핵심 의제 중 하나가 바로 네이처 포지티브이다.

네이처 포지티브는 세계자연보전연맹IUCN: International Union for Conservation of Nature의 세계보호지역위원회 의장인 하비 로크Harvey Locke 등이 기후변화 분야에 탄소중립이 있듯 자연 분야에도 전 세계적인 목표가 필요하다며 제시한 개념이다.[4]

자연 손실을 2020년 수준에서 멈추고 되돌리는 한편 생물종, 개체군 및 생태계의 건강, 풍부함, 다양성 및 복원력을 증가시켜 2030년까지 자연이 가시적이고 측정 가능한 회복 경로로 나아가도록 해야 한다. 번성하는 생태계와 자연기반해법이 미래 세대를 꾸준히 지원할 수 있도록 2050년까지 자연이 회복되어야 한다.

We need to halt and reverse nature loss measured from a baseline of 2020, through increasing the health, abundance, diversity and resilience of species, populations and ecosystems so that by 2030 nature is visibly and measurably on the path of recovery. By 2050, nature must recover so that thriving ecosystems and nature-based solutions continue to support future generations.

네이처 포지티브를 실천적 목표로 설정하자고 주장하는 네이처 포지티브 이니셔티브NPI: Nature Positive Initiative의 정의는 보다 간단하고 명료하다.[5]

2030년까지 자연 손실을 2020년 수준에서 멈추고 되돌리며, 2050년까지 자연을 완전히 회복시킨다.
Halt and Reverse Nature Loss by 2030 on a 2020 baseline, and achieve full recovery by 2050.

기본적으로 10년 후에는 현재보다 더 많은 자연이 존재하게 만들어야 한다는 것이다. 인간의 활동, 특히 기업의 활동은 계속해서 자연에 피할 수 없는 부정적인 영향을 미치겠지만 가능한 한 이를 예방하고 줄여야 하며, 전체의 이익을 보장하기 위해 적절하게 보상하고 복원하는 대응책을 마련해야 한다는 것이다.

2. 자연과 함께 하는 경제 만들기

네이처 포지티브를 향한 노력

네이처 포지티브를 정의하고 측정하는 과정은 과학에 의해 결정된다. 하지만 진정한 네이처 포지티브를 이루려면 '사회 전체'의 노력이 필요하다. 금융 부문을 포함한 기업과 시민사회, 원주민 및 지역사회 IPLCs: Indigenous People and Local Communities, 정부 등 모두가 기여해야 한다.

정부 또한 세계생물다양성체계를 향한 국가적 기여를 보여야 하는 상황에서 네이처 포지티브를 향한 진전을 입증하는 것이 일반적인 규제 요건 중 하나가 될 것으로 예상된다. 그에 따라 기업과 금융기관에 적용되는 위험보고체계[a]에서는 생물다양성을 측정하고 공개하라는 요구가 점점 강해지고 있다. 이를 판단하는 근거로서 기업과 금융이 자연에 미치는 영향과 위험 등을 보고하는 표준을 TNFD에서 개발하고 있다.

소비자의 활동, 그리고 소비자에 대한 기대도 커지고 있다. 2022 생물다양성 지표의 일환으로 윤리적 생물무역연합 UEBT: the Union for Ethical Biotrade 이 실시한 소비자 설문조사[6]에 따르면 전 세계적으로 소비자들은 생물다양성 손실을 기후변화에 이어 두 번째로 긴급한 환경 문제로 간주하는 것으로 나타났다. 일부 선진국과 중국, 브라질 등 신흥시장 소비자들은 생물다양성 손실을 가장 큰 국제 환경문제로

---

[a] 글로벌 보고 이니셔티브(GRI), 지속가능성회계기준위원회(SASB: Sustainability Accounting Standards Board), 책임투자원칙(PRI), 유럽연합 지속가능금융 공시규정(SFDR: Sustainable Finance Disclosure Regulation) 등이 있다.

꼽기도 했다. 2022년 딜로이트에서 Z세대 및 밀레니얼 세대를 설문조사[7]한 결과, 신세대 직원들은 환경보호를 우선과제 중 하나로 여겼다. 고용주 또한 실질적인 조치를 우선시할 뿐만 아니라 직원들이 직접 참여하도록 장려할 것을 기대한다고 나타났다. 하나 더 강조할 만한 추세는 보다 투명한 공급망에 대한 소비자의 기대가 커지고 있다는 것이다. 컨설팅 업체인 프라이스워터하우스쿠퍼스PwC는[8] "공급망 전체를 바라보는 접근 방식은 효과적인 공급망 관리를 위한 가장 중요한 요구 사항이 될 것(end-to-end visibility will be the number one requirement for effective supply chain management)"이라고 했다. 소비자는 자신이 구매하는 제품 뒤에 숨어 있는 윤리적, 환경적으로 지속가능한 관행을 점점 더 신경 쓴다는 것이다.

자연을 거스르는 경제가 아닌, 자연과 함께하는 경제를 만들기 위해 금융기관과 투자자들도 적극적인 역할을 하고 있다. 2021년, 총 19조7천억 유로에 달하는 자산을 관리하는 140여 개 금융기관이 생물다양성을 위한 금융 서약Finance for Biodiversity Pledge을 발표한 바 있다.[9] 2022년에는 기업들이 자연과 관련된 활동에 적극적으로 참여하도록 하기 위해 자연을 위한 행동 100Nature Action 100 프로그램을 투자자들이 주도하기도 했다.[10] 같은 해, 스톡홀름 회복력센터SRC: Stockholm Resilience Centre는 국제 금융 부문에서 생물다양성 손실을 억제하고 자연을 보호하기 위한 전략을 개발하는 것을 돕기 위해 새로운 핀바이오FinBio 컨소시엄을 발표했다.[11] 금융기관들은 투자 포트폴리오에 생물다양성 위험에 대한 정기적인 평가와 자연친화적인 투자 정책 및 전략을 담는 한편 투자자 및 고객 포함하는 안팎의 이해관계자를 초

대해 국제적인 대화의 장을 마련하는 등 자연자본을 늘리기 위한 다양한 활동을 전개하고 있다.

기업이 환경에 미치는 영향에 대한 소비자와 투자자의 인식을 높이는 투명성 이니셔티브는 이러한 문제에 뒤처진 기업에 '전략적 위협'으로 작용한다. 다시 말하자면, 기업과 금융기관은 네이처 포지티브 접근 방식을 생물다양성 손실로 인해 증가하는 물리적, 전환적, 체계적 위험을 줄일 기회로 보아야 하는 것이다. 기업의 네이처 포지티브 접근 방안은 잠재적으로 투자자, 시장 점유율 및 가격에 대한 접근성을 향상할 기회를 창출할 수 있다. 이를 바탕으로 대규모 국제 기업들은 공급업체 및 협력체에게 더 높은 기준을 요구하거나 규제 개혁을 선도하는 등 체계적인 개선을 주도하며 시장 지배력을 높이려 할 수도 있다.

네이처 포지티브를 지지하는 움직임

어느 산업 분야이건 기업이 자연에 미치는 영향과 의존도를 측정하고 그에 맞는 의사 결정을 내리는 시스템을 구축하는 것이 쉬운 과제는 아니다. 자연은 탄소와 달리 단일한 측정 기준이 있는 것도 아니다. 자연은 위치에 따라 매우 다양하며, 교체나 대체가 거의 불가능하기 때문이다. 그렇다고 아무 대책도 없이 가만히 있을 수도 없는 노릇이다.

기업 활동 전반이 자연에 미치는 영향과 의존도, 위험과 기회, 그에 따라 어떠한 방향으로 기업 활동을 바꾸고 네이처 포지티브 방안을 세울지 이제 모든 기업이 고민하고 해결해야 할 숙제이다. 그 첫 단계로 아래 제시된 국제적 이니셔티브의 자료를 살펴보기를 권장한다. 여러 국제적 이니셔티브의 다양한 접근법과 국제금융기구의 지지로 만들어진 TNFD 체계, 그리고 이를 이행하기 위해 기업이 알아야 할 지식에 대해서는 3부와 4부에서 보다 구체적으로 다룰 것이다.

- **자연을 위한 비즈니스 연합** BfN: Business For Nature
  기업이 자연에 긍정적인 영향을 더 크게 미치도록 하기 위해 취할 수 있는 주요 조치를 평가assess, 약속commit, 전환transform, 공개disclose의 4단계로 나누어 설명한다.[12]

- **네이처 포지티브 이니셔티브** NPI
  세계생물다양성체계를 넘어서는 야심차고 구체적인 표현으로 자연을 위한 글로벌 목표를 위해 캠페인을 벌이는 NGO와 기업의 연합이다.[13]

- **생물다양성 프로토콜** Biological Diversity Protocol
  기업이 생물다양성에 미치는 영향을 회계 및 검증을 통해 측정할 수 있는 실용적인 방안을 제시한다.[14]

- **글로벌 보고 이니셔티브 생물다양성 기준** GRI Biodiversity Standard
  세계적으로 인정받는 GRI 보고 표준을 통해 생물다양성과 네이처 포지티브에 대한 긍정적이고 부정적인 영향을 공개할 수 있게 도와주는 지표를 2024년에 발표할 예정이다.[15]

- **생물다양성을 위한 금융 연합** F4B: Finance for Biodiversity
  23개국 140개 금융기관이 생물다양성의 중요성을 인정하고 만든 서약 기구이다. 금융기관이 이용할 수 있는 생물다양성 지표 및

측정 방법 가이드를 실제 사례를 통해 자세히 설명한다.[16]

- **과학기반목표 네트워크**SBTN: Science-based Target Network

  기업과 도시가 지구시스템 전체에 대해 과학에 기반한 목표를 설정할 수 있도록 지침을 제공하기 위해 협력하는 글로벌 비영리 단체이다. 첫 번째 가이드(2020)는 기업이 환경에 미치는 영향을 평가하고 담수 및 토지부터 시작하여 목표를 설정하는 것이다. 이를 통해 기업이 자연과 사람에 대한 부정적인 영향을 줄이고 긍정적인 영향을 늘릴 수 있도록 지원한다.[17]

- **세계지속가능발전기업협의회**WBCSD: World Business Council for Sustainable Development

  네이처 포지티브 전환 로드맵Roadmaps to Nature Positive은 기업이 신뢰할 수 있는 네이처 포지티브 목표, 행동 및 책임을 가속화할 수 있도록 단계별 지침을 제공한다. 이 로드맵은 모든 산업 분야에 공통으로 관련된 분석 및 지침이자 토지이용(특히 농식품 시스템 및 임산물 부문), 건축환경 시스템 그리고 에너지시스템 분야에서 더 구체적인 가이드를 제시하고 있다.[18]

- **자연 관련 재무정보 공개 협의체**TNFD

  기업과 금융기관이 진화하는 자연 관련 위험에 대해 보고하고 조치를 취하기 위한 위험 관리 및 공시 체계를 개발하고 있다.[19]

2장.
자연과 사회

1. 사회, 경제적 동향

인구 통계

남반구의 인구는 향후 수십 년 동안 급격히 증가할 것으로 예상된다. 유럽과 동아시아 등 경제적으로 발전된 지역의 인구는 훨씬 적게 증가하거나 심지어 감소하는 반면 아시아와 아프리카 지역의 인구는 급격한 증가가 이어질 것으로 보인다. 한편 남미, 남아시아, 북아프리카 및 중동 전역의 국가들은 인프라 및 기술 발전과 함께 노동 연령 인구도 많아 경제적 이익을 얻을 기회가 있다고 해석된다.

    인구가 증가하면 경제 성장과 함께 상품, 서비스 및 에너지에 대한 수요도 증가하며 이는 도시화로 이어진다. 2007년은 도시 인구가 농촌 인구를 추월한 것으로 추정되는 해다. UN은 2050년이면 전 세계 인구의 2/3 이상이 도시에 살게 될 것으로 추산한다.[20] 세계자연보전연맹의 위기종 적색 목록 Red list of Threatened Species™은 도시화를 생물다양성과 환경에 대한 주요 위협 중 하나로 간주한다. 그러므로 도시를 지속가능한 곳으로 변화시키고 건설하는 것이 자연자본을 증진하기 위한 노력의 우선순위가 되어야 할 것이다.

인간과 자연의 건강

코로나 팬데믹 이후 자연과 인간의 건강을 하나로 보아야 한다는 개념이 부상하고 있다. 세계보건기구WHO의 2021년 보고서 <전염병에서 빛을 끌어내는: 건강과 지속가능발전을 위한 새로운 전략Drawing light from the pandemic: A New Strategy for Health and Sustainable Development>[21]은 패러다임 전환을 강조하면서 전염병 예방, 대비 및 대응 강화를 위해 지속가능발전을 핵심 방안으로 제안했다. 생물다양성 손실과 생태계 서비스 저하는 인류 건강에 직접적으로 부정적인 영향을 미칠 수 있다는 것이다. 또한 생태계를 적합하게 관리하지 못하면 인간-가축-야생동물의 상호작용으로 인한 병원체 유출 및 질병을 촉진할 수 있다.

이와 함께 영양실조 문제는 더욱 강화될 전망이다. 전 세계 32억 명 이상의 식량원인 바다와 민물고기 같은 생물 자원이 고갈되고 있기 때문이다. 또한 기후변화로 인한 가뭄, 홍수 등 기상이변으로 인한 토양 침식과 농작물 실패로 인해 영양실조가 더욱 심화되고 있다. 세계식량계획WFP: World Food Programme에 따르면 식량 안보와 영양실조 비율은 2050년까지 20% 증가할 수 있다고 한다.[22] 이러한 맥락에서 볼 때에도 네이처 포지티브 접근은 모두가 소중히 여기는 건강 증진을 위한 하나의 주요 방안으로 보인다.

자산으로서의 자연

자연은 우리에게 음식, 물, 쉼터를 제공하고, 기후와 질병을 조절하며 영양과 산소를 공급한다. 또한 우리의 정신 건강과 영적인 충족에 기여하며 건강과 복지를 향상시킨다. 그리고 이산화탄소와 각종 오염물질을 저장하고 회복시킨다. 영국 케임브리지대학교의 경제학과 파르타 다스굽타Partha Dasgupta 교수는 생산된 자본(도로, 건물, 공장)과 인적 자본(건강, 지식, 기술)이 자산인 것처럼 자연도 자산이라는 개념이 생겨나고 있으며 이 개념을 이행하기 위해 자연의 가치를 경제적 가치, 즉 돈으로 환산할 수 있어야 한다고 주장한다.[23] 우리가 살고 있는 자본주의 사회에서는 자연이 시장 가격에 반영되지 않는 이상 계속해서 자연을 훼손하거나 착취하는 이들에게 아무런 부정적인 결과를 주지 않을 것이며 이로 인해 자연과 생태계는 더더욱 훼손될 것이기 때문이다. 자연의 가치를 각 산업의 진행 비용으로 반영한다면 인간 사회가 상품을 생산, 소비 및 거래하는 과정에서 근본적인 변화를 불러오게 될 것이다.

자연의 가치를 측정하는 방법은 2022년 생물다양성 과학기구 IPBES: Intergovernmental Science-Policy Platform on Biodiversity and Ecosystem Services를 통해 이미 제시된 바 있다. 세계 경제를 네이처 포지티브 경제로 전환하는 과정에서 엄청난 일자리 창출 기회도 마련될 것으로 예상된다. 국제노동기구ILO—유엔환경계획UNEP—세계자연보전연맹IUCN의 공동 보고서 <자연기반해법의 일자리 2022Decent Work in Nature-based Solutions 2022>에 따르면 현재 약 7,500만 개의 일자리가 자연기반해법에 종사하고 있으며, 투자를 3배로 늘리면 2천만 개의 일자리가 추가 창출될 수 있다고 한다.[24] 그러나 아직도 자연의 가치를 모두가 이해할만한 방법으로 측정하는 방안은 도입되지 않았다. 따라서 자연의 가치를 기업과 정부의 의사결정에 통합하기에는 여러 한계가 남아 있는 상태이다.

자연기반해법[25]

자연기반해법은 자연과 훼손된 생태계를 보호, 보전, 복원, 지속가능하게 관리하는 다양한 정책과 활동을 말한다. 자연기반해법을 시행하면, 자연과 생물다양성 손실을 방지하는 것은 기본, 자연이 인간에게 주는 생태계 서비스 기능을 높일 수 있다. 생태계 서비스의 범위는 온실가스 흡수, 홍수나 가뭄 방지, 수질과 대기질 정화, 곤충과 새의 수분 기능 회복, 도시민의 심리적 건강 유지 등 매우 다양하다. 자연기반해법은 가장 확실한 네이처 포지티브 실천 수단이다. 넷제로의 핵심이 재생에너지인 것처럼, 네이처 포지티브 접근의 핵심은 자연기반해법이다.

자연기반해법은 2020년대 초 인류가 경험한 코로나19 팬데믹을 장기적으로 극복하기 위한 중요한 수단으로 인식되어, 전 세계적인 관심을 받고 있다. 2021년에 발표된 유엔환경계획UNEP: UN Environment Programme의 보고서는 자연에 대한 투자는 기후변화 분야 투자의 23%(2019년 기준)에 불과하며, 그중에서도 공공 부문이 86%, 민간 부문이 14%를 차지한다고 지적하면서 자연에 대한 투자를 늘려야 한다고 강조했다.[26] 이후 2022년과 2023년에 개최된 제27차, 제28차 기후변화협약 당사국총회 결정문, 제15차 생물다양성협약 쿤밍-몬트리올 세계생물다양성체계 등은 자연기반해법의 중요성을 인식하고, 공공과 민간 부문 모두 투자를 확대할 것에 합의하였다. 이 책의 주제인 TNFD 체계도 기업이 자연에 주는 악영향을 줄이고, 회복력을 높이는 단계까지 만들어가는 방안으로 보전conserve, 재생regenerate, 복원restore을 제시하고 있다. 이는 모두 자연기반해법에 해당하며, 기업과 금융기관이 자연 관련 ESG를 이행하면서 반드시 포함해야 할 가장 중요한 수단이다.

기업 공시의 새로운 표준

국제사회는 자발적인 측면과 의무적인 측면 모두에서 책임 메커니즘을 마련하고 있다. 자발적인 측면에서 2023년에 과학기반목표 네트워크SBTN와 자연 관련 재무정보공개협의체TNFD에 의해 자연에 대한 기업의 목표 설정 체계가 권고되었다. 의무적인 측면에서는 유럽연합의 기업지속가능성 보고지침CSRD: Corporate Sustainability Reporting Directive에 따른 유럽연합 지속가능성 보고기준ESRS: European Sustainability Reporting Standards을 들 수 있다. 이를 근거로 유럽연합 내의 대기업 및 상장기업이 환경에 미치는 영향, 특히 사업 운영이 직접적으로 끼치는 영향에 대한 정기적인 보고서를 발행하도록 요구하고 있다.

인도 정부는 기업이 환경 위험을 적절하게 식별, 모니터링하고 관리하며, 중요한 정보를 공개하여 생태학적으로 민감한 지역의 생물다양성에 대한 직간접적 영향을 보고하도록 법적 의무를 부과하고 있다. 국제지속가능성기준위원회는 국제회계기준재단IFRS: International Financial Reporting Standards 지속가능성 관련 일반 요구사항(IFRS S1) 및 기후 관련 공시 기준(IFRS S2)을 발표하면서 기업이 자연 생태계에 관련된 영향 및 위험에 관한 추가 투명성을 제공하도록 요구하는 것을 다음 연구 주제로 정하였다. 여러 국가의 규제 기관에서도 이들의 기준을 채택하고 가까운 시일 내에 의무화할 것이라고 밝히고 있다.

2. 산업의 자연 의존성

큰 맥락의 동향을 볼 때 네이처 포지티브 접근 방식은 모든 산업 부문의 ESG에서 고려되어야 할 사항이다. 자연에 대한 의존도는 일반적으로 임업, 농업, 어업과 같은 1차 산업 부문에서 더 크게 나타나지만 식품 및 음료, 의약품, 건설 등 자연에서 나오는 소재에 의존하는 산업과도 밀접한 관계가 있다.

농업

인구 증가와 부의 증가는 식량 수요를 증가시킨다. 그래서 미국과 유럽 등 1인당 육류 소비량이 엄청난 서구에서 자연 위기는 더 큰 도전 과제로 부상하고 있다. 안타까운 사실은 인간 사회에서는 꼭 필요한 산업인 농업이 전 세계 토지이용 변화와 생물다양성 손실의 주요 원인이 되고 있으며, 토지와 수질오염의 주 원인인 동시에 온실가스 배출의 약 30%를 차지하고 있다는 것이다.[27] 세계자연보전연맹의 위기종 적색 목록에 따르면 농업은 생물다양성에 대한 가장 큰 위협 중 하나로 꼽힌다.

집약적 산업형 농업은 더 높은 생산성(즉, 생산 비용 절감)을 달성하고 해충과 질병을 효율적으로 관리하고 방제하는 것이 특징이다. 문제는 이러한 집약적 시스템의 외부 효과, 즉 인간 건강과 환경에 미치는 영향이 일반적으로 균형을 이루지 못한다는 것이다. 이는 생물 종의 감소와 생태계 파괴의 주범이 되고 있다. 이러한 문제를 해결하기 위해 농장과 농업 경관에서 생물다양성을 복원하고 보존하는 농생태학적 및 재생적 접근 방식, 농경지의 수확량을 늘리고 다른 지역을 보호하는 방안 등 다양하고 새로운 농업 접근 방식들이 거론되고 있다. 이를 위해서는 더 많은 연구, 과학, 새로운 비즈니스 모델은 물론 농업, 자연보전 관계자 및 정책 입안자 간의 지속적이고 의미 있는 대화가 계속되어야 한다.

수산업

2050년이 되면 바다에 물고기가 없을 것이라는 예측이 있었다. 다소 과장된 예측이지만, 어류 자원의 과잉 포획이 여전히 세계적인 문제로 남아 있다는 사실을 간과해서는 안 된다. 여러 연구 결과에 따르면 수산 자원은 계속해서 심각한 압박을 받고 있다. 이를 통제하는 방법으로 양식업이 지속적으로 논의되고 있다. 양식업은 다양한 출발점에서 모든 대륙에 걸쳐 급속한 확장을 경험하고 있으며 전 세계적으로 가장 빠르게 성장하는 식품 생산 시스템이 되었다. 유엔식량농업기구 FAO의 보고서 <2022년 세계 수산 및 양식 현황: 블루 전환을 향하여 State of World Fisheries and Aquaculture 2022: Towards Blue Transformation>에 따르면,[28] 수산 및 양식업 생산량은 2030년에 2억2백만 톤에 이를 전망이다. 이는 현재에 비해 약 14% 증가한 양이다. 또 다른 연구는 전 세계 수산물 생산의 90% 이상이 위협받고 있다고 경고한다. 수산업 관련 환경 위험과 기회를 분석하고, 해양 자원을 탄력적이고 지속가능하게 생산하기 위한 전략 계획과 정책 수립을 촉진하려면 수산물에 더욱 중점을 두어야 하며 양식업과 농업 간의 보다 강력한 연구와 정책 시너지가 필요하다.

기반 시설 건설

2030년까지 전 세계 건설 사업 규모는 85% 증가해 약 15조5천억 달러에 달할 것이다.[29] 이러한 증가에는 물론 대가가 따른다. 건설 프로젝트는 다량의 이산화탄소와 메탄을 배출하고, 인프라 개발은 생물다양성을 파괴하고 환경을 오염시키며 폐기물을 생성한다. 또한 야생동물과 생태계에도 악영향을 미친다. 예를 들어 열대우림 안의 도로는 야생동물의 이동 경로를 차단하고 서식지를 파괴하며 과잉 착취와 병원균pathogen 유출 위험을 증가시킬 수 있다. 댐은 담수 서식지에서 물의 방향을 바꾸고 생물종의 이동을 방해하며 서식지를 파괴할 수 있다. 기름 유출은 해양 생물을 죽이고 해안선을 오염시킨다. 이러한 우려 외에도 에너지 운송 및 유통을 위한 기반 시설은 충돌 위험, 감전사, 서식지 파편화, 산불 가능성 등 야생동물과 생태계에 해로운 영향을 미칠 수 있다.

 기반 시설 건설이 설계, 공법, 자재 조달 및 운영 면에서 더욱 친환경화되어야 한다는 것은 의심의 여지가 없다. 자전거 도로, 녹지 공간, 스마트 폐기물 제거 등 다양한 전략이 녹색 도시에 중요한 기여를 할 수 있지만 가장 중요한 요소는 친환경 건물을 설계하고 건설하는 것이다. 이는 전 세계 온실가스 배출량의 약 30%가 건물에서 나온다는 사실만으로도 이해가 간다. 전 세계의 건축가, 엔지니어 및 건축업자는 건설 분야에서 친환경 관행을 채택하고 지속가능한 개발 목표에 부합하려고 노력해야 한다. G20의 양질의 인프라 투자원칙 Principles for Quality Infrastructure Investment 등과 같은 원칙들이 지속가능한 인프라 투자를 위한 계기를 제공하고 있다.[30]

에너지

국가와 지역에 따라 다르기는 하지만 청정에너지로의 전환은 전 세계적으로 일어나고 있는 피할 수 없는 경향이다. 이는 생태계와 생물다양성 보전에 영향을 미칠 뿐 아니라 사회·경제적 발전에도 기여하게 될 것이다. 현재 추세는 재생에너지의 급속한 증가, 화석연료에 대한 의존도 감소, 녹색 수소 사용 확대 등으로 볼 수 있다. 주요 에너지 시장의 새로운 정책들은 2030년까지 연간 청정에너지 투자를 현재보다 50% 넘게 증가한 2조 달러 이상으로 늘리는데 기여하고 있다.[31] 청정에너지는 경제 성장과 일자리를 창출하는 원동력으로 국제 경쟁무대의 주요한 과제로 자리매김하고 있다.

재생에너지 설비를 신속하게 설치하고 효율성을 개선할수록 천연가스와 석유 수요가 감소할 것이다. 한편으로는 핵융합과 같은 예상치 못한 기술 발전이 변화를 급속도로 진행시킬 가능성도 배제할 순 없다. 수소에 대한 기존의 관심은 주로 전기자동차 사용 확대에 집중되었으나, 점차 전체 경제에 걸쳐 가능한 많은 녹색 수소가 사용될 것이다. 이는 수소와 물에 대한 미래 수요를 증가시키는 한편, 네이처 포지티브를 향한 로드맵에는 비용 절감 기회를 제공할 수 있다.

광업

기술 발전에 따라 전 세계가 중요시하는 핵심 광물의 종류가 변하고 있다. 제조업 중심의 산업 시대와 스마트폰이 일상품이 된 시대에 채굴해야 하는 광물은 다르기 때문이다. 이처럼 광업 자체의 변화와 함께 광업이 미치는 환경적 영향을 줄여야 한다는 움직임이 확산되고 있다. 다양한 광업 표준, 증가된 투자자 조사 및 시민사회의 압력으로 인해 업계는 환경 및 사회적 보호 장치를 강화하는 방향으로 나아가고 있다. 그럼에도 불구하고 광업이 지역 사회, 환경, 수자원에 미치는 영향은 아직 부작용이 더 많은 편이다.

중요한 광물과 금속은 에너지 전환, 즉 태양광 패널, 풍력 터빈, 배터리, 전기자동차, 기타 청정에너지 및 운송 기술 생산에 필수 요인이다. 이와 같은 경제 전반의 전력화electrification로 2050년까지 니켈과 구리 수요는 두 배 이상 증가할 것으로 보이며 흑연, 리튬, 코발트의 경우 생산량이 5배 이상 증가할 것으로 추정된다.[32] 금속 재활용은 증가하는 수요를 충족하는 한 가지 방법이지만, 이 방법만으로 증가하는 수요를 충족시키기에는 역부족이다.

한편 채광잔재물tailings 관리는 이 분야에서 점점 큰 과제로 떠오르고 있다. 지표면 근처의 자원이 꾸준히 고갈되고 있어서 계속 더 깊은 광산을 파야 하는데, 이는 더 많은 채광잔재물과 폐기물이 발생한다는 것을 의미한다. 이러한 문제를 해결하고자 2020년 유엔환경계획, 국제광업금속협의회ICMM: International Council on Mining and Metals, 책임투자원칙 산하 책임투자자 그룹이 채광잔재물 관리에 관한 국제 산업표준Global Industry Standard on Tailings Management을 발표했다.[33] 내륙 채굴의 한계와 관련하여 지난 몇 년간 많은 국가가 국제해저관리기구ISA: International Seabed Authority를 통해 심해 채굴 방식을 모색하기 시작했다. 현재까지 심해 채굴이 환경에 미치는 잠재적 결과에 대한 이해가 충분하지 않으며 이에 관한 연구, 원칙 및 엄격한 규정이 시급하다.

자연 관련 ESG의 흐름

Part 2

ESG

파리협정(2015)과 TCFD 기후 관련 공시 권고(2017)는 기업의 지속가능성 보고 및 공시의 바탕이 되었다. 자연과 관련한 국제사회의 노력 역시 동일한 경로를 향하고 있다. 제15차 생물다양성협약 당사국총회(2022)는 쿤밍-몬트리올 세계생물다양성체계를 채택하여 향후 기업 활동이 생물다양성에 미치는 영향을 공시하도록 권고했으며, TNFD는 2023년 9월에 TCFD 기후 관련 공시 권고와 동일한 구조의 TNFD 자연 관련 공시 권고를 발표하였다. 국제사회 수준에서 기업의 정보 공시를 구체화하는 표준도 글로벌 보고 이니셔티브의 지속가능성 보고 기준, 2023년 6월 발표된 국제지속가능성기준위원회의 지속가능성 공시 기준으로 가시화되고 있다. 유럽연합은 2023년 7월 지속가능성 보고 기준ESRS를 채택하면서 기후변화 이외의 다양한 자연 부문과 관련한 보고 기준을 선도하고 있다. G7과 G20에서도 네이처 포지티브 경제와 이를 뒷받침하기 위한 지속가능 금융의 역할에 주목하고 있다. 국제사회는 기업이 기후변화뿐만 아니라 자연에 더 많은 관심을 갖도록 체계를 정립해 가고 있다. 속도는 다소 완만할 수 있지만 흐름은 명백하다. 바로 자연을 고려한 ESG이다.

문진영 (대외경제정책연구원 연구위원, 지속가능발전연구팀장)

1장.
ESG의 새로운 화두

1. ESG 관련 동향

환경Environmental, 사회Social, 지배구조Governance를 종합적으로 지칭하는 ESG는 2015년 파리협정이 체결되고 지속가능발전목표가 채택되면서 주목받기 시작했으며, 코로나19 팬데믹 이후 국제사회가 더 나은 성장을 모색함에 따라 그 노력을 집약하는 용어로서 더욱 힘을 얻고 있다. 사실 ESG는 특정 주체에 의해서 갑자기 제기된 것이 아니다. 국제사회가 GDP로 대표되는 양적 성장 이외에 다양한 사회, 환경 관련 문제에 주목하면서 이를 해결하려는 노력에서 자연스럽게 강조된 개념이기 때문이다.

지속가능발전 개념은 1987년 세계환경개발위원회WCED: World Commission on Environment and Development가 브룬트란트 보고서로 지칭되는 <우리 공동의 미래Our Common Future>에서 제시하였다. 이후 1992년 리우회의Rio Summit로 알려진 유엔환경개발회의에서 유엔기후변화협약이 채택되었다. 2000년 발족된 유엔글로벌콤팩트UN Global Compact는 인권, 노동, 환경, 반부패 등의 보편적 가치를 기업 운영과 경영 전략에 반영하도록 하였고, 2004년 발간된 보고서에서 ESG를 기업 운영에 반영하기 위한 가이드라인을 제시하였다. 유엔환경계획과 주요 금융기관들이 결성한 금융 이니셔티브UNEP FI: UNEP Finance Initiative와 책임투자원칙에서 ESG가 투자 관점으로 반영되기 시작하였다. 그 외에도 다양한 글로벌 이니셔티브가 연이어 등장하면서 ESG는 낯설지 않은 용어가 되었다.

표 2-1. 국제사회의 ESG 관련 주요 동향(경제인문사회연구회, 2022)

1992	1996
유엔환경계획 금융 이니셔티브	**ISO 140001 제정**
지속가능개발을 달성하기 위해 출범한 유엔환경계획과 글로벌 금융기관간 파트너십	기업의 환경경영* 체계를 평가하기 위한 자발적인 국제표준 규격
1997	1999
글로벌 보고 이니셔티브 출범	**다우존스 지속가능성 세계 지수(Dow Jones Sustainability World Index) 제정**
미국의 비정부기구 세레스(CERES)와 유엔환경계획이 설립한 후 글로벌 상설기관으로 확대되었으며, 세계적으로 통용되는 지속가능성 보고서 지침 제공 보편 기준과 부문별, 주제별 기준으로 구성	미국의 S&P Dow Jones Indices가 전 세계 시가 총액 상위 2,500개 기업 대상으로 지속가능성 평가
2003	2006
적도 원칙(Equator Principle) 선언	**책임투자원칙 출범**
천만 달러 이상의 개발 사업이 환경에 영향을 미치거나 지역 주민의 인권을 침해할 경우 투자하지 않겠다는 내용을 담은 글로벌 금융사들의 자발적 협약	ESG 요소를 고려한 6대 투자 원칙 · 투자 분석 및 의사결정 절차에 ESG 사안 포함 · 적극적 주주로서 활동하고 ESG 사안을 주주 정책 및 관행에 반영 · 투자 대상에게 ESG 공시 요구 · 책임투자원칙 수용과 실천 촉진 · 책임투자원칙 이행의 효과성 제고 노력 · 활동과 진행 사항 공개

2015~2017	2018
TCFD 기후 관련 공시 권고 발표	**지속가능회계기준(SASB) 제정**
(2015) 금융안정위원회가 G20의 요청으로 TCFD 발족 (2017) 기후 관련 재무정보 공개에 대한 권고 발표	산업별 ESG 정보에 대한 공시 기준 제공

2021	2023
국제지속가능성기준위원회(ISSB) 설립 발표	**ISSB 국제 지속가능성 공시기준 및 TNFD 자연 관련 공시 권고 발표**
국제회계기준재단이 제26차 기후변화협약 당사국총회에서 국제 지속가능성 공시 기준 개발을 위해 설립	(6. 26) ISSB: TCFD 기후 관련 공시 권고를 토대로 기업의 지속가능성 관련 일반 요구사항(IFRS S1) 및 기후 관련 공시(IFRS S2) 발표 (9.18) TNFD: 자연 관련 재무정보 공개에 대한 권고를 최종 발표

* 환경적으로 건전하고 지속가능한 발전을 위해 환경에 미치는 영향을 줄일 수 있는 조직 활동, 제품 및 서비스 관련 경영 전반의 활동

2. 세계생물다양성체계

대외경제정책연구원에서는 다양한 분야의 전문가 및 국민을 대상으로 매년 연구 수요조사를 실시한다. 2023년 여름 실시한 수요조사에서 세계 경제의 주요 키워드로 가장 많이 제안된 것은 기후변화와 탄소중립 등 환경 관련 키워드였다. 놀랄 만한 일이었다. 2023년에는 경제 안보, 러시아-우크라이나 전쟁 등 쟁쟁한 국제적인 화두가 여럿 있었기 때문이다. 한편으로는 지구온난화, 기후변화, 온실가스 배출 등은 이제 누구에게나 익숙한 이슈이며 이에 대비한 연구가 필요하다는 국민들의 의견을 생각하면 관련 분야 연구에 대한 동기부여와 함께 더 큰 책임감을 느끼게 된다.

기후변화로 대표되는 환경 문제 대응은 지속가능한 경제 성장을 위해 국제사회가 주목하는 부문이다. 다만, 우리가 막연히 생각하는 환경, 자연 문제는 기후변화의 문제에 한정되고 있지 않다는 점을 인식할 필요가 있다. 미국 미네소타대학교의 스티븐 폴라스키Stepen Polasky 교수는 자연 생태계의 가치를 경제적으로 어떻게 평가하고 모형화할 것인지를 주로 연구한다. 20여 년 전, 박사 논문을 쓰던 당시만 해도 저자에게 자연과 생물다양성에 대한 가치 평가는 그저 잘 살고 땅 넓은 나라에서 연구하는 호사스러운 분야로 느껴졌다. 하지만 지금, 그때의 생각이 얼마나 단견인지를 새삼 느끼는 일들이 나타나고 있다.

2020년 세계경제포럼이 전 세계 GDP의 절반 이상을 의존하는 자연이 손실 위험에 직면했다고 보고한 데[34] 이어 2021년 세계은행 World Bank은 생물다양성 및 생태계 서비스의 국제적인 감소로 인한 피해 규모가 2030년 전 세계 GDP의 2.3%에 해당하는 2.7조 달러에 달할 것이라고 경고했다. 그러면서 이러한 여파는 농림어업 생산 감소 등으로 인해 저개발국에서 더 크게 나타날 것으로 분석하였다.

경각심을 느낀 국제사회는 2022년 12월 캐나다 몬트리올에서 열린 제15차 생물다양성협약 당사국총회에서 전 지구적 생물다양성 전략 계획인 쿤밍-몬트리올 세계생물다양성체계를 채택했다. 세계생물다양성체계는 '자연과 조화로운 삶'이라는 비전을 2050년까지 달성하기 위한 4개의 비전 목표Goals를 제시하였다.

① 2050년까지 생물다양성을 보존, 복원하고 현명하게 사용한다.
② 2030년까지 생물다양성을 보존하면서 지속가능하게 이용한다.
③ 유전 자원을 이용해 얻은 이익을 공정하고 공평하게 공유한다.
④ 재정, 역량배양, 기술 및 과학 협력 등의 이행 수단을 모든 당사국에 제공한다.

그리고 생물다양성 손실을 멈추기 위한 행동을 서둘러 취하도록 결정하는 한편, 2030년까지의 진행할 23개의 실천 목표Targets를 제시했다(표 1-1).[35] 실천 목표는 생물다양성에 대한 위협 감소(1~8), 지속가능한 사용과 이익 공유를 통한 인류의 수요 충족(9~13), 이행 및 주류화를 위한 수단 및 방안(14~23)으로 구분된다. 이를테면, 육상 및 해양의 최소 30%를 보호지역으로 보전 관리하고 훼손된 육지 및 해양 생태계를 최소 30% 복원하는 목표 등을 달성하기 위해 2030년까지 생물다양성에 유해한 보조금을 연간 5천억 달러 축소하고, 공적개발원조ODA: Official Development Assistance를 포함한 공공 재원을 통해 개발도상국 지원 규모를 2025년까지 연간 최소 2백억 달러, 2030년까지 연간 최소 3백억 달러를 조성한다는 내용을 포함하고 있다. 민간 재원 등 다른 모든 재원을 포함할 경우, 2030년까지 연간 총 2천억 달러를 조성하는 것이 목표이다.

23개의 실천 목표는 각 당사국의 생물다양성 보존 및 지원 정책에 국한되지 않는다. 특히 목표 15번은 기업의 역할도 명시하고 있음을 주목할 필요가 있다.

…… 법적, 행정적 또는 정책적 조치를 통해 대기업, 다국적 기업 및 금융기관은 첫째, 자신들의 운영, 공급망, 자산 구성portfolio에서 생물다양성에 대한 위험, 의존도 및 영향을 주기적으로 모니터링하고 평가하면서 이를 투명하게 공개disclose하도록 한다. 둘째, 지속가능한 소비 행태를 촉진하기 위해 소비자에게 필요한 정보를 제공한다. 셋째, 점진적으로 생물다양성에 대한 부정적인 영향을 축소하고, 긍정적인 영향을 늘리면서 생물다양성과 관련한 기업의 위험을 줄이고 지속가능한 생산을 위한 활동을 촉진하기 위해 생물자원에 관한 접근과 공평한 이익 공유에 관련된 규정 및 조치 관련한 준수사항을 보고한다.

― 세계생물다양성체계(2022)

일반 재무제표를 공시하듯 기업이 생물다양성에 미치는 영향도 공개하는 정책을 당사국들이 펼쳐야 한다는 내용이다. 합의문에 이를 강제로 의무화하는 표현(request, call for 등)은 없다. 하지만 '대규모 기업, 다국적기업, 금융기관'을 직접 명시함으로써 기업의 생물다양성 관련 공시 활동 등을 독려encourage하고, 각 당사국은 이를 보장ensure한다는 의미를 순화하여 표현하였다. 생물다양성협약에 가입한 개별 당사국에 강제적인 조항으로 부여한 것은 아니지만, 기업이 생물다양성을 고려한 공시 활동을 취할 수 있는 여건을 만들었다는 점을 주목할 필요가 있다. 기업이 ESG 차원이든 책임경영이든 온실가스 감축 활동, 기후변화에 대응한 여러 가지 활동 등을 공시한 것처럼 앞으로는 자연보호, 생태계 보호 등 기업이 자연을 위해 무엇을 하고 있고 어떠한 영향을 미치고 있는지를 공개해야 한다는 의미가 된다. 이제는 자연을 생각하는 활동이 ESG의 한 축이 되는 시대가 가까이 온 셈이다.

2장.
기후와 자연을 고려한 ESG

1. 기후변화 부문

국제사회는 1992년 기후변화협약을 채택한 후 매년 당사국총회를 개최해 오고 있다. 제21차 당사국총회(2015)에서 채택된 파리협정은 선진국과 개발도상국 구분 없이 모든 당사국의 노력을 강조한다. 목표는 지구의 평균 기온 상승을 섭씨 2℃보다 현저히 낮은 수준으로 유지하며, 섭씨 1.5℃ 이내로 제한하기 위해 노력한다는 것이다. 파리협정은 이를 2조에 명시하고 있다.

국제사회의 이 같은 합의는 기후변화에 관한 정부간 협의체IPCC: Intergovernmental Panel on Climate Change에서 제시한 과학적 기반에 근거한다. IPCC는 기후변화를 과학적으로 규명하기 위해 세계기상기구WMO: World Meteorological Organization와 유엔환경계획이 1998년에 공동으로 설립한 기구로 제48차 총회(2018, 인천)에서 채택한 <지구온난화 1.5℃ 특별보고서Special Report: Global Warming of 1.5℃>에서 넷제로를 처음으로 제시한 바 있다. 넷제로는 지구 평균 온도 상승 폭을 섭씨 1.5℃ 내로 제한하기 위해 2030년까지 이산화탄소 배출량을 2010년 대비 최소 45% 감축하고, 2050년까지 온실가스를 추가 감축하고 흡수함으로써 배출되는 이산화탄소를 완전히 상쇄해 순 배출 '0'으로 만드는 것이다.[36] 2019년 12월 1일에는 유럽연합 집행위원회European Commission의 새 위원장으로 취임한 우르줄라 폰데어라이엔이 새로운 성장 전략으로 유럽 그린딜을 제안했다. 2050년까지 유럽을 '최초의 탄소중립 대륙'으로 만든다는 청사진을 선보인 것이다. 이는 유럽연합 밖에서 수입되는 탄소집약적인 상품에 탄소 배출에 내재된 비용을 부과하는 탄소국경조정 메커니즘CBAM: Carbon Border Adjustment Mechanism으로 국제적으로 큰 반향을 불러일으켰다. 각국이 연이어 탄소중립을 표방하게 된 것도 파리협정 채택, 그리고 IPCC의 과학적 분석에 기반한 것이다.

    국제사회의 기후변화 대응 노력이 ESG로 구체적으로 나타나게 된 계기는 TCFD의 출범과 맞물려 있다. 2015년 미국 워싱턴에서 개최된 G20 재무장관 및 중앙은행장 회의는 금융안정위원회FSB: Financial Stability Board에 금융 부문에서 민관이 공동으로 기후 관련 이슈를 고려할 때 어떻게 하는지 검토하도록 요청하였다. 이에 금융안정위원회는 같은 해 12월, TCFD를 설립하고 금융시장 참여자에게 기후와 관련한 기업 공시를 제공할 수 있는 방안을 의뢰하였다. TCFD가 기후 관련 공시 권고의 최종 보고서를 발표한 것은 2017년 6월이었다. 그 보고서에는 조직 운영의 핵심 요소인 지배구조, 전략, 위험 관리, 관리지표 및 목표의 네 가지 분야에서 기후 관련 정보 공시를 하도록 제안하였다. TCFD 임무는 2023년 10월 12일 자로 발간된 2023년 6차 현황 보고서 발간을 끝으로 완수되어 해체되었다. 금융안정위원회도 국제회계기준재단에 기후 관련 기업 공시에 대한 모니터링을 요청하며 8년여의 TCFD 활동을 마무리했다.[37]

2. 자연 부문

국제사회는 기후변화에 대응하여 취해온 일련의 노력과 과정을 자연에도 거의 비슷하게 적용하고 있다. 생물다양성협약은 1992년 브라질에서 개최된 유엔환경개발회의UNCED, 일명 지구정상회의에서 서명이 시작되어 1993년 12월 발효되었다. 우리나라는 1994년 10월 협약에 가입하였다. 2024년 5월 현재, 생물다양성협약에 가입한 당사국은 196개국이며, 미국은 유엔 회원국 중 생물다양성협약을 비준하지 않은 유일한 국가이다.

생물다양성협약의 목적은 제1조에 명시되어 있다.

…… 유전 자원과 유전 기술에 대한 모든 권리를 고려한 유전 자원에 대한 적절한 접근, 관련 기술의 적절한 이전 및 재원 제공을 통해 생물다양성을 보전하고, 그 구성요소를 지속가능하게 이용하며, 또한 유전 자원의 이용으로부터 발생되는 이익을 공정하고 공평하게 공유하는 것이다.
— 생물다양성에 관한 협약(1993)

기후변화협약에 과학적 근거와 대응 방안을 제안하는 기후변화에 관한 정부간 협의체가 있다면 생물다양성협약에도 이와 대등한 역할을 하는 독립적인 정부간 기구인 생물다양성 과학기구IPBES가 있다. 생물다양성 과학기구는 생물다양성의 보존과 지속가능한 이용 및 개발을 위해 생물다양성과 생태계 서비스에 대한 과학-정책간 교류 강화를 위해 설립되었다. 생물다양성협약은 이들의 활동을 기반으로 2022년 세계생물다양성체계를 채택했다. 세계생물다양성체계에도 2030년 목표, 2050년 비전 등이 제시되어 있으며 이 역시 파리협정의 목표와 궤를 같이하는 것으로 볼 수 있다.

　TCFD에 대응하는 TNFD는 2020년 7월부터 추진하기 시작해 2021년 6월 공식적으로 출범하였다. TNFD는 G20의 지속가능한 금융 로드맵의 주요 이니셔티브로도 포함되었다. 2021년 G7 재무장관은 TNFD 설립을 승인하면서 자연 관련 재무정보 공시의 중요성을 인식하며, 환경 위험과 기회에 대한 완전한 그림을 금융기관과 기업에 제공하려는 TNFD의 목표에 주목한다는 입장을 발표하였다.[38]

　TNFD는 이후 2년간의 논의를 기반으로 2023년 9월 자연 관련 공시 권고를 최종 발표하였다. TNFD는 TCFD의 구성과 동일한 4개의 주요 요소pillar로서 지배구조, 전략, 위험 및 영향 관리, 관리 지표 및 목표를 제시하면서 해당 요소에 적용할 14개의 권고사항을 공개하였다. TNFD의 권고는 국제회계기준재단 및 글로벌 보고 이니셔티브의 기준은 물론 세계생물다양성체계에 포함된 기업의 자연 관련 위험 및 영향에 대한 정보 공개 요구 목표와 부합한다는 것을 강조하고 있다.

　TCFD와 TNFD는 각각 기후와 자연과 관련한 기업의 정보 공시를 촉진하면서 글로벌 기업 공시 기준과 각국의 ESG 관련 정책에도 영향을 줄 수 있다. 이러한 연결 구조는 그림 2-1과 같다.

그림 2-1. 국제사회의 기후 및 자연 관련 공시 체계간 연결 구조(TNFD, 2023b)

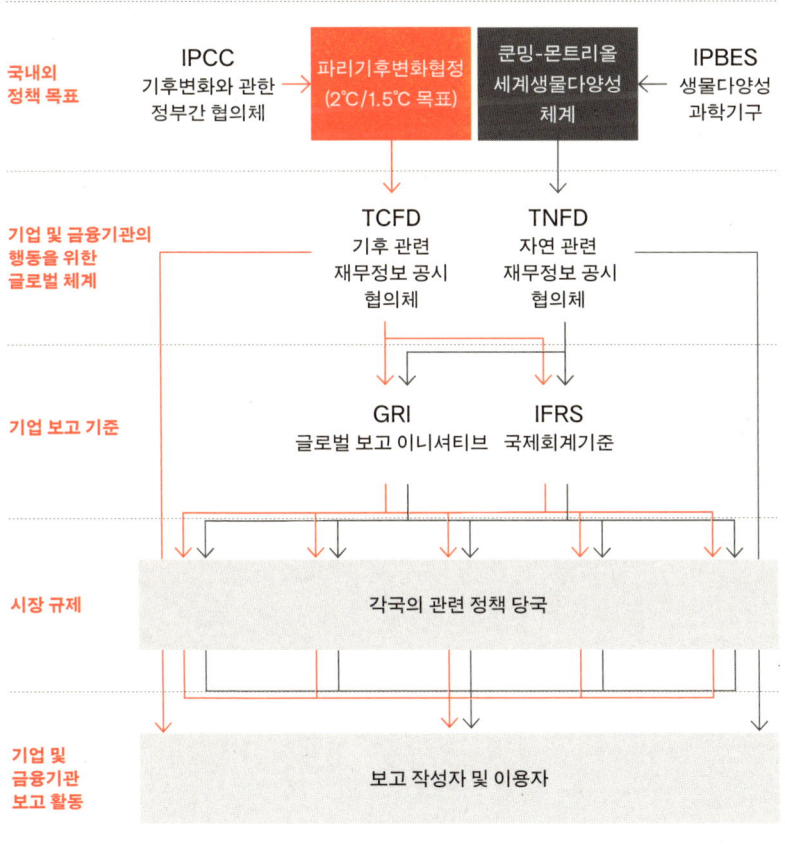

Part 2. 자연 관련 ESG의 흐름

3장.
국제사회의 표준 형성

1. 지속가능성 보고 기준(GRI)

글로벌 보고 이니셔티브는 1997년 비영리단체인 세레스CERES와 텔어스연구소Tellus institute에 기반하여 미국 보스턴에서 출범하였다. 기업이 환경 행동 원칙을 책임감 있게 준수하도록 보장하는 최초의 책임 메커니즘 개발을 목표로 출발한 이후 환경 문제에 국한하지 않고 사회 경제, 거버넌스 문제를 포괄하는 메커니즘으로 확대되어 왔다.[39] 2000년, GRI 지침guideline의 첫 번째 버전(G1)을 발표하며 지속가능성 보고sustainability reporting를 위한 국제적 체계를 처음으로 제시하였다. 2016년, 기존 지침에서 한 단계 더 나아가 지속가능성 보고에 대한 최초의 글로벌 표준인 GRI 기준Standards을 발표하였다. 이후 기준을 지속적으로 확장하는 한편 업데이트하면서 국제사회에 존재감을 드러내고 있다. 2022년 현재 글로벌 상위 250대 기업의 78%, 52개국 매출 상위 100대 기업의 68%가 GRI 기준을 지속가능성 보고에 활용하고 있다.[40]

    GRI 기준은 보편 기준universal standard에서 출발하여 부문 기준sector standard, 주제 기준topic standard의 세 가지 유형으로 확대되었다(그림 2-2).[41]

그림2-2. GRI 기준 유형(GRI, 2021)

글로벌 보고 이니셔티브 기준							
보편 기준		부문 기준			주제 기준		
GRI 1	GRI 기준 활용의 요구사항 및 원칙	GRI 11	GRI 12	GRI 13	GRI 201	GRI 403	GRI 305
GRI 2	보고기관의 일반 공시	GRI 14	GRI 15	GRI 16	GRI 415	GRI 303	GRI 202
GRI 3	보고기관의 중요 주제 공시	GRI 17	GRI 18	...	GRI 304	GRI 205	...

보편 기준

2021년 개정하여 2023년 1월 1일부터 적용하고 있다.

- **GRI 1**(Foundation 2021): GRI 기준에 따라 보고하기 위해 준수해야 하는 요구사항. 고품질 보고를 위한 정확성, 균형, 검증가능성과 같은 원칙을 구체적으로 설명
- **GRI 2**(General disclosure 2021): 보고 기관의 세부 공시사항. 기관의 구조 및 활동, 거버넌스, 전략 및 정책, 이해당사자 관련 사항을 명시. 조직 이력과 규모에 대한 이해를 높이고 해당 조직의 영향력을 가늠할 수 있도록 함
- **GRI 3**(Material topic 2021): 조직의 영향력과 가장 관련성 높은 주제를 결정하고, 선택한 중요 주제 목록을 공개하는 내용 기술

부문 기준

4개 그룹(기본 물질, 산업, 수송·인프라 및 관광, 기타 서비스 및 경공업) 내의 40개 부문으로 구분할 계획이며, 현재 4개 부문이 공개되어 있다. 보고 기업에 특히 중요한 주제가 있는 경우, GRI 보고 시에 반드시 이를 사용하도록 의무화하 고 있다.

- GRI 11: 석유 및 가스
- GRI 12: 석탄
- GRI 13: 농림어업
- GRI 14: 광공업

주제 기준

폐기물, 산업안전, 보건 등 특정한 주제에 대한 정보 공개이다. 이를 위해 각 주제를 유형화하고, 주제별 세부 사항 및 관련 영향에 대한 조직의 관리 방안 등의 공시사항을 담고 있다.

- GRI 200: 경제 성과, 시장 위치, 주요 경제 영향, 반부패, 세금 등 7개 주제
- GRI 300: 원자재, 에너지, 물 사용, 생물다양성, 온실가스 배출, 폐기물, 공급망 환경평가 등으로 구성. 생물다양성의 경우는 다음 사항을 보고해야 함.
  - 생물다양성 가치가 높은 지역에서 소유 및 임대 관리되는 현장 보고
  - 조직 활동 및 제품과 서비스가 생물다양성에 미치는 중대한 영향

- 보호되거나 복원된 서식지의 규모와 위치
  - 조직 운영으로 영향을 받는 지역 내 서식지에 있는 세계자연보전연맹 위기종 적색 목록 및 국가 보존 목록 등 보고
- **GRI 400**: 고용, 노동, 안전보건, 교육, 노사 관계, 보안 절차, 원주민 권리 등 일반적인 사회 항목으로 18개 주제[42]

2. 글로벌 공시 기준(ISSB)

세계적으로 널리 활용되고 있는 지속가능성 보고 프레임워크와 이니셔티브들을 통합해야 한다는 공감대가 형성되면서 제26차 기후변화협약 당사국총회(2021)에서 국제회계기준재단은 지속가능성 공시 국제 표준을 마련하기 위한 국제지속가능성기준위원회ISSB 설립을 공식화하였다. ESG 정보는 국제지속가능성기준위원회의 글로벌 공시 기준을 바탕으로 향후 기업의 재무 성과 및 정보와 연동하는 중요 지표로 작동할 수 있게 된다.[43]

2022년 3월, 국제지속가능성기준위원회는 TCFD 기후 관련 공시 권고를 토대로 기업의 지속가능성 관련 일반 요구사항(IFRS S1)과 기후 관련 공시 기준(IFRS S2)의 초안을 발표했다. 이후 의견수렴 과정을 거쳐 2023년 6월 21일 최종안을 발표하였다.[44] 국제지속가능성기준위원회는 전 세계 140개국에서 사용하는 IFRS 회계 기준의 핵심 개념에 기초하여 일반 재무제표와 함께 지속가능성 관련 정보를 투자자에게 제공하도록 설계되었음을 강조하고 있다. 특히 기후관련 공시 기준(IFRS S2)은 일반적인 재무 보고서의 주요 이용자에게 기후 관련 위험과 기회에 대한 정보를 기업이 공시하도록 요구하는 것을 목표로 한다.[45] IFRS S1과 S2는 2024년 1월 1일 이후 최초로 시작되는 회계연도부터 유효하다.

- **IFRS S1: 지속가능성 관련 재무정보의 일반 요구사항**General Requirements for Disclosure of Sustainability-related Financial Information

  기업이 단기, 중기 및 장기간에 걸쳐 직면하게 될 지속가능성 관련 위험 및 기회에 대해 투자자와 소통할 수 있는 일련의 공시 요구사항a set of disclosure requirements 제공

- **IFRS S2: 기후 관련 공시**Climate-related Disclosures

  기후와 관련하여 단기, 중기, 장기적인 현금 흐름, 금융 활용이나 자본 비용에 영향을 미칠 것으로 예상되는 위험과 기회에 대한 정보 공개 요구. 적용 대상scope 기업이 기후 관련 물리적 위험Physical risk이나 전환 위험Transition risk에 노출되거나, 기업이 이용할 수 있는 기후 관련 기회가 있는 경우로 명시. 핵심 요소로 TCFD의 기후 관련 공시 권고처럼 거버넌스, 전략, 위험 관리, 관리 지표 및 목표와 관련한 기업 공시 사항을 설명함[46]

국제지속가능성기준위원회가 기후 관련 공시를 S2를 통해 별도로 마련한 것처럼 향후 다른 환경 분야에 대한 공시 기준도 마련할 것으로 전망된다. 최근 일부 외신 등을 보면 다음 공시 기준으로 생물다양성이나 사회적 이슈 등을 놓고 의견이 분분한 것으로 알려졌다. 인적 자본과 같은 사회적 주제에 대한 우선순위를 강조하는 의견도 있다. 영국 금융감독청, 캐나다 지속가능성표준위원회, 싱가포르 거래소, 세계 최대 보험사인 스위스리Swiss Re 등은 차기 공시 기준으로 자연을 강조하고 있다.[47]

이를 반영하듯 국제지속가능성기준위원회는 2024년 4월 향후

2년간의 작업 계획에 추가할 신규 연구 및 표준 설정 프로젝트로서 생물다양성과 생태계 서비스, 인적자본의 두 가지 주제를 선정하고 향후 두 가지 주제에서의 위험과 기회에 대한 공시를 연구하는 프로젝트를 추진하기로 결정하였다. 이에 대해 국제지속가능성기준위원회 의장 엠마누엘 파버Emmanuel Faber는 "기후 외에도 투자자의 요구에 충족하는 기준을 구축하기 위해 최선을 다하고 있다"며 "투자자를 통해 기업가치의 핵심 원천으로서 생물다양성 및 생태계, 생태계 서비스와 인적자본에 대한 공시 제고에 대한 필요성이 점점 커지고 있다"고 강조하였다.[48] TNFD도 2024년 4월 보도자료를 통해 글로벌 보고 이니셔티브와 상호간의 권장사항, 표준 및 지침 개발을 지원하기 위해 긴밀하게 협력해 왔으며 앞으로도 운영성을 제고하기 위해 협력하겠다는 입장을 밝혔다.[49] 주요 글로벌 표준에서 자연과 생물다양성 관련 정보 공시를 강화하겠다는 점에서 주목받고 있다.

4장.
국제사회의 ESG 대응

1. 유럽연합

녹색분류체계(2019)

유럽연합 집행위원회는 파리협정과 지속가능발전목표 달성에 필요한 민간 투자를 확대하기 위해서 '지속가능한 투자'의 정의와 이에 맞는 관리 체계가 필요하다는 판단하에 2018년 지속가능금융에 관한 행동계획Action plan: Financing Sustainable Growth을 채택하였다. 이를 위해, 지속가능성에 관한 분류체계인 녹색분류체계EU Taxonomy를 구축, 지속가능성 공시 및 회계 규정 강화 등의 10대 행동 계획을 발표하였다.[50]

2019년 12월, 유럽연합의 입법기구인 유럽의회와 유럽연합 이사회가 '환경적으로 지속가능한 경제활동'의 분류체계에 합의하여 투자의 지속가능성을 가늠하는 공통 기준을 제시하며 국제사회의 주목을 받았다(표 2-2). 이들은 2021년 12월, 6개의 환경 목표 중 '감축'과 '적응' 목표 달성에 관한 기술적 선별 기준을 담은 위임 법안을 발표하였고, 2022년 7월 보완 법안을 통해 특정한 조건에서 천연가스와 원자력을 분류체계에 포함하였다.[51] 2023년 6월 유럽연합 집행위원회는 나머지 4개의 환경 목표에 대해서도 기술적인 선별 기준을 담은 법안을 공개하였다.[52] 이 법안은 2024년 1월 1일부터 관보에 게시되면서 적용되고 있다.

유럽연합은 녹색분류체계를 기초로 지속가능성에 대한 기업의 보고를 의무화하고, 금융시장에서도 지속가능성과 관련한 정보 공시를 유도하는 규정을 마련하고 있다(그림 2-3).

표 2-2. 환경적으로 지속가능한 경제 활동인 유럽연합 녹색분류체계(Council of European Union, 2019)

필수 조건

1. 아래 6개의 환경 목표 중 적어도 1개 이상의 목표에 상당히 기여하는 활동:
   ① 기후변화 감축
   ② 기후변화 적응
   ③ 물·해양자원의 지속가능한 사용 및 보호
   ④ 순환경제로 전환, 폐기물 배출 방지, 재사용 및 재활용
   ⑤ 오염 예방 및 관리
   ⑥ 생물다양성·생태계 보호 및 복원

2. 환경 목표에 중대한 피해(significant harm)를 주지 않는 활동

3. 탄탄한 과학 기반의 기술 선별 조건(technical screening criteria)에 부합하는 활동

4. 최소한의 사회 및 거버넌스 세이프가드에 부합하는 활동

그림 2-3. 유럽연합 지속가능성 보고 지침 및 지속가능금융 공시 규정 (European Commission, 2023)

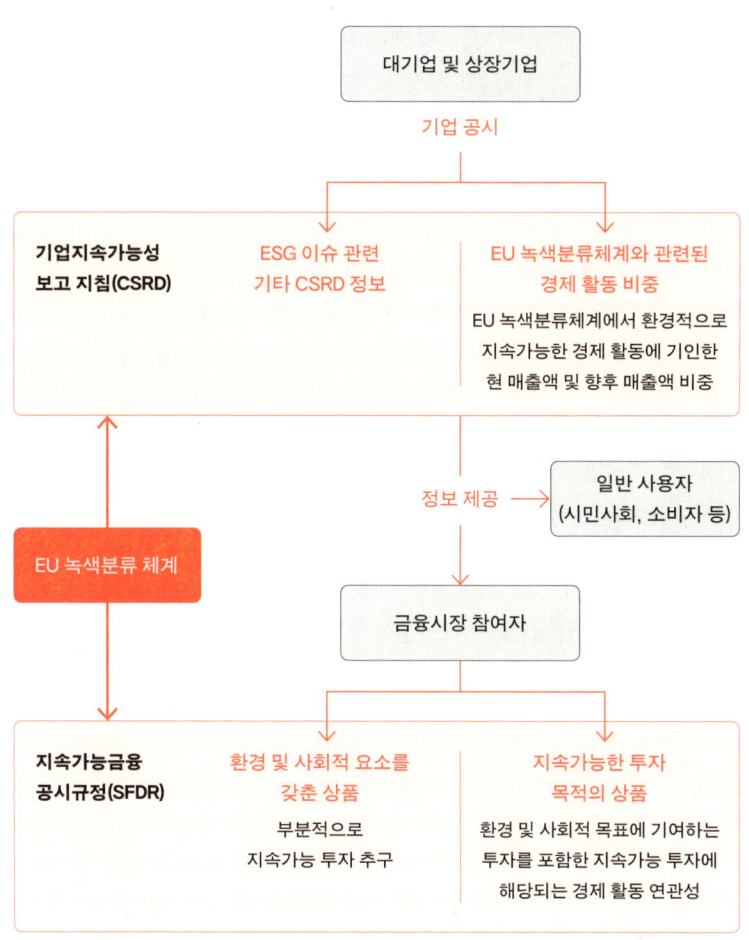

유럽연합 지속가능성 보고 기준(2023)

유럽연합은 비재무정보 보고지침NFRD: Non-financial Reporting Directive을 통해 회계 연도 기준 2017년부터 직원 500명 이상 상장기업과 금융기관이 환경과 사회에 미치는 영향에 관한 정보 공시를 의무화하도록 하였다. 이후 2023년 7월, 유럽연합 집행위원회는 유럽연합 지속가능성 보고지침CSRD 대상 기업이 적용할 보고 기준으로 유럽연합 지속가능성 보고 기준ESRS을 제안하였다. 집행위원회는 별도의 Q&A 자료를 통해 기업이 제출하는 지속가능성 정보가 충분하지 않고 투자자가 중요하다고 생각하는 정보가 누락되거나 기업간 제출된 정보를 비교하기 어려운 문제점을 해결하기 위해 새로운 보고 기준을 제안한다는 것을 설명하면서, 2개의 공통 기준과 환경, 사회, 거버넌스 관련 10개 주제별 기준을 포함한 12개의 기준을 제시하였다(그림 2-4).

ESRS 1은 일반 요구사항으로 ESRS 공시에 적용하는 일반 원칙을 제시하고 있으며, ESRS 2는 유럽연합 지속가능성 보고지침을 적용받는 모든 기업에 요구하는 일반 공시사항을 규정하고 있다. 나머지 기준에 대해서는 중대성 평가materiality assessment를 통해 공시할 정보를 기업이 자체적으로 선택하여 해당 기업과 무관한 정보는 공시 대상에서 제외하도록 하였다. 그럼에도 중대성에 따른 공시도 완전히 자발적이지 않다. 기업에서는 기후변화를 중대성 주제가 아니라고 판단하여 해당 기준에 따라 보고하지 않더라도 그러한 결론에 이르게 된 세부 내용을 설명하도록 요구하기 때문이다. 바로 이 지점이 글로벌 보고 이니셔티브나 국제지속가능성기준위원회의 공시 기준과 차이 나는 부분이다. 또한 유럽연합 지속가능성 보고 기준은 이중 중대

그림 2-4. 유럽연합 지속가능성 보고 기준(European Commission, 2023; PwC, 2023에서 저자 재구성)

공통 기준	환경	사회	지배구조
ESRS 1 일반 요구사항	ESRS E1 기후 변화	ESRS S1 임직원	ESRS G1 비즈니스 행동
ESRS 2 일반 공시사항	ESRS E2 오염	ESRS S2 가치사슬 내 임직원	
	ESRS E3 수자원	ESRS S3 지역사회	
	ESRS E4 생물다양성 및 생태계 서비스	ESRS S4 소비자 및 최종 사용자	
	ESRS E5 자원 이용 및 순환경제		

성double materiality을 적용한다는 점에서 국제지속가능성기준위원회의 공시 기준(IFRS S2)과 차이가 있다. IFRS S2에서 기후가 기업에 미치는 영향을 공시하는 수준에 그쳤다면, 유럽연합 지속가능성 보고기준에서 기업은 사회 및 환경 관련 이슈가 기업에 미치는 영향(재무 위기 및 기회)뿐만 아니라 기업 활동이 사람과 환경에 미치는 영향에 대해서도 보고하도록 의무화하고 있다.

    ESRS 1을 제외한 11개 기준 중에서 환경 부문과 관련한 기준이 거의 절반 가까운 5개(ESRS E1~ESRS E5)에 이르는 점도 주시해야 한다. 환경 문제를 단순히 기후변화에 한정 짓지 않는 것이다. 기후변화뿐만 아니라 오염, 수자원 및 해양자원, 생물다양성 및 생태계 서비스, 자원 사용과 순환경제 등 지속가능금융에 관한 행동 계획에서 강조해 온 모든 환경 분야가 포함되어 있다.

유럽연합 집행위원회는 ESRS 공시가 국제 기준인 ISSB 공시 기준 및 GRI 기준과 연계성alignment이 높다고 강조한다. ESRS 개발 초기부터 GRI 기준을 참고하였다. 또한 국제지속가능성기준위원회와 꾸준히 협의하며 IFRS S1 및 S2와 서로 병행할 수 있도록 개발하였기 때문이다. 따라서 기업은 대부분 기후변화에 관한 동일한 정보를 유럽연합 지속가능성 보고기준과 IFRS S2에 보고하게 될 것임을 강조하고 있다.

ESRS 공시 기준에 따라 2025년부터 유럽연합 내 대기업은 2024년 회계 연도 정보를 반영한 ESG 관련 보고를 의무적으로 해야 한다. 기타 기업 및 상장 중소기업들도 순차적으로 보고 의무가 생긴다. 이 규정은 유럽연합 기업에만 적용되지 않는다. 유럽연합 안에서 매출 1.5억 유로를 초과하는 기업도 2028년 회계 연도 자료를 토대로 2029년부터 보고하도록 규정하였기 때문이다. 따라서 ESRS 공시 기준이 향후 글로벌 기업에 여파를 미칠 것이라 전망된다.

제도의 확산

전통적으로 환경 의제에 대한 관심이 많은 유럽연합은 전 세계에 차지하는 영향력을 활용하여 그들이 먼저 도입한 제도를 국제사회에 확산하려는 시도를 해오고 있다. 2023년 10월부터 적용하기 시작한 탄소국경조정 메커니즘도 2026년 1월부터는 본격적인 제도로 이행하려고 추진하고 있다. 유럽연합 지속가능성 보고기준 역시 유럽연합 이사회 및 의회와 협의 과정을 통해 최종안을 도출할 것이다. 유럽연합이 글로벌 이니셔티브와 조율하며 유럽연합 지속가능성 보고기준 규정을 제도화하는 것을 강 건너 불구경하듯 바라볼 수만은 없는 이유가 바로 여기에 있다.

유럽연합은 국제지속가능성기준위원회와 상호운영성interoperability을 토대로 기업의 지속가능성 공시 보고를 준비 중이다. 다른 주요 국가에서도 2024년 이후 이 제도 이행이 구체화될 전망이다. 영국과 호주는 2024년 여름에 국제지속가능성기준위원회에 부합하는 보고 체계를 검토할 예정이며, 일본과 싱가포르는 2025년에 이에 부합하는 공시 기준을 의무화할 것으로 예상된다. 아직 미국과 중국에서 마땅한 계획을 내놓고 있지 않는 상태이다(그림 2-5). 차기 미국 대통령 선거를 통해 파리협정을 탈퇴한 트럼프 행정부가 다시 들어선다면 유럽연합과 환경 문제를 두고 정면충돌할 가능성도 배제하기 어렵다. 그 과정에서 우리는 무엇을 준비해야 할까? 도도한 국제사회의 흐름에서 답을 찾을 시기이다.

그림 2-5. ISSB에 기초한 주요국의 공시 제도 이행 현황(MSCI ESG Research LLC, 2023)

	TCFD에 부합하는 현행 제도	ISSB 승인	ISSB 의무화 상태
오스트레일리아	●●●○	■	▓▓▓▓▓▓▓
브라질	●●●○	▨	░░░░░░░
캐나다	●●○○	■	▓▓░░░░░
중국	●●○○	▨	▓▓░░░░░
유럽연합	●●●●	■	▓▓▓▓▓▓▓
일본	●●●●	■	▓▓░░░░░
홍콩	●●●●	■	▓▓▓▓▓░░
인도	●●●○	▨	░░░░░░░
뉴질랜드	●●●●	■	▓▓▓▓▓▓▓
나이지리아	●○○○	■	▓▓▓▓▓▓▓
싱가포르	●●●○	■	▓▓▓▓▓░░
스위스	●●○○	▨	░░░░░░░
남아프리카공화국	●○○○	■	▓▓▓░░░░
대만	●●○○	■	▓▓▓░░░░
영국	●●●●	■	▓▓▓░░░░
미국	●●○○	▨	░░░░░░░

●●●● 강제적　　■ 이미 공식 승인
●●●○ 부분 강제적　　▨ 공식 승인 부재
●●○○ 강제화 예상
●○○○ 자발적

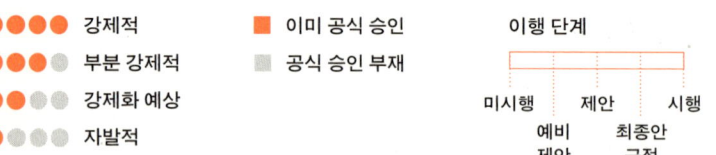

이행 단계

미시행 ／ 예비 제안 ／ 제안 ／ 최종안 근접 ／ 시행

ISSB 이행 예상 시기	ISSB 전문기구	필요한 제3자 인증 수준	ISSB 적용 잠재 대상 기업
2024	규제기관 주도	▰▱	● ● ● ○
-	기업 참여	-	○
-	기업 참여	-	● ● ○
-	-	-	● ●
2023	기업 참여	▰▰▱	● ● ● ○
2025	기업 참여	-	●
2025	규제기관 주도	▱▱	● ●
-	-	▰▰▰	●
2023	규제기관 주도	▰▱	● ● ○
-	-	-	● ●
2025	기업 참여	▰▱	● ● ●
-	-	▱▱	● ● ○
-	기업 참여	-	● ●
2027	-	▱▱	● ●
2024	기업 참여	-	● ● ● ○
-	-	▰▱	●

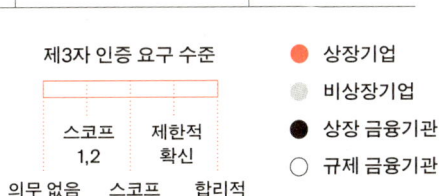

제3자 인증 요구 수준

- 의무 없음
- 스코프 1,2
- 스코프 1,2,3 모두
- 제한적 확신
- 합리적 확신

● 상장기업
○ 비상장기업
● 상장 금융기관
○ 규제 금융기관

Part 2. 자연 관련 ESG의 흐름

2. G7

2030 자연 콤팩트 이니셔티브(2021)

자연과 생물다양성을 강조하는 국제사회의 노력은 G7 차원에서도 가시화되고 있다. 2021년 G7 정상은 'G7 2030 자연 콤팩트Nature Compact'를 채택하면서 2030년까지 생물다양성 손실을 중단하고 복원하기 위한 글로벌 미션을 공약하였다.[53] G7은 성명서를 통해 지속가능하고 포용적인 개발에 중점을 두면서 인간과 지구 모두의 이익을 위해 글로벌 시스템 전반의 변화가 요구된다고 밝혔다. 이를 위해 온실가스 배출 측면의 넷제로뿐만 아니라 네이처 포지티브를 강조하였다(our world must not only become net zero, but also nature positive). 구체적으로 향후 10년간 생물다양성 손실에 대비하여 정부 차원의 4가지 행동을 언급하였다.

1) 천연자원을 지속가능하고 합법적인 이용으로 전환
2) 자연에 대한 획기적인 투자 증대와 모든 경제적, 재무적 의사결정에서 자연을 고려하는 네이처 포지티브 경제로 주도
3) 의욕적인 글로벌 목표를 통한 자연보호, 보전 및 복원
4) 자연을 위한 국내외적 대책 마련에 대한 책임

2022년 6월, G7 성명서에는 주요 주제 중 '지속가능한 지구'를 가장 먼저 언급했으며, 기후 에너지 및 자연 등을 강조하였다.[54] 또한 전년도에 이어 2022년에도 지속가능성, 넷제로, 네이처 포지티브 경제로 전환하는 것을 촉진하는 민간 재원의 역할과 금융시장의 중요성을 언급하면서 TNFD의 권고를 기대한다는 문구를 포함하였다.

네이처 포지티브 경제 동맹(2023)

2023년 4월 일본 삿포로에서 개최된 G7 기후에너지 장관회의는 민간 부문 및 시민 사회, TNFD와 협력하여 자발적으로 지식을 공유하고 정보 네트워크를 생성하는 포럼인 네이처 포지티브 경제 동맹G7 ANPE: G7 Alliance on Nature Positive Economies을 설립하였다.[55] 별도의 부속서에서 G7 ANPE의 역할을 부여하면서 2023년 두 개의 주제pillar로 네이처 포지티브 경제를 지지하는 사업 모델 및 혁신 사례를 공유하고, TNFD 연계 등을 통한 기업의 정보 공시 강화를 제시하였다. G7은 2024년 이후에도 개최 연도 의장국이 별도의 주제를 추가하는 등 관련 대응을 지속할 계획이라는 점에서 향후에도 네이처 포지티브 경제로 전환하기 위한 노력을 지속할 전망이다.

3. G20

지속가능금융 로드맵(2021)

2021년 4월, G20 재무장관 및 중앙은행장들은 2030 지속가능발전목표와 파리협정을 지원하는 지속가능금융을 확대하기 위해 작업반 G20 SFWG: Sustainable Finance Working Group을 설립하였다. 2016년 녹색금융 스터디그룹에서 출발하여 2018년 지속가능금융 스터디그룹으로 확대된 기존 체제를 작업반으로 격상한 것이다. 이들은 G20 및 관련 국제기구와 이니셔티브 등이 지속가능금융 의제의 주요 우선사항에 집중하도록 돕는 한편, 향후 몇 년간 우선사항에 대한 G20 차원의 행동계획을 구체화하는 지속가능금융 로드맵을 발표하였다. 2021년 10월 31일, G20 로마 정상회의에서 이 로드맵을 승인하였다. 그리고 작업반은 그들뿐만 아니라 국제기구 및 이니셔티브 등에서 수행한 내용을 정리하고, 지속가능금융 로드맵과 관련한 진전 사항을 담은 보고서를 매년 발표하기로 하였다.

G20 지속가능금융 로드맵은 중점 분야로 5가지를 정하였다 (표 2-3). 또한 각 집중 분야에서 취할 행동을 구체화하면서 2021년~2025년에 수행할 19개 행동 목록, 관련 국제기구와 분기별 일정을 명시하였다.

이중 중점 분야 2는 유럽연합 지속가능성 보고 기준, 글로벌 보

표 2-3. G20 지속가능금융 로드맵의 중점 분야(G20 Italia, 2021)

중점 분야 1	지속가능목표에 부합하도록 투자를 조정하는 시장 개발 및 접근
중점 분야 2	지속가능성과 관련한 위험, 기회, 영향에 대해 일관되고, 비교가능하며 의사결정에 유용한 정보
중점 분야 3	기후 및 지속가능성 위험에 대한 평가 및 관리
중점 분야 4	국제 금융기관, 공공 재원과 정책의 역할
중점 분야 5	기타 공통 부문 이슈

고 이니셔티브, TNFD 등에서 언급했던 기회와 영향, 그리고 위험 등을 그대로 언급한다. 그러면서 국제지속가능성기준위원회의 글로벌 공시 기준을 TCFD에 기초해서 개발하고, 초기 기후 관련 정보에서 외연을 확대하여 향후 지속가능성 주제인 자연, 생물다양성, 사회적 이슈를 확대할 것을 명시하였다(Action 6). 또한, 관련 국제기구 및 네트워크, 이니셔티브 등에서 기업 및 금융기관의 공시에 활용할 자연 및 생물다양성 관련 지표를 이해하기 위한 노력을 요청하였다(Action 10). 중점 분야 3에서는 관련 기구 및 이니셔티브에서 기후 관련 위험이 금융 안정성에 미칠 영향을 분석하고, 중기적으로는 자

연 및 생물다양성 관련한 지속가능성 위험으로 분석의 범위를 확대해야 한다고 기술하였다(Action 11).

　2023년에는 G20 의장국이었던 인도의 주도하에 지속가능금융을 확대하기 위한 G20 작업반에서 기존 로드맵을 토대로 우선분야 세 가지를 선정하였다. 첫째, 시의적절한 기후 재원 조성, 둘째, 지속가능목표를 위한 재원 활성화, 셋째, 지속가능금융 생태계를 위한 역량 배양이다. 이후 다섯 차례의 워크숍 등을 통해 <2023년 지속가능금융 보고서>를 발표하고, 주요 우선분야의 과제와 권고안을 반영하였다.[56] 보고서에서 지속가능목표를 위한 재원 활성화를 위해 자연 관련 데이터 및 보고의 개선을 주요 주제로 제시한 것도 눈여겨볼 만하다. 각국의 정부기관 및 국제기구와 이니셔티브 등에 자연 관련 위험, 기회, 영향을 측정하고 모니터링 하는 체계와 수단을 고안하여 강화할 것을 요청encourage하는 한편, 정부는 금융기관 및 기업이 자연 및 생물다양성 관련 위험, 의존도 및 영향을 확인, 평가, 주기적인 점검 및 보고할 수 있는 조치를 취해야 한다(should)는 문구가 권고 사항으로 포함되었다.

TNFD 자연 관련 공시 권고의 이해

Part 3

TNFD

TNFD는 1년에 걸친 사전 작업을 거쳐 금융시장 규제 당국, 중앙은행이나 민간은행과 같은 시장 참여자, 시민사회 단체가 협력하여 2021년 출범시킨 조직이다. TCFD가 기후변화와 관련한 기업의 재무 위험과 기회를 평가하고 공개하는 권고 지침을 제시한 것처럼 TNFD 역시 기업의 재무정보 안에 자연자본 손실로 인한 위험과 기회를 어떻게 포착하여 포함할지에 대해 권고 지침을 마련하였다. TNFD 자연 관련 공시 권고는 TCFD 기후 관련 공시 권고의 체계와 용어를 최대한 반영하여 개발되었으며 동시에 기후변화 이슈와는 다른 자연의 특성을 보다 깊게 고려하였다.

3부에서는 TNFD가 2023년 9월 최종 발표한 권고 중 공시와 관련된 주요 내용을 요약해 소개한다. 기후변화 이슈와 달리 자연 분야는 처음 공표되는 내용이므로 개인적 견해를 최소화하고 가급적 원문 보고서를 충실하게 따랐다. 권고를 마련한 과정과 공개 대상이 되는 자연, 의존성, 영향, 위험과 기회 등의 개념을 설명한 후 4가지 핵심 주제 영역과 14가지의 공개 사항을 세부적으로 설명한다. 투자자와 금융기관, 기업과 정부 등은 자본시장에 관여하는 양태에 따라 이를 참고하여 위험과 기회를 확인하고 평가하며 의사결정에 활용할 수 있을 것이다. 추가 설명이 필요하다면 TNFD가 별도로 발간한 안내서를 참고하길 권한다. TNFD는 자연 관련 공시 권고가 시장에서 바로 적용되어야 한다고 주장하거나 기대하지는 않는다. 그러나 2017년 TCFD의 권고가 발표된 이후 재무정보 공시 내용에 이를 반영하는 기업이 빠르게 증가한 것처럼 TNFD의 권고도 향후 기업과 정부가 경제와 생물다양성 관련 이슈를 일치시키는 중요한 체계로 작동할 것으로 예상된다. 기후 관련 공시 기준에 추가하여 자연 부문 공시 기준을 추가로 제정하려는 국제지속가능성기준위원회의 움직임을 볼 때 TNFD 권고를 이해하는 것은 향후 자연 관련 공시에 관한 국제적 흐름에 대비하는 데도 도움이 될 것이다.

김은경 (환경부 감사관)

1장.
TNFD의 등장

1. 자연이 기업의 재무 성과에 미치는 영향

2008년 4월 21일, 오랑우탄 복장을 한 8명의 그린피스 회원이 런던에 있는 유니레버 본사 7층 발코니에 올랐다.[57] 유니레버는 도브 비누, 샴푸, 립스틱뿐만 아니라 아이스크림, 빵, 초콜릿과 같은 제품 포장에 팜유를 사용한다. 문제는 이 팜유를 만드는 야자를 키우기 위해 재배업자들이 천연림과 이탄지에 불을 지르면서 엄청난 양의 이산화탄소가 배출되고 대기가 오염되며 지역을 흐르는 물과 주변의 생물다양성이 파괴된다는 것이다. 오랑우탄이 나타나기 몇 년 전부터 유니레버는 환경에 영향을 덜 미치는 팜유를 생산하고 구매하기 위해 노력하고 있었지만 추락하는 기업의 이미지를 구하는 데 별 도움이 되지 못했다. 원자재 가격이 17%나 오를 것으로 예측되는 등 재무 여건이 긍정적이지않은 상황에서도 유니레버는 사건 발생 후 한 달이 되기도 전에 2020년부터는 지속가능한 방식으로 생산된 팜유만 구매할 것이라고 발표했다.

2023년 4월 12일에는 아마존의 카야포 원주민 지도자 도토 타각이레가 그린피스와 함께 서울에서 HD현대건설기계의 중장비가 아마존을 파괴하는 데 사용되지 않게 하라고 요구하는 기자회견을 열었다.[58] 이들은 브라질 아마존 원주민 보호구역 내 금 채굴 현장에서 지난 3년간 확인된 176대의 굴착기 중 43%가 HD현대건설기계의 제품이라고 주장하였다. 이 주장이 사실이라면, 당시 아마존에서 사용된 굴착기의 절반에 가까운 43%를 HD현대건설기계에서 생산한 셈이다. 전 세계 굴착기 시장에서 HD현대건설기계 점유율이 1.2%라는 것을 고려할 때 놀라운 수치이기는 하다. 속칭 '가림포'로 불리는 불법 금 채굴은 굴착기와 같은 중장비를 활용하여 최근 12년간 약 500% 급증하며 원주민 토착 지역과 지역 생태계를 위협하고 있다. 아마존의 삼림이 불법적으로 훼손되고 채굴 과정에서 수은이 강으로 유출되어 물길이 오염되며 지역 원주민에게는 여러 세대에 걸쳐 건강상 위해를 남기기 때문이다. 그린피스의 주장이 담긴 보고서는 한국어, 영어, 포르투갈어로 작성되어 전 세계에 공개되었다. 브라질 현지에서 검찰 조사와 민사 소송 등이 진행될 가능성도 있었다. HD현대건설기계는 현지 딜러 업체가 장비를 판매한 이후 소유자가 사용하는 단계까지 제지하기는 쉽지 않은 현실을 언급하면서도 앞으로 비윤리적인 구매나 사용에 대한 정책을 강화하고 현지 딜러 계약 해지까지 고려하겠다는 입장을 밝혔다. 그리고 2주가 채 안 된 4월 28일, HD현대건설기계는 아마존 내 아마조나스, 파라, 호라이마의 3개 주에서 불법적 사용과 관련된 건설중장비 판매를 중단하겠다는 입장문을 발표하고 사회적 책임을 다하는 기업으로 앞으로는 이러한 활동을 미연에 방지하여 인권과 환경을 보호함으로써 지역의 이해관계자에게 지속가능한 사회를 만들기 위해 노력하겠다고 밝혔다.[59]

    유니레버와 HD현대건설기계는 왜 이러한 결정을 하게 된 것일까? 그린피스와 지역사회가 제기한 문제는 이례적인 것으로 대중적으로 관리하면 되는 것일까? 기업이 외부에서 제기하는 환경문제 해결 요구를 받아들이지 않았다면 재무 흐름이나 성과에 영향을 받았을까? TNFD는 '그렇다'고 대답할 것이다. 환경단체나 지역사회 등에서 분출되는 목소리는 기업의 재무 흐름과 성과에 영향을 미치는 위험 요인의 하나로서 합리적으로 예측하고 분석하여 적절하게 관리해야 한다. 전통적으로 비재무적 영역에 존재하던 '자연'이라는 이슈가 재무적 영역에서 반드시 고려하여야 할 요소로 주류화mainstreaming 되는 것이다.

2. TNFD 마련 과정

TNFD는 지속가능한 발전을 견인하는 의제 중 하나로 기업 경영에서 자연을 고려하는 방안을 제시하기 위해 조직되었다.[60] TNFD는 전 세계 GDP 절반 이상인 44조 달러(5,868조 원)를 자연에 의존하는 상황임에도 기업, 투자자와 대출기관이 자연과 관련된 위기를 의사결정과정에서 적정하게 고려하지 않는다고 반복해서 지적한다.

TNFD는 2020년 7월 최초 제안되었다. 이후 2020년 9월부터 2021년 6월까지 사전 준비기간을 거치며 75개의 금융기관과 기업, 정부, 국제기구로 구성된 실무작업반 Working Group을 결성해 작업의 범위와 계획을 마련하였다. 전 세계 전문가 그룹과 자연에 미치는 시장의 영향을 분석·발표하는 비영리단체 글로벌 캐노피 Global Canopy, 유엔환경계획 금융 이니셔티브, 유엔개발계획 UNDP, 세계자연기금 WWF 등이 준비 작업을 지원하였다.

2021년 10월, TNFD가 공식 출범하였을 때는 G7 재무장관들과 G20 지속가능금융 로드맵, G20과 G7 환경장관과 기후장관이 지지하였으며 유엔기후행동과 금융 특임대사, 유엔사무총장, 프랑스 대통령과 영국 총리가 공식적인 지지를 표명하였다.

2023년 9월 최종 권고를 발표하기까지 TNFD는 여러 차례 초안을 발표하고 내용을 계속 수정, 보완하였다. 2022년 3월 최초 초안(베타 버전 v0.1)을 발표한 데 이어 같은 해 6월에는 두 번째 초안(v0.2), 세 번째 초안(v0.3), 2023년 3월에 마지막 초안(v0.4)을 공표하였고 의견 수렴과 시범 적용을 거쳐 2023년 9월 최종 권고를 제시하였다.[b]

TNFD는 자연 관련 공시 권고의 초안을 마련하는 단계에서부터

그림 3-1. TNFD 추진 경과(TNFD, 2023b)

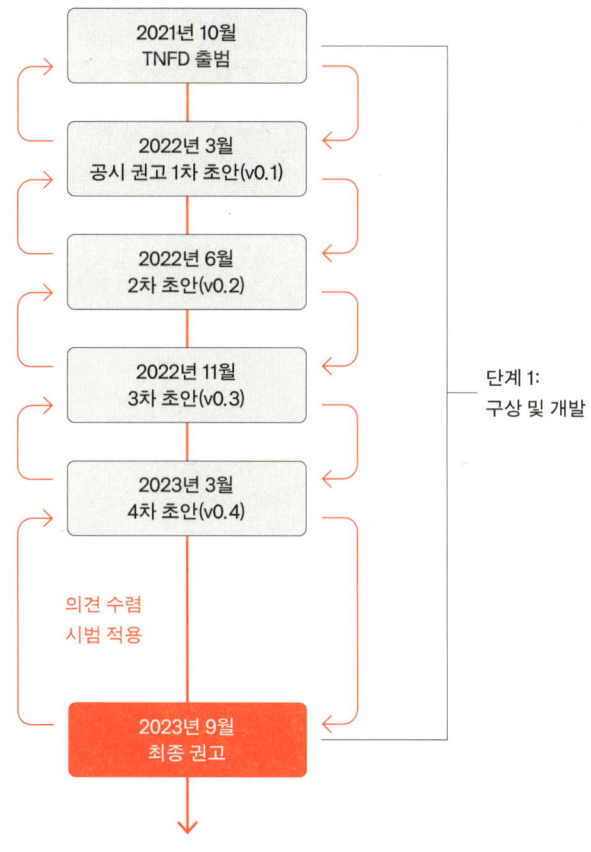

[b] TNFD
https://tnfd.global/recommendations-of-the-tnfd/

시장 참여를 촉구하며 혁신적이고 투명한 접근방법을 채택했다고 주장한다. 세계 유수의 과학·데이터 산출기관과 함께 시장이 주도하는 접근방법을 채택함으로써 일반 기업과 금융기관들 모두가 쉽고 빠르게 그들이 제시한 체계framework를 적용할 수 있다는 것이다. TNFD는 기존에 없던 새로운 표준이나 기준을 개발하는 것을 목표로 하지 않는다. 이미 시장에서 활용되고 논의되던 표준과 관리 지표, 데이터를 토대로 통합된 체계를 만들어내고자 했다. 이를 통해 기업과 기관들이 새로운 체계에 적응하는 부담을 최소화하면서 자연과 관련된 위험 관리와 기회를 포착하는데 도움이 될 것을 기대한다. 기준에 부합하는 기업의 공시 실천은 자연에 부정적 영향을 미치지 않으면서 긍정적인 결과물을 산출하는 방향으로 전 세계 금융자금 흐름의 순기능을 촉진하게 될 것이다.

2장.
상호작용하는 자연

1. 주요 개념

TNFD는 2022년 3월 발표한 자연 관련 공시 권고 1차 초안(v0.1)에서 자연의 주요 개념을 세세하게 설명하였다.[61] 이 개념은 공시 보고서의 작성 범위를 정하고 관리 지표와 목표 등을 설정하는 기초가 되기 때문에 숙지할 필요가 있다. 표 3-1은 최종 권고에서 요약 제시한 주요 개념을 정리한 것으로, TNFD가 2023년 9월 최종 발표한 자연 관련 공시 권고를 중심으로 하되, 2023년 3월 발간된 4차 초안(v0.4)의 내용을 추가하였다.

그림 3-2. 자연의 4가지 영역과 사회(TNFD, 2023b)

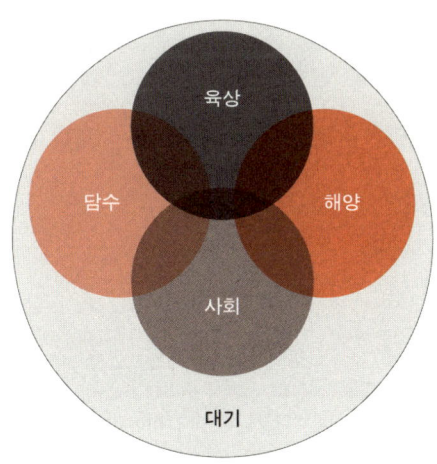

표 3-1. TNFD 자연 관련 공시 권고의 주요 개념(TNFD, 2023b에서 저자 재구성)

자연	인공성이 개입되지 않은 자연 그대로의 세계를 의미하며 인간을 포함한 각종 유기체의 다양성, 유기체간 상호작용, 환경과의 상호작용
자연 영역	자연을 구성하는 육지, 해양, 담수와 대기를 의미하며 각 영역은 구성과 기능에서 근본적으로 다름
생물군계	여러 나라에 걸쳐 존재하는 지역으로 일반적으로 평균 강우량과 기온 패턴으로 인한 식물 유형으로 정의됨. 예를 들어, 열대림, 사바나, 하천 등이 있음
환경자산	자연적으로 발생하는 생물과 무생물을 포괄하며, 지구의 생물리적 환경을 구성하고 인류에게 다양한 서비스를 제공함
자연자본	식물, 동물, 대기, 물, 토양과 광물 같은 재생가능한 자연자원과 비재생 자연자원의 저장량으로서 인류에게 이익을 제공함
생태계	기능적 단위로 상호작용하는 식물, 동물 및 미생물 군집, 무생물 환경으로 구성되는 동적 복합체
생태계 서비스	인류의 경제활동과 기타 활동에 혜택을 주는 생태계의 기여
생물다양성	육지, 해양 및 기타 담수 생태계를 포함한 모든 자연 영역의 다양한 유기체와 이들이 구성하는 생태적 복합체 간의 다양성. 종 내 다양성, 종과 종 사이의 다양성과 생태계의 다양성을 포괄하는 개념임

자연 관련 주요 개념

자연과 자연 영역

TNFD 체계에서 자연은 인간을 포함한 각종 유기체, 유기체 간 상호작용, 환경과의 상호작용을 강조하는 자연 그대로의 세계를 의미한다. 그림 3-3에서 보는 것처럼 자연은 육지, 해양, 담수와 대기의 4가지 영역Realms of nature으로 구성된다. 이 영역들은 자연을 구성하는 주요 요소로, 인류가 만든 인공적 사회와 상호작용을 하게 된다. TNFD 체계에서 자연 관련 공시보고서 작성자는 적어도 이 4가지 영역에서 기업이 부딪칠 수 있는 위험과 기회를 확인하고 지배구조와 전략의 적정성을 검토하여 대응할 필요가 있다. TNFD가 추가로 제공하는 <생물군계에 관한 안내서Guidance on Biomes>는 자연 영역에 대한 이해를 토대로 생물군계를 구분하고, 그에 따른 생태계 서비스 유형을 제시한다.

사회

자연 영역 모두와 상호작용을 하는 사회는 인간, 기업, 금융기관 등을 포함하며 자연에 의존하는 동시에 영향을 준다. TNFD 체계는 인간을 자연과 구분될 수 없는, 자연의 일부로 간주한다.

자연자본과 환경자산

자연 영역을 구성하는 생물체, 무생물체와 이들이 상호작용을 하는 방식과 결과 등은 인간과 기업 등과 영향을 주고받으며 이익과 혜택을 제공하는 자연자본으로 기능하게 된다. TNFD는 자연자본Natural capital을 서로 결합하여 사람들에게 이익을 제공하는 재생가능한 자연자원과 재생할 수 없는 자연자원의 저장량stock으로 정의한다. 경제적 자산stock이 개인과 기업에게 이익을 제공하는 것처럼, 자연 역시 사람과 경제에 이익을 가져다주는 환경자산Environmental assets의 저장량으로 구성된다고 간주하는 것이다. TNFD 체계는 환경자산을 지구에서 자연적으로 발생하는 생명체와 비생명체로 구성되는 자산으로 정의하며 숲, 습지, 산호초, 농지를 예로 든다. 이들은 함께 지구의 생물리학적 환경을 구성하여 인간 사회에 혜택을 준다. TNFD 체계는 환경자산의 유형과 목록을 이미 국제사회에서 논의가 이루어진 유엔 환경경제계정의 생태계계정UN SEEA EA: UN System of Environmental-Economic Accounting Ecosystem Accounting[c]과 부합되도록 구성하였다. 자연 관련 공시를 하려는 기업이나 공시 보고서 작성자들이 수월하게 개념을 이해하도록 배려한 것이다.

생물다양성

생물다양성협약의 개념을 차용하는 생물다양성은 모든 종류의 살아 있는 생물체의 다양성과 육상·해양·담수 생태계들과 이들을 포괄하는 생태적인 복합성을 의미하며, 종 내의 다양성과 종 간 다양성뿐만 아니라 생태계들의 다양성도 포함한다. 생물적·비생물적 복합체가 가진 다양성으로 인해 자연은 외부의 위협에 탄력 있게 대응하고 복

---

[c] 유엔환경경제계정은 경제와 인간에 대한 자연의 기여를 보다 명확하게 이해하면서 인간의 행위가 자연에 미치는 영향을 보다 포괄적으로 기록하기 위해 개발되었다. 생태계 계정은 일반적인 경제 계정에 포함되지 않은 다양한 혜택을 인간에게 제공하며, 경제 및 인간 활동이 환경에 미치는 의존성과 영향을 평가하는 구조화된 접근을 제공하기 위한 것이다. 2021년 3월 유엔 통계위원회에서 SEEA EA의 개정 보고서를 채택하였으며, 이 보고서에서 제시된 개념들이 TNFD 체계에서 제시된 개념들의 토대를 이루고 있다(UN SEEA, 2021).

네이처 포지티브

원할 수 있는 내생적인 힘을 가지게 되며, 지속적으로 변화하여 균형점에 도달할 수 있게 된다.

생태계와 생물군계

기능적 단위로서 상호작용하는 식물, 동물 및 미생물 군집, 무생물 환경으로 구성되는 동적 복합체를 의미한다. 생태계를 구성하는 것이 생물군계Biome이다. 생물군계는 일반적으로 평균 강우량과 기온 패턴에 따라 국제 수준에서 구분되는 식물 유형으로 툰드라, 산호초, 사바나처럼 이웃한 지역과 구별되는 집합체이다.

생태계 서비스

경제활동과 기타 인간 활동에 이익을 주는 생태계의 기여로 정의되는데 크게 세 가지 종류가 있다. 첫 번째는 공급 서비스이다. 생태계에서 수확하거나 추출하는 혜택으로 산림에서 얻는 목재나 연료용 나무, 강에서 추출하는 담수를 예로 들 수 있다. 두 번째는 조절 기능인데, 기후나 수리수문, 생화학적 순환에 영향을 미치는 생물학적 과정을 조절함으로써 인간에게 유익한 환경 여건을 조성하는 기능을 말한다. 산림의 공기정화, 맹그로브의 홍수와 해일 방지, 꿀벌의 수분 등을 예로 들 수 있다. 조절 서비스는 기업이나 사회의 생산성과 탄력성을 확보하고 유지하는 데 필수적인 기능이다. 세 번째 문화적 기능은 교육, 관광, 영적 체험 등 유무형의 서비스를 모두 포괄한다.[62] 숲이나 산호초가 관광 또는 여가를 위해 제공하는 체험 가능한 편의와 무형의 가치 모두가 이에 포함된다. TNFD 체계에서 고려하는 생태계 서비스는 개개인이나 지역사회 등에 제공하는 담수나 목재의 양처럼 측정가능한 것부터 유익한 환경여건을 조성하는 기후 조절 능력, 무형의 문화적 가치 모두를 포괄한다는 것을 유념할 필요가 있다.

개념간 결합

환경자산과 생물다양성, 생태계 서비스는 상호작용한다. 물이나 꿀벌, 새와 같은 환경자산은 서로 결합하여 해충 구제, 수분受粉과 같은 생태계 서비스의 흐름을 만들어내며, 작물 생산량의 품질과 물량을 증가시킨다. 생물다양성은 환경자산을 증대시킨다. 수분 작용을 하는 생물종의 회복력을 높이는 것을 예로 들 수 있다. 곤충과 같은 다양한 꽃가루 매개체와 그 서식처는 하나의 종이 돌발적인 질병이나 기온 상승으로 인해 수분 기능이 떨어질 때 다른 대체 종이 그 역할을 승계하게 함으로써 미래 환경이 어떻게 변화하든지 수분 기능을 유지시키는 보험과 같은 작용을 하는 것이다. 수도 사업이나 음료 생산은 물 공급이라는 생태계 서비스에 의존하는데, 이는 건강한 토양을 거쳐 추출되는 수자원이 담수 생태계와 상호작용하며 깨끗하게 유지되어야 가능하다. 또한, 서식지 복원이나 생물다양성 보전은 수질이 훼손될 가능성을 방지하여 물 처리 비용을 줄이고 결과적으로 생산비용 절감에도 기여할 수 있다.

그림 3-3은 TNFD 체계에서 4가지 자연 영역, 생물군계, 환경자산과 생태계 서비스가 서로 결합하여 자연을 구성하는 체계를 보여준다. 자연은 4가지 자연 영역에서 생물군계의 집합으로 이해될 수도 있고, 생태계 서비스를 제공하는 자산의 집합으로 이해될 수도 있

그림 3-3. 자연의 개념과 범주(TNFD, 2023b)

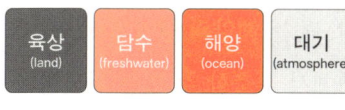

Part 3. TNFD 자연 관련 공시 권고의 이해

다. 환경자산에서 서로 다른 색으로 표현한 것은 각각의 환경자산이 4가지 자연 영역의 특질을 가진다는 것을 보여준다. 가령, 환경자산 중 재생가능한 에너지 자원은 육상, 담수, 해양의 영역에서 가능한 자산이며 수자원은 담수와 해양 영역에서 추출할 수 있는 자산이다. TNFD 체계 이행 과정은 해당 자연 영역의 환경자산 유형에 따라 자연에 대한 의존성, 자연에 미치는 영향과 위험, 기회를 확인하여 대응 방안을 마련하는 일련의 과정을 거치게 된다.

2. 자연과 관련된 이슈

기업은 자연에 의존하는 동시에 영향을 미치며, 그 과정에서 위험과 기회를 발생시킨다. TNFD 체계에서는 이를 자연과 관련된 이슈라고 부르며, 이 이슈의 확인과 평가뿐 아니라 기업이 이에 어떻게 대응하는지에 대해 공시가 이루어져야 한다고 주장한다.

표 3-2. 자연과 관련된 4가지 이슈(TNFD, 2023b)

의존성	영향
자연에 대한 기업의 의존성	기업이 자연에 미치는 영향

위험	기회
자연에 대한 의존성과 영향으로 인해 기업에 발생하는 위험	자연에 긍정적 영향을 미치거나 부정적 영향을 완화함으로써 기업이 얻게 되는 기회

의존성

기업의 자연 의존성Dependencies은 기업 활동 과정에서 의존하게 되는 생태계 서비스와 관련된다. 이는 수질과 수량, 화재나 홍수를 조절하는 생태계의 역량이 될 수도 있고, 꽃가루 매개자에 서식처를 제공하거나 탄소를 제거하는 역량일 수도 있다. 기업 운영의 영속성을 확보하려면 기업 활동이 직접 일어나는 장소와 공급망 모두에서 기업의 자연 의존성 정도를 고려하는 것이 좋다.

 TNFD 체계에서 의존성은 장소location를 고려하는 개념이다. 비즈니스 모델과 투자자가 인식하는 정도의 차이는 있으나 환경자산과 생태계 서비스에 대한 안정적이고 비용효과적인 접근성은 어느 기업에서나 중요한 요소이다. 기후 관련 공시와 관련된 요인과 달리 자연 의존성은 기업이 위치한 장소에 따라 좌우되며, 특정 장소와 연계되는 자연의 특징은 TCFD 공시와 TNFD 공시를 다르게 만드는 가장 특징적인 요소이다. 기업은 환경자산과 생태계 서비스에 부정적이거나 긍정적인 영향을 미치게 되는데 그 영향은 단기적일지라도 생태계의 질과 탄력성에 단기·중기·장기적 결과를 초래할 수 있고 다시 해당 기업이 의존하는 정도에 따라 추가적인 중장기 위험과 기회를 창출할 수 있다. 기업, 투자자, 기업 가치 평가기관 등이 마주하게 되는 자연과 관련된 위험을 확인, 평가, 완화하고 관리하는 것은 모두 해당 기업이 자리하는 장소와 밀접한 관련이 있다. 건강한 산호초에 의존하는 관광 부문을 예로 들면, 스쿠버 다이빙으로 누릴 수 있는 문화적 생태계 서비스와 극단적인 기후 영향으로부터 연안 인프라를 보호할 수 있는 연안 보호 서비스는 모두 특정 장소와 연관된다. 제과

회사의 경우는 곤충 감소가 코코아 작물의 수분 가능성을 저하시켜 작물 수확에 영향을 미치는 상황에 처할 수 있다. 이들 모두 기업의 활동이 특정 장소에 의존함으로써 발생하게 되는 상황이며, 그 의존성이 단기·중기·장기에 걸쳐 기업의 수익과 가치에 영향을 미칠 수 있으므로 이를 확인하고 평가, 관리할 필요가 있다.

영향

TNFD 체계에서는 영향Impacts을 자연자본의 양과 질을 포함한 상태의 변화로 정의한다. 또한 영향의 변화가 사회적, 경제적 기능을 제공하는 자연의 역량 변화로 귀결될 수 있다고 이해한다. 기업이 제품이나 서비스 생산을 위해 투입하는 자연자본의 수량이나, 사업 활동에서 발생한 환경오염 물질이나 폐기물과 같은 산출물 등이 모두 자연에 영향을 주게 된다. 해당 사업 활동의 결과물이 자연자본에 일으키는 변화의 방식을 이해하고, 이들이 서로 다른 이해당사자에게는 어떤 변화를 유발하는지 규명할 필요가 있다. 가령 토지 형질을 변화시켜 새로운 농지를 만들어내는 농식품회사의 사업 활동은 자연자본의 양과 질을 변화시키는 영향 유발요인Impact driver이 된다. 토지 형질이 변해 벌과 같은 꽃가루 매개체의 분포나 수가 변하면 그 결과 작물 생산성을 감소시킬 수 있다. 따라서 형질변화 면적은 자연자본 손실 유발 요인으로 측정되어야 할 것이다.

TNFD 체계에서 제시하는 영향은 크게 3가지로 구분될 수 있다. 사업 활동의 직접적 인과관계로 나타나는 자연자본의 변화는 직접적 영향direct impacts, 간접적 인과관계로 발생하는 변화는 간접적 영향

indirect impacts이다. 해당 기업뿐만 아니라 다른 행위 주체의 상호작용으로 유발되는 자연자본의 변화는 누적적 영향cumulative impacts이다. 천연섬유를 생산하는 회사를 예로 들어보자. 작물 생산을 위해 자연 서식지를 변화시키는 것은 사업 활동이 자연에 미치는 직접적 영향이며, 섬유산업에서 배출되는 온실가스 배출은 기후변화를 유발하여 다시 자연에 간접적 영향을 미치게 된다. 섬유회사 인근 다른 사업체가 자연에 미치는 영향과 결부되어 담수 생태계, 민감 생물종, 주민에게 부정적 영향이 초래된다면 이는 누적적 영향에 해당한다. 이러한 변화로 인하여 섬유회사는 벌금이나 공급망 교란, 사회적 평판 악화 등에 직면하는 위험에 처할 수도 있다.

TNFD는 의존성과 영향을 '의존성 경로와 영향 경로Dependency and Impact pathways'라고 부르는 과정을 통해 확인하고 측정할 것을 권장한다. 이 경로는 영향 유발요인과 외부 요인, 자연 상태의 변화, 생태계 서비스의 이용가능성 변화를 고려한다.

의존성 경로Dependency pathway
특정 기업 활동이 생태계 서비스와 자연자본에 어떻게 의존하는지, 그리고 자연자본의 변화 또는 잠재적 변화가 사업 활동에 어떻게 비용을 초래하거나 이익을 주는지를 규명한다.

영향 경로Impact pathway
특정 사업활동에서 비롯된 영향 유발요인이 어떻게 자연자본과 생태계 서비스의 흐름에 변화를 초래하는지, 그리고 이러한 변화가 다양한 이해관계자에 어떤 영향을 미치는지를 설명한다. 이 경로를 세부적으로 이해하려면 LEAP(Locate, Evaluation, Assess, Prepare) 접근법에 대한 TNFD의 추가 안내서를 참조할 수 있다(176쪽).

영향 유발요인 Impact drivers

생산을 위해 투입되는 측정가능한 자연자산의 양과 자연에 영향을 미치는 사업 활동의 측정가능한 산출물을 말하는데, 긍정적 영향과 부정적 영향 모두를 포괄한다. 건축공사에 사용되는 모래의 양이나 공정 과정에서 대기 중으로 배출되는 질소산화물의 양을 예로 들 수 있다. 온실가스 배출이 복합적인 생태계 변화를 초래하는 것처럼 하나의 영향 유발요인이 다수의 영향 또는 자연상태의 변화와 연계될 수 있다. TNFD는 그림 3-4와 같이 영향 유발요인을 기후변화, 육지·담수·해양 이용의 변화, 자연자원 사용과 보충, 오염 및 오염 제거, 침입외래종 유입 및 제거의 다섯 개로 구분한다.

그림 3-4. 자연을 변화시키는 영향 유발요인(TNFD, 2023b)

외부 요인 External factors

해당 기업 외부에서 발생하는 자연적 힘과 인간 활동 모두를 포함하는 의미로 자연재해나 다른 기업이 배출하는 오염 등을 예로 들 수 있다. 기업이 자연 상태에 미치는 변화changes to the state of nature는 긍정적일 수도 있고 부정적일 수도 있는데, 이들은 생태계의 상태condition와 크기·수준extent의 변화와 종의 수population size와 멸종위기extinction risk 등에 대한 변화를 의미한다.

그림 3-5에서 보는 것과 같이 기업의 사업 활동으로 인한 영향 유발요인은 의존성 경로와 영향 경로를 따라 자연의 상태와 생태계 서비스의 가용성에 변화를 유발한다. 그리고 이는 자연 관련 위험과 기회로 발현되어 사업 모델과 가치사슬 등으로 귀결된다.

그림 3-5. 자연 관련 이슈의 관계(TNFD, 2023b)

위험

TNFD 체계에서 자연과 관련된 위험은 기업과 사회의 자연에 대한 의존성과 영향에서 유발되며, 이로 인해 기업에 부과되는 잠재적인 위협을 의미한다. 기업이 자연에 미치는 손실은 자연 상태의 부정적 변화 또는 악화로 이해될 수 있다. 생태계의 변환점tipping points은 위험을 포착하기 위한 중요한 개념 중 하나인데 이는 자연자본의 수량, 품질, 회복력에 있어서 나타날 수 있는 예측 곤란하고 복합적이며 가속적인 하락 위험을 의미한다. 지역 생태계에서 변환점이 발생하면 기업이 평균적으로 기대하던 생태계 서비스가 더 이상 가용하지 않다는 것이다. 이를 극복하려면 자연에 대한 의존성을 다원화하고 다변화하는 것도 중요하지만 때로는 사업 전반의 혁신과 기존 사업 활동 방식의 변화가 필요할 수도 있다. 사업 운영과 공급망에 따른 세부적이고 촘촘한 이해가 필요하며, 단기적 금융 위험 외에도 자연에 대한 의존과 영향의 결과로 나타날 수도 있는 장기적 위험까지도 고려해야 한다.

자연과 관련된 위험은 크게 3가지로 유형화할 수 있다.

물리적 위험

조직이 자연에 의존하는 데에서 기인하는 직접적 위험이다. 가뭄과 같은 극단적 기후 현상이나 지진과 같은 지질학적 사건들, 해양화학과 같은 생태계 평형의 변화로 자연시스템이 훼손될 때 발생한다. 생태계 기능을 지지하는 생물과 비생물들의 여건이 변화하면서 발생하며 종종 기후 관련 위험과도 연관되어 있다. 물리적 위험은 광범위하

표 3-3. 자연과 관련된 물리적 위험의 유형(TNFD, 2023b에서 저자 재구성)

생물종/생태계 파괴			
민감한 장소 보호지역 훼손, 중요한 생태계, 서식지, 생태 통로 등 파괴		**생물종** 멸종위기종 감소, 생물종 종류와 개체수 감소, 침입외래종 유입 및 증가	

생태계 서비스 악화			
자연 상태 수질, 토질, 공기질 상태 악화	**원료 공급** 물, 목재, 생물 원료, 광물 공급 위기	**조절 기능** 온실가스 흡수, 물 공급, 수분, 병충해 방지 기능 악화	**자연재해** 홍수, 가뭄, 산불, 야생종 유래 전염병 빈발

표 3-4. 자연과 관련된 전환 위험 유형(TNFD, 2023b에서 저자 재구성)

정책	자연에 긍정적 영향을 유발하거나 부정적 영향을 완화시키는 새로운 정책 또는 기존 정책의 강화와 같은 정책 여건의 변화
시장	소비자 선호를 포함한 시장에서의 변화 물리적, 규제적, 기술적, 평판적 조건과 이해관계자의 변화무쌍함에서 기인함(예: 기업의 시장가치는 가뭄 우발 지역에서 불충분한 물 공급에 의해 사업의 생산가치가 저하되는 데 영향을 받을 수 있음)
기술	자연에 영향을 덜 미치고 덜 의존하는 서비스 또는 상품으로 대체해야 하는 여건(예: 플라스틱 용기를 생분해 용기로 대체)
평판	지역, 경제와 사회적 차원에서 기업이 자연에 미치는 영향에 대한 인식 변화. 기업이 자연에 미치는 직접적 영향, 기업 활동이 가치사슬에 미치는 영향에서 발생
법적 의무와 책임	자연에 대한 기업의 대응과 관련하여 법, 규정, 판례가 변화함에 따라 발생할 가능성이 있는 법적 책임의 위험

며 생물학적, 화학적, 또는 과학적 과정에 의해서 촉발되므로 기업과 금융기관은 사업 활동이 자연 상태에 변화를 초래하는 방식과 생태계 서비스 제공에 미치는 영향을 이해할 필요가 있다.

전환 위험

기업이나 투자자의 전략 또는 관리 방식이 환경 변화와 일치하지 않을 때 발생한다. 정부 규제나 정책, 기술 발전, 시장 변화, 소송이나 소비자 선호도의 변화처럼 자연에 대한 위해를 줄이고 자연을 회복시키기 위한 변화는 모두 전환 위험을 초래하는 원인이 될 수 있다.

체계적 위험

개별 요소의 실패라기보다는 시스템 전체의 붕괴에서 기인한다. 작은 변환점들이 합쳐지고 물리적 위험과 전환 위험이 상호작용하면 연쇄적으로 큰 실패가 초래되어 시스템의 평형이 더 이상 회복할 수 없는 상태에 이르는 특징이 있다.

    체계적 위험은 두 가지로 유형화할 수 있다. 첫 번째는 생태계 안전성 위험Ecosystem stability risk으로 중요한 자연 시스템이 불안정해져 더 이상 기존과 같은 방식으로는 생태계 서비스를 제공할 수 없는 경우 발생한다. 두 번째는 금융 안전성 위험Financial stability risk으로서 물리적 위험과 전환 위험이 현실화되고 복합적으로 발생하여 금융체계가 전반적으로 불안정해지게 된다.

    이들 위험은 서로 연계되어 있다. 가령, 폭풍 피해를 방지하는 기능을 가진 연안습지를 훼손하는 기업은 물리적 위험 가능성을 높이

표 3-5. 자연 관련 위험을 발생시키는 변화의 원인(TNFD, 2023b에서 저자 재구성)

자연 상태의 변화 그 자체 (영향 유발요인과 외부 요인에 의해 발생)	자연 상태의 변화에 의해 촉발된 생태계 서비스 공급의 변화	자연에 대한 기업의 영향에서 유발되는 사회적 영향 (예: 이해관계자와 부정적 관계 형성으로 사업에 필요한 토지 접근이 어려워지거나 지역사회의 건강에 영향을 미치는 오염물질 배출에 따른 평판 훼손 등)

고 그로 인한 피해 비용을 초래하게 되며, 해당 행위가 불법적인 경우 정책적이거나 법적 위험에 처할 수 있다. 소비자가 이를 부정적으로 인식하는 경우에는 평판 위험도 발생할 수 있다. 더욱이 해당 지역에서 연안습지를 훼손한 기업이 많은 경우에는 그 지역 전체가 폭풍의 위험에 노출되어 체계적 위험으로 귀결될 수도 있을 것이다.

자연과 관련된 위험은 자연에 대한 의존성과 영향으로 인해 발생할 수 있는데, 표 3-5와 같은 변화를 통해 발생된다.

기회

자연과 관련된 기회Nature-related opportunities는 자연에 대한 긍정적 영향을 높이거나 부정적 영향을 줄여서 기업과 자연에 대한 긍정적 결과를 창출하기 위한 활동을 의미한다. TNFD 체계에서는 그림 3-6에서 보는 것처럼 사업 성과Business performance와 관련된 기회와 지속가능성 성과Sustainability performance와 관련된 기회, 두 가지 범주로 유형화하고 있으며, 서로 중첩될 수도 있다. 자연 관련 기회는 기업이 자연 관련 위험을 회피하거나, 줄이거나, 관리하고자 할 때 만들 수 있다. 또

그림 3-6. 자연과 관련된 기회(TNFD, 2023b)

사업 성과

시장
새로운 시장이나 장소에 접근할 때 시장 전반에 걸친 변화로 인해 기회 발생. 고객 수요, 고객 및 투자자 심리, 이해관계자 변화 등 여건이 변화하는 데에서 기회 발생

자원 효율성
사업효율성 증진이나 비용 절감과 같은 혜택을 얻는 동시에 자연에 대한 영향과 의존성을 회피하거나 줄이기 위해 조직이 취하는 활동 (예: 작물 건강을 극대화하면서 물 사용량과 비용을 줄이는 관개방식(micro-irrigation))

상품과 서비스
기술 혁신을 포함해 자연을 보호하고 관리하며 복원하는 제품이나 서비스를 개발 및 제공함으로써 가치 창출 기회 제공

자본 흐름과 자금 조달
긍정적인 자연 영향이나 부정적 영향을 완화하는 과정에서 자본시장의 접근성, 자금 조달조건이나 금융상품 개선 가능

평판 자본
기업이 자연에 미치는 실제적 영향이나 인식의 변화이며, 사회나 이해관계자에게 미치는 영향 등

지속가능성 성과

자연자원의 지속가능한 이용
자연자원 재활용, 재생자원 대체, 윤리적 방식으로 생산된 자연자원 활용

생태계 보호, 복구 및 재생
기업의 직접 통제권이 미치는 범위 내외를 막론하고 서식처와 생태계를 보호하고 재생하며 복원하는 활동

한 자연의 손실을 중단하고, 반전시키고자 하는 적극적 노력으로 사업 모델, 상품, 서비스, 시장과 투자 전략을 변화시키고 혁신하는 과정에서 만들 수 있다. 자연기반해법에 대한 자금 지원, 보험 등이 그러한 노력에 해당한다. 자원 효율성, 시장, 자금 확보, 평판 측면에서 기회가 존재한다. 물이나 에너지 등 자연자원의 사용량을 줄이는 공정이나 서비스를 채택하여 자원효율성을 증대시키는 기회가 있을 수 있다. 또한 자연기반해법과 같은 친환경적 방식을 채택하거나 자원을 덜 사용하는 제품이나 서비스를 시장에 판매하는 기회를 만들 수도 있다. 생물다양성과 관련된 녹색채권 확보 가능성이 확대되고, 이해관계자와 우호적인 관계를 형성하는 등 평판에 긍정적인 기회를 창출할 수 있다.

기업은 위험과 기회에 대응할 때 기존의 훼손된 자연을 복구하는 것보다 자연에 부정적 영향을 주는 요인을 회피하거나 최소화하는 사업 활동을 우선 고려하여야 한다. TNFD는 이러한 단계적 완화 접근법에 대하여 과학기반목표 네트워크의 AR3T 체계를 차용하여 설명한다.

자연 관련 위험과 기회는 또한 다음 변화에 의해 기업에 재무적 영향을 미칠 수 있다.

① 수익, 비용, 자본 지출
② 신용 위험이나 보험료 재평가와 재조정 등을 통한 자본 접근성과 자본 조달 비용의 변화
③ 기업 대차대조표상의 자본과 부채 가액

그림 3-7. 과학기반목표 네트워크의 AR3T 체계: 영향 완화 단계(TNFD, 2023b)

변화 행동 **(Transformative action)**	기업이 가치사슬 안팎에서 요구되는 체계적 변화에 기여할 수 있는 조치를 말한다.
재생(Regenerate)	육지, 해양, 담수생태계와 그 구성요소의 생물리학적 기능이나 생태적 생산성을 증진시키기 위한 활동. 종종 특정 생태계 서비스에 중점을 둔다.
복원(Restore)	생태계의 건강성, 완전성, 지속가능성과 관련하여 복구를 개시하거나 가속화하며, 상태의 영구적인 변화에 중점을 둔다.
저감(Reduce)	완전히 제거하지 못한 부정적 영향을 최소화한다.
회피(Avoid)	부정적 영향이 발생하지 않도록 방지하며, 부정적 영향은 완전히 제거한다.

이러한 재무적 결과를 초래하는 변화가 신용, 사업 경영, 시장, 유동성, 법적 책임, 평판, 전략적 위험 등에 긍정적 혹은 부정적 영향을 미치는 전달 경로는 그림 3-8과 같다.

그림 3-8. 자연 관련 위험과 기회, 사업 성과와 재무적 영향의 상호관계 (TNFD, 2023b)

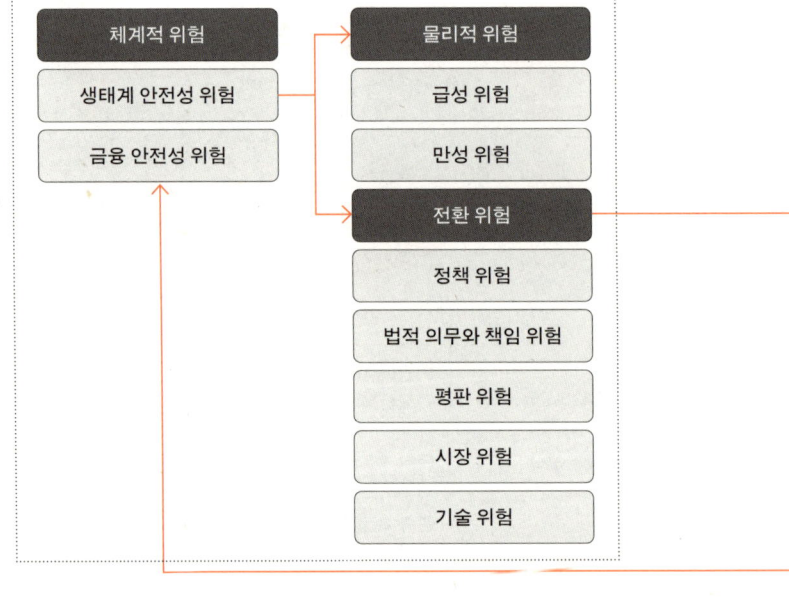

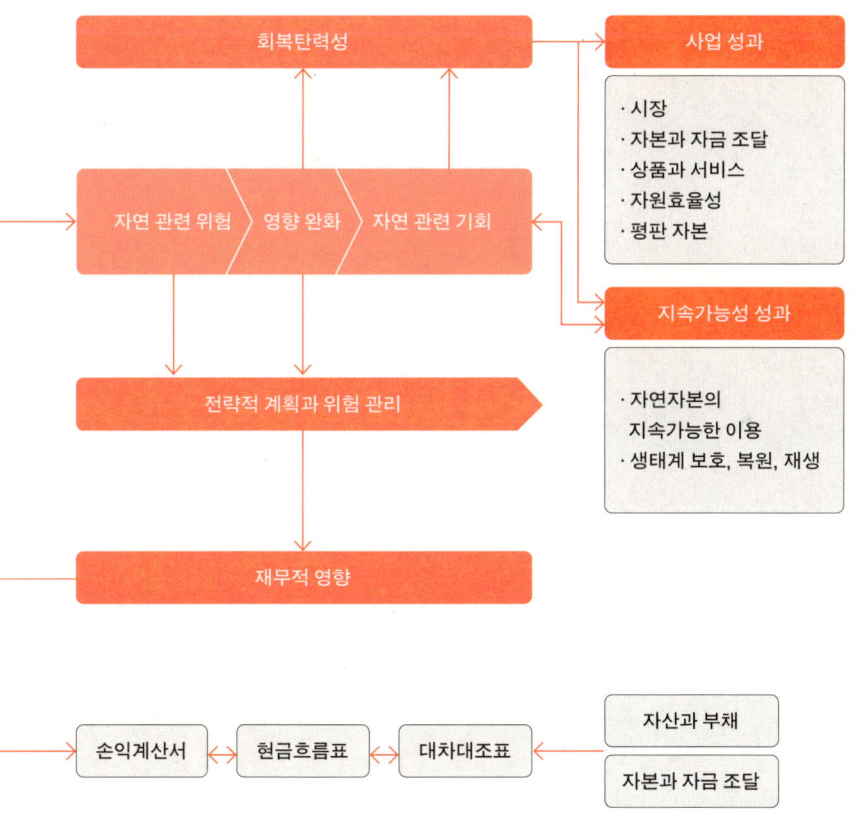

3장.
주요 체계와 일반 사항

1. 주요 활용 대상

TNFD가 마련한 자연 관련 공시 권고와 안내서는 자연 관련 이슈에 대한 이해를 높인다. 이는 이슈 관리 계획을 이행하는 보고서 작성자에게는 물론 개별 투자자, 기관이나 기타 이해관계자에게도 유용할 것이다. TNFD 권고사항은 모든 규모와 분야, 가치사슬 선상에 있는 모든 조직을 위해 설계된 것이다. TNFD는 각각의 업무 특성별로 표 3-6과 같은 활용 방법을 제안한다. TNFD는 투자자와 금융기관, 기업과 정부, 규제당국이 기후변화와 관련된 재무정보 공시의 중요성을 인식하고 통합적인 고려를 한 것과 마찬가지로, 이제 자연과 관련된 재무정보 공시를 위해 노력하고 자연 관련 위험과 기회를 관리할 것이라고 전망한다.

표 3-6. TNFD 자연 관련 공시 권고의 활용 방법(TNFD, 2022a에서 저자 재구성)

구분	활용 방법
기업	기업 전략, 거버넌스와 위험 관리 결정에 더 좋은 정보를 제공하고, 자연 관련 위험을 평가하고 기후 관련 위험 보고와 통합한다.
투자자와 금융기관	자연 관련 위험에 대한 명확하고 신뢰할 만한 데이터를 토대로 합리적으로 자본 배분을 결정하고, 주주행동주의 전략을 지지하는 데 활용할 수 있다. 자산 소유자와 관리자, 대출기관과 개발 금융기관은 자금을 지원하는 기업의 자연 관련 재무 공시를 촉진하고 자연 관련 이슈를 관리하는데 도움이 된다.
규제 당국	기존의 공시 체계 표준과 규제 요건에 맞도록 권고 사항을 이행한다.
증권거래소	자연 관련 위험과 연계된 자발적 또는 의무적인 요건을 고려하여 자연에 긍정적인 성과를 촉진할 신규 상장 기회를 제공한다.
회계 기업	자연 관련 기업 보고서의 회계 감사에 정보를 제공하고 고객사의 내부적 위기관리 기능을 강화한다.
ESG 데이터 생산자, 평가기관 등	자연 관련 위험을 관리하는 방법에 대해 투자자와 의사 결정자에게 일관적이고 신뢰할 만한 데이터와 통찰력을 제공한다.

2. 구성 요소와 체계

TNFD 자연 관련 공시 권고는 핵심 개념과 접근법을 의미하는 기본 개념conceptual foundations, 공시의 4가지 주제 영역(거버넌스, 전략, 위기와 영향 관리, 관리 지표와 목표)에 공통으로 적용되는 6가지 기본 요건general requirements, TCFD와 동일한 4가지 주제 영역과 연계된 권고사항recommendations으로 구성되어 있다.

TNFD 체계의 기본 개념과 요건을 이해하는 것은 이 체계를 개발하고 적용하는 것이 여전히 진행형이기 때문에 중요하다. 향후 공시 보고서를 작성하고 이해하는 과정에서 TNFD 체계와 상충되는 경우가 발생하거나 공시 보고서의 품질 평가에 대한 명확한 기준이 부재할 때 개념과 요건이 그 흠결을 채워줄 수 있을 것이다. TNFD 체계의 개발 방식과 주요 내용은 모두 이들 개념과 요건에서 나왔다고 해도 지나치지 않는다. 공시 보고서에 포함되어야 하는 정보 범위를 정하고 평가할 때도 기본 요건에서 설명할 중대성의 정의와 데이터 통합·분리에 대한 요건 등이 기준점으로 작용될 수 있다.

기본 개념

핵심 사항

TNFD는 4가지 주요 영역에서 공시가 권장되는 14가지 세부 사항을 제시하는데, 이를 뒷받침하는 4 가지 원칙이 있다.

첫 번째 원칙은 시간 경과와 함께 세계 차원의 지속가능성 보고 수준(국제지속가능성기준위원회 기준[d] 등)이나 정책 목표(세계생물다양성체계 등)에 부합되도록 공시의 범위와 수준을 높여야 한다는 것이다. 부족한 데이터 가용성이나 역량 부족 등으로 공시 범위와 수준에 한계가 있을지라도 대기업이나 다국적 기업과 금융기구 등을 포함한 기업은 세계생물다양성체계의 15번째 실천 목표와 부합되도록 기업 보고의 품질을 지속적으로 확장하고 증진시켜야 한다. 이를 위해 기업의 직접 사업 영역, 공급망과 가치사슬, 포트폴리오 모두를 아우르는 부문에서 위험, 의존성과 영향에 대한 정기적 모니터링과 공시가 필요하다.

두 번째 핵심 원칙은 중대성을 공시의 기초로 활용하는 것이다. 이 원칙에 따라 기업은 자연 관련 의존성, 영향, 위험과 기회에 대한 중대한 정보를 공시하여야 한다.

세 번째는 중대성에 대한 다양한 접근법을 인정하는 것이다. TNFD의 권고는 지역에 따라 다를 수 있는 중대성에 대한 선택과 다양한 공시 보고서 작성자의 요구사항을 수용할 수 있도록 설계되었다. 일반 목적의 재무 보고서를 사용하는 이들은 중대한 정보를 식별하는 데 있어 국제지속가능성기준위원회의 접근법을 사용하는 것이 권장된다. 다른 중대성 접근법을 따르고자 하는 공시 보고서 작성자라면 국제지속가능성기준위원회의 접근법에 추가하여 영향 중대성 접근법impact materiality approach을 추가 적용할 수도 있을 것이다. 만약 공

[d] 국제지속가능성기준위원회는 기업 가치를 평가하는 데 유용하고 의미 있는 지속가능성 관련 위험과 기회와 관련된 정보 제공을 목적으로 지속가능성 공시 기준을 마련하고 있다. 이를 위해 환경 부문에서 기후 관련 기준을 우선 제정하였고 기후 외의 생물다양성과 생태계 서비스, 인적 자본에 대한 기준도 만들 예정이다.

네이처 포지티브

시 보고서 작성자가 해당 지역에서 규제 당국이 제공하는 중대성 개념을 사용하려면, 그 정의를 설명하여야 한다. 세계생물다양성체계의 실천 목표 15를 준수하고자 하는 기업은 글로벌 기준에 따른 정보를 식별하기 위해 영향 중대성을 적용할 필요가 있다.

　마지막 원칙은 자연 관련 이슈를 규명하고 평가하는 것은 포괄적으로 이루어져야 한다는 점이다. 자연에 대한 기업의 의존성과 영향을 이해하는 것은 잠재적으로 중대한 위험와 기회를 이해하는 데 필수 불가결한 정보이다. 따라서 공시 보고서 작성자는 어떠한 중대성 접근을 취하든지 자연과 관련된 4가지 이슈(의존성, 영향, 위험, 기회) 모두를 규명하고 평가해야 할 것이다. 공시 보고서에는 4가지 이슈를 구분하되 각 이슈의 연계성에 대해 충실하게 설명해야 한다.

중대성

기업은 중대성에 대해 해당 지역에서 적용되는 규정의 접근법을 사용하여야 하며, 그러한 접근법이 없는 경우에는 두 가지 사항을 따를 것을 권고한다.

　우선, 자본 제공자가 요구하는 중대성을 충족시킬 수 있는 정보를 제공해야 한다. 이때 국제지속가능성기준위원회의 기준과 TCFD 권고에 부합하여야 하며, 자연에 대한 기업의 의존성과 영향이 재무상태에 어떤 위험과 기회를 초래하는지, 위험을 어떻게 관리할지에 초점을 맞추어야 한다.

　만약 공시 보고서 준비자가 더 포괄적인 중대성 접근법을 취할 필요성을 느끼거나 결정한 경우에는 이해관계자의 중대 정보 요구를 충족시키는 정보를 제공하도록 한다. 이때는 국제지속가능성기준위원회의 지속가능성 공시 기준과 글로벌 보고 이니셔티브의 영향 중대성 접근법 모두를 활용하여 보고한다. 국제지속가능성기준위원회가 일반 목적의 재무 보고서의 주요 사용자들을 위해 요구하는 정보는 지속가능성 관련 일반 요구사항(IFRS S1)의 일반 요건에 기술되어 있다. 기업은 그 전망에 영향을 미칠 것으로 합리적으로 예상되는 수준의 위험과 기회에 대한 중대한 정보를 공시해야 한다. 만약 해당 정보를 생략하거나 잘못 진술하거나 또는 불확실하게 설명함으로써 정보 사용자의 결정에 영향을 미친다고 합리적으로 판단할 수 있다면 그 정보는 중대한 것이라고 설명한다.

기본 요건

IFRS-S1의 재무적 중대성 Financial materiality

기업은 의사결정에 합리적으로 영향을 미칠 것이라 판단되는 지속가능성 관련한 위험과 기회에 대한 중대한 정보를 공개하여야 한다. 지속가능성 관련 재무 공개와 관련하여 정보가 생략되거나 잘못 진술되거나 혹은 불분명하게 숨겨지는 경우, 일반적인 재무정보 보고서의 주요 사용자가 해당 보고서를 기반으로 하는 결정에 영향을 미칠 것이라고 합리적으로 예상된다면 그 정보는 중대하다 할 것이다. 이러한 보고서에는 재무제표와 지속가능성 관련 재무 공시에 대한 정보, 보고하는 기업에 대한 정보가 포함된다.

영향 중대성 Impact materiality

글로벌 보고 이니셔티브는 기업이 경제, 환경, 인간과 인권에 대한 가장 중요한 영향을 대표하는 주제에 대한 보고를 우선시하여야 한다고 권고한다. 유럽연합 지속가능성 보고 기준은 단기, 중기, 장기에 걸친 인간이나 환경에 대한 실제적, 잠재적, 긍정적, 부정적인 중대한 영향에 관한 정보를 포함하도록 정하고 있다.

공시 정보의 일관성을 확보하기 위해 필요한 6개의 기본 요건은 4가지 주제 영역(지배구조, 전략, 위험과 영향 관리, 관리 지표와 목표) 모두에 적용된다. 공시 보고서 작성 과정에서 아래 요건은 보고서의 범위와 깊이, 수준을 결정하는 데 있어 중요한 가이드라인으로 고려되어야 한다.

중대성 적용

기업은 공시 보고서 작성 과정에서 취한 중대성 접근법에 대하여 분명하게 설명하여야 한다. TNFD는 국제지속가능성기준위원회의 중대성 정의를 기본으로 활용하도록 하며, 필요한 경우 글로벌 보고 이니셔티브의 영향 중대성 정의를 활용할 것을 권고한다. 기업은 또한 공시 보고서의 모든 자연 관련 공시에 있어 동일한 중대성 접근법을 적용하여야 한다. 이를 위해 공시 보고서 사용자에게 맞는 기준과 프레임워크를 참조할 필요가 있다.

공시 범위와 수준

공시 범위와 수준은 공시 보고서 사용자가 공시된 내용을 해석하는 데 중요하다. 특히, 표나 그래프의 데이터 등을 해석하는 데 도움이 될 것이다. TNFD 자연 관련 공시 권고는 IFRS-S1가 제시하는 요건, 즉, 기업의 미래 전망에 영향을 미칠 것으로 합리적으로 예측되는 모든 지속가능성 관련 위험과 기회를 공정하고 숨김없이 제시하고 비용과 노력을 균형 있게 고려할 것을 요구한다.

또한 가치사슬에 대한 TNFD 권고 사항을 염두에 두어야 한다.

자연 관련 주요 이슈는 가치사슬 업스트림과 다운스트림에서 발생할 뿐만 아니라 기후 공시 보고의 스코프 3과 같이 매우 복잡할 수 있다. 아울러 가치사슬 전반에 걸친 가용 데이터의 제약이 존재한다. 따라서 기업은 업스트림 공급자가 제공하는 데이터에 의존하고, 금융기관은 고객이나 투자자에게 데이터를 요구할 필요도 있을 것이다. 이러한 상황을 고려하여 기업은 자연 관련 평가·공시의 수준과 범위를 결정하는 과정에서 이행했던 절차를 다음과 같이 설명하여야 한다.

① 자연과 관련된 이슈를 평가하는 직접 운영 사업장, 업스트림과 다운스트림에 있는 기업 활동과 자산. 기업의 사업 운영 전체를 알수 있도록 기업 전체 수익에서 비중을 포함
② ①에서 언급된 것과 다른 경우는 공시에 포함된 직접 운영 사업장, 업스트림과 다운스트림에 있는 기업 활동과 자산
③ 평가대상과 그에 따른 공시 범위와 수준을 결정하는 과정에서 이행했던 절차
④ 직접 운영 사업장, 업스트림과 다운스트림의 어느 부분이 평가와 공시 보고서에 포함되거나 제외되었는지 여부와 그 이유

이와 함께 기업은 2가지 사항을 추가로 기술하여야 한다. TNFD 권고 중 어떤 것을 공시하였는지, 향후 작성될 공시 보고서에서 기업이 세계생물다양성체계 실천 목표 15에 부합하여 공시 범위와 수준을 확장할 것인지 등이다. 만약, 공시 범위와 수준을 확장할 것이라면 이에 대한 개략적인 설명이 있어야 한다. TNFD 권고에 따른 공시사

항은 기업의 직접 운영 사업장, 업스트림과 다운스트림과 관련된 정보를 분명하게 규명하여야 한다. 또한 금융기관의 가치사슬에 따른 다운스트림 분석에는 자금 지원, 대출, 투자 그리고 보험 대상 활동과 자산이 포함되어야 한다.

자연 관련 이슈의 장소성

기업이 자연과 상호작용하는 지리적 위치를 고려하는 것은 자연 관련 이슈 평가의 핵심 요소이다. 철새나 오염물질 확산처럼 환경영향 인자가 이동하는 경우는 자연 관련 이슈가 여러 생태계, 장소를 포괄할 수도 있다. 또한 급성acute의 물리적 위험과 연관된 사항은 지리적 장소의 특수성에 따라 광범위하게 발생하거나 다양해질 수도 있다. 직접 운영 사업장과 업스트림, 다운스트림에 걸쳐 기업이 자연과 상호작용하는 지리적 위치를 고려하는 것이 기후변화 공시 체계에 적용되는 스코프 1, 2, 3 배출 분석과 크게 다른 점이다.

다음 세 가지 경우는 자연 관련 데이터를 통합하거나 분리해야 한다.

① 지리적 위치에 따라 중대성이 좌우되는 경우
가능한 한 정보를 세분화하여 공시 보고서 작성에 필요한 데이터와 추적 가능성을 점차 향상시켜야 한다. IFRS-S1 지침이 제시하는 것처럼 중대한 정보가 불분명해질 정도로 지리적 위치를 통합하거나 분리하여서는 안 된다.
② 중대한 정보를 위치별로 구별하여 보여줄 수 있는 경우

다른 자연적 특성을 가진 장소 데이터를 통합하여서는 안 된다. 가령, 물 스트레스가 있는 지역과 없는 지역에서 수자원 활용 데이터를 통합해서는 안된다. 원형이 잘 보전된 생태계와 극히 훼손된 생태계에 대한 의존성을 통합해서도 안 된다.
③ 기업이 직면한 의존성, 영향, 위험과 기회가 유사하고 조직이 위치한 지리적 특성도 유사한 경우이거나 장소를 세분화하더라도 중대한 정보를 제공하지 않는 경우에는 관련 데이터를 통합하여 보고할 수 있다.

다른 지속가능성 관련 공시와 통합

기업은 기후와 자연 위기에 대한 목표와 실천에 대하여 정합성, 상승효과, 기여, 발생 가능한 상충관계를 분명하게 규명하여야 한다. 특히 기후 관련 공시에 이미 포함된 자연 관련 이슈는 자연 관련 공시 보고 과정에 연계시켜야 한다. 이는 공시 보고서 사용자가 기업의 재무 여건과 전망을 통합적으로 이해를 할 수 있도록 하기 위해서이다. 그림 3-9는 TCFD와 국제지속가능성기준위원회와 정합성을 가지도록 설계된 TNFD 자연 관련 공시 권고의 체계를 보여준다.

TNFD와 TCFD 사이의 정합성 확보는 중요한 원칙이자 요건이다. 기업과 금융기관 등 시장 참여자는 반복해서 TCFD가 사용하는 용어, 접근 방법, 구조와의 정합성 확보를 요구해 왔다. TNFD가 잘 활용되려면 공시 보고서를 작성하고 활용할 때 추가 부담을 줄이는 것이 중요하다. 그래서 TNFD는 TCFD가 개발한 체계를 토대로 설계하였다.

그림 3-9. TNFD 자연 관련 공시 권고 체계 및 ISSB, TCFD와의 정합성 (TNFD, 2023b)

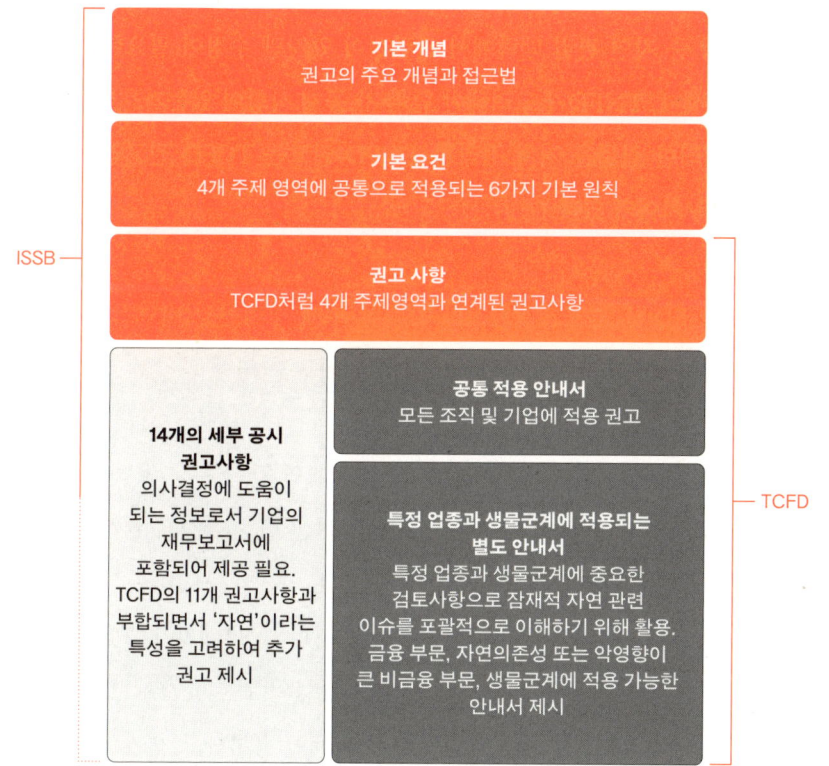

Part 3. TNFD 자연 관련 공시 권고의 이해

TNFD는 3가지의 질문을 통해 TCFD와 정합성을 확보하는 공시 체계를 개발했다.[63] 첫째, TCFD의 권고사항을 최소한으로 변경했을 때 자연 관련 권고사항에 적용할 수 있는가? 둘째, TCFD 공시 권고사항 중 자연 관련 맥락에서 관련성이 있지만 수정이 필요한 사항인가? 셋째, TNFD가 고려해야 할 추가 공개 사항이 있는가?

이러한 질문을 거쳐 정리된 TNFD 권고는 TCFD 권고와 다음과 같은 차이가 있다.

① TCFD 권고가 제시한 4가지 핵심 주제 영역인 거버넌스, 전략, 위험 관리, 관리 지표와 목표를 유지하면서 영향 관리는 위험 관리와 통합한다.
② TCFD 권고의 '위험 관리'를 TNFD 자연 관련 공시 권고에서는 '위험과 영향 관리'로 바꿈으로써 자연 관련 의존성과 영향을 위험·기회와 함께 공개할 수 있도록 한다.
③ TNFD 자연 관련 공시 권고의 14개 사항 중 11개가 TCFD 기후 관련 공시 권고가 제시하는 사항과 부합된다. 이를 TNFD 체계에서도 그대로 적용하여 일관성을 최대한 확보하고, 공시 보고서 사용자가 자연 관련 이슈를 기후 관련 이슈와 같이 보고하거나 통합 보고할 수 있도록 한다.
④ TCFD 체계에서 가치사슬상의 온실가스 배출량을 의미하는 스코프 3 보고는 TNFD 체계에서는 직접 운영 사업장, 업스트림, 다운스트림으로 변경하였다.
⑤ TCFD 체계와 유사하게 필요한 경우 추가적인 지침을 개발한다.

예를 들어, 시나리오 분석과 이해관계자의 참여에 대한 별도 안내서guidance를 포함한다.

고려되는 시간 범위

자산이나 인프라의 내구연한은 중장기에 걸칠 수 있고, 자연 관련 위험과 기회 역시 종종 중기와 장기에 걸쳐 발생한다. 그러므로 기업은 단기와 중기, 장기라는 시간 범위를 어떻게 고려하는지 기술하여야 한다.

원주민, 지역사회와 영향을 받는 이해관계자의 참여

이해관계자가 효과적으로 참여하면 자연 관련 이슈를 규명하고 평가 및 관리하는 것이 내실화될 수 있다. 원주민은 지구 생태계에 대한 전통 지식의 원천이며 현재 남아있는 생물다양성의 80%를 지키고 있다. 또한 자연 훼손을 막고 되돌리는 데 중요한 역할을 한다. 전통 지식과 경험을 포함한 이들의 지식은 기업이 자연 관련 이슈를 이해하고 평가하고 관리하는 데 중요하고 가치 있는 요소가 될 것이다. 기업은 원주민과 지역 사회, 기타 영향을 받는 이해관계자가 자연 관련 이슈에 참여하는 과정을 기술하여야 한다.

권고와 안내서의 체계

TNFD 체계의 특징은 시장 참여자들이 모든 자료를 개발 초기부터 볼 수 있었던 개방성이다. 가독성을 높일 수 있도록 요약서와 보고서 원문이 함께 제시되었으며, 주제별로 추가 사항들이 별도 안내서 형식으로 웹페이지에서 제공되었다.

TNFD 체계의 구성 요소와 전체적인 구조는 그림 3-10과 같다. 삼각형의 제일 윗부분은 권고 지침과 별도 안내서 지침으로 이루어져 있다. 별도 안내서는 LEAP 접근법, 업종별 특징Sector guidance, 생물권계 분석Biome guidance, 시나리오 분석Scenario analysis, 목표 설정Target setting, 이해관계자와 관계 유지Engagement with Indigenous Peoples, Local Communities and affected stakeholders 등이다.

추가 안내서 중 시작하기Getting started guidance는 기업이 처음 자연 관련 이슈를 공시할 때 기본적으로 활용할 수 있는 사항과 고려사항을 제시한 것이다. 자연 관련 이슈를 확인하고 평가하기 위한 LEAP 접근법은 이미 시장에서 활용되고 있는 다른 분석 방법을 토대로 과학적 분석 도구와 정보를 제공한다. LEAP 접근법은 공시 범위 설정과 권고사항에 맞추어 공시 보고서 작성 과정에서 활용할 수 있는 판단과 절차의 기준이 될 수 있다. 시나리오 분석, 목표 설정과 이해관계자에 관한 안내서는 LEAP 접근법과 연계되어 가급적 모든 유형의 공시 행위에서 활용할 수 있을 것이다. 반면 업종별, 생물군계별 안내서는 사업과 활동 유형, 직접 운영 사업장과 가치사슬의 업스트림, 다운스트림에서 자연과 접점이 일어나는 생물군계별 유형에 따라 추가로 적용할 수 있다.

그림 3-10. TNFD 자연 관련 공시 권고와 안내서 체계(TNFD, 2023b)

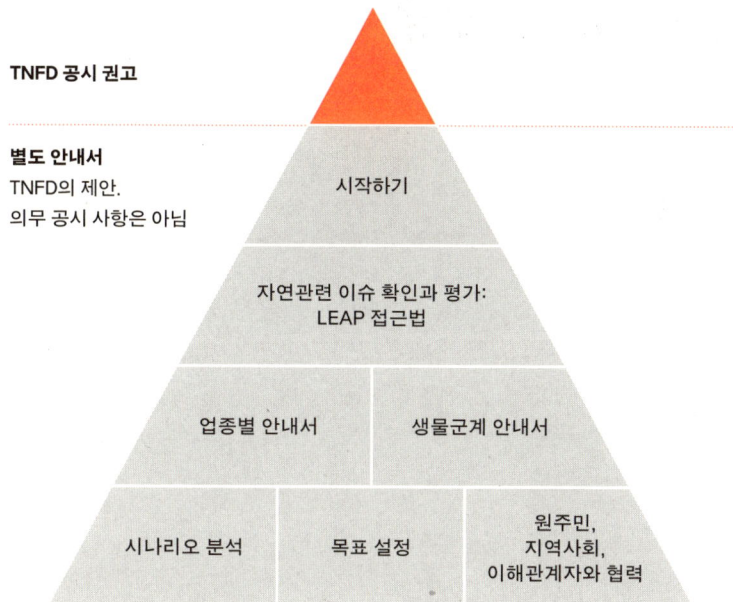

Part 3. TNFD 자연 관련 공시 권고의 이해

4장.
공통 공시 사항

표 3-7. TNFD 자연 관련 공시 권고의 핵심 주제 영역과 세부 내용
(TNFD, 2023b, n에서 저자 재구성)

	지배구조	전략	위험과 영향 관리	관리 지표와 목표
	자연 의존성과 영향, 위험과 기회에 관한 기업 차원의 지배구조를 공개	기업의 사업 모델, 전략과 재무계획에 미치는 자연 관련된 의존성, 영향, 위험과 기회가 중대한 정보인 경우, 그 영향을 공개	기업이 자연 관련 의존성, 영향, 위험과 기회를 파악하고 평가, 관리하기 위해 사용하는 절차와 방법을 공개	중대한 자연 관련 의존성, 영향, 위험, 기회를 측정하고 관리하는 데 사용되는 지표와 목표를 공개
공개 권고				
A	자연과 관련된 의존성, 영향, 위험, 기회에 대한 이사회의 관리와 감독	단기, 중기, 장기에 걸쳐 파악한 자연 관련 의존성, 영향, 위험과 기회	(i) 직접 운영 사업장에서 자연 관련 의존성, 영향, 위험과 기회를 확인, 평가하고 우선순위를 부여하는 과정 (ii) 업스트림과 다운스트림에서 자연 관련 의존성, 영향, 위험과 기회를 확인, 평가하고 우선순위를 부여하는 과정	중대한 자연 관련 의존성, 영향, 위험, 기회를 측정하고 관리하기 위해 사용하는 지표와 목표 공개
B	A를 평가하고 관리하는 경영진의 역할	A가 사업 모델, 가치사슬, 전략과 재무 계획, 전환 계획이나 분석에 미친 영향과 앞으로의 영향 예측	자연 관련 의존성, 영향, 위험, 기회를 관리하는 과정	자연에 대한 의존성과 그 영향을 평가하고 관리하기 위해 사용하는 관리 지표 공개
C	인권 정책과 참여 활동, 원주민과 지역사회 및 영향을 받는 이해관계자 등과 관련한 이사회와 경영진의 관리 감독	다양한 시나리오를 고려하여 자연 관련 위험과 기회에 대응하는 기업의 전략이 가진 회복탄력성	자연 관련 위험의 확인, 평가, 우선순위 설정, 모니터링 등이 기업 전체의 위험 관리 과정에 통합되고, 주기적으로 정보를 공유하는 과정	관리 지표에 대한 기업의 목표
D		기업이 직접 운영하는 자산과 사업 활동이 위치하는 지역, 가능한 경우 우선순위 지역 기준에 부합하는 업스트림과 다운스트림 장소 공개		

* 핵심 주제 영역은 자연의 본래 특성에 맞게 변화함
* 모든 업종과 부문, 서로 다른 생물군계에 적용됨

1. 지배구조

> **자연 의존성과 영향, 리스크와 기회에 관한 기업의 지배구조를 공개한다.**
> 자연 관련 공시를 활용하는 투자자, 채권자, 보험사 등은 자연 관련 이슈를 모니터링하고 관리하기 위해 기업이 활용하는 거버넌스 과정, 통제 방법과 절차를 이해하고 싶어 한다. 특히 이슈를 평가하고 관리하는 이사회의 역할과 기능을 이해하는 데 큰 관심이 있다. 이런 정보를 통해 이사회와 경영진이 자연 관련 이슈에 적정한 관심을 보이는지, 거버넌스 기구가 적정 수준의 기술과 역량이 있는지를 알 수 있다.

A와 B는 '자연 관련'이라는 용어가 추가된 것을 제외하고는 TCFD 기후 관련 공시 권고와 동일하다. 반면, C는 TNFD 권고에서만 보이는 독특한 요소이다. 자연 관련 이슈는 해당 조직의 사업과 공급망, 가치사슬에 따른 행위가 특정 지리적 위치와 장소를 배경으로 하기 때문에 이해관계자를 특정할 수 있다. 그래서 이 지역에서 생물다양성 보전에 중요한 역할을 하는 이해관계자와 소통을 통해 이슈 규명이나 대응 방안 등에 도움을 받을 수 있기 때문에 제안된 것으로 이해할 수 있다.

A. 자연 관련 의존성, 영향, 위험, 기회에 대한 이사회의 관리와 감독을 설명한다.

- 이사회나 위원회(감사, 리스크, 또는 다른 위원회)가 기업이 직접 운영하는 사업장, 가치사슬의 업스트림, 다운스트림에 걸쳐서 어떠한 과정과 빈도로 정보를 제공받는지 여부
- 자연 관련 공시에 포함된 목표 달성 정도를 모니터링하고 감독하는 여부와 방식
  - 전략과 주요 활동 계획, 위험 관리 정책, 연간 예산과 사업 계획을 검토하고 방향을 제시하는 경우
  - 조직의 성과 목표를 정하고 실행과 성과를 모니터링하는 경우
  - 주요 자본 지출과 인수 합병, 매각 처분을 감독하는 경우
- 이사회가 자연 관련 공시에 포함된 목표와 세부 목표 대비 진전 사항을 모니터링하고 감독하는지 여부
- 지속가능성 보고 과정에 대한 이사회 수준 감독의 주요 특징, 특히 위험관리 과정과 내외부 감사와 회계 기능과 자원의 활용
- 자연 관련 이슈의 성과 지표가 보상이나 인센티브 정책에 통합되어 있는지, 어떻게 통합되어 있는지 여부
- 자연 관련 이슈에 역량을 지닌 이사회 구성원의 수(절대적인 숫자와 전체 대비 비율)
- 이사회에서의 심의 및 숙의를 지원하기 위한 외부 전문 자문가 활용
- 이사회 회의 중에 자연 이슈가 논의되는 빈도

B. 자연 관련 의존성, 영향, 위험과 기회를 평가하고 관리하는 경영진의 역할을 기술한다.
- 자연 관련 이슈 대응 책임과 권한이 관리자급의 직위나 유사한 수준의 위원회에 부여되었는지, 어떤 방식으로 부여되었는지 여부
- 관리자급 직위와 위원회가 이사회나 그에 상응하는 위원회에 보고하는지, 자연과 관련된 이슈 평가와 관리에 대한 책임과 권한이 있는지 여부
- 자연 관련 이슈 대응 조직의 구조
- 경영진이 자연 관련 이슈에 대해 정보를 얻게 되는 과정과 통제 방법
- 자연 관련 정책, 의무와 목표에 대한 가장 높은 수준의 책임과 권한
- 자연 이슈 우선관리지역의 관리 성과와 과정에 대한 경영진의 커뮤니케이션 빈도

C. 자연 관련 이슈에 대한 기업의 평가와 대응 과정에서 기업의 인권 정책과 참여 활동, 원주민과 지역사회 및 이해관계자 등과 관련한 이사회와 경영진의 감독을 설명한다.
- 기업의 대외적 약속 요약
    - 비즈니스 및 인권에 관한 UN 원칙the UN Guiding Principles on Business and Human Rights과 다국적기업의 책임경영을 위한 OECD 가이드라인the OECD Guidelines for Multinational Enterprises on Responsible Business Conduct에 제시된 것과 같은 책임 있는 기업 관행을 위한 국제적 기준
    - 원주민 권리에 관한 UN 선언UN Declaration on Rights of Indigenous Peoples, 국

제노동기구협약 제169호ILO Convention 169, 생물다양성협약 등에 명시된 원주민의 권리 존중

- 건강한 환경에 대한 권리에 관한 UN 총회 결의 76/300The UN General Assembly Resolution 76/300 on rights to a healthy environment

- 기업의 전략, 정책, 행동 강령, 거버넌스 구조와 우수 사례에 포함된 인권 관련 실사due diligence 과정 기술(원주민과 지역사회뿐만 아니라 그 외 분야 포함)

- 기업과 사업 활동, 공급망과 비즈니스 관계에서 유발되거나 중대한 영향을 받은 부정적 인권 침해를 모니터링하고 관리하며 회복하기 위해 사용된 과정 및 고충불만 처리 메커니즘 기술

- 자연보전 관련 지지 활동과 관련한 기업의 거버넌스와 자연 관련 이니셔티브, 정책과 규정에 관한 공공 기관의 개입을 처리하는 기업의 접근 방법

- 기업의 주요한 자연보전 관련 지지 활동에 있어 우선 사항과 입장을 기술하며, 가능한 경우 자연 관련 규정과 공공정책 개발과 관련하여 기업이 취한 직접적이면서 중요한 지지 활동 포함

- 다국적 기업의 책임 경영을 위한 OECD 가이드라인에 따라 책임이 부여된 국가연락관National contact points이 제기한 자연 관련 의존성과 영향에 대하여 지속되거나 종결된 사건에 대한 기업의 조치

- 참여 과정 기술

  - 자연 관련 의존성, 영향, 위험과 기회의 평가와 관리 과정에서 원주민, 지역 사회와 이해관계자가 어떻게 참여하고, 그들이 어떻게 파악된 것인지 설명하며 당사자들과 합의된 사항인지 여부

- 참여 목적과 함께 자연 관련 이슈 측정, 문제 해결, 모니터링과 평가가 이루어졌는지 여부
- 참여 방법 및 과정과 함께 참여가 일회성인지 정기적인지 지속적인지 여부, 공식적 구조를 통한 것인지 혹은 비공식적 구조를 통한 것인지 여부
- 사전에 정보가 제공된 참여와 자문을 통해 자유롭게 이루어진 것인지, 원주민에 대한 사전통보승인FPIC: Free Prior and Informed Consent 원칙 이행 여부 및 나고야 의정서에 따른 공평한 유전자원 접근 및 이익 공유Access and Benefit Sharing가 원주민과 지역 사회와 관련된 부분을 포함하여 어떻게 달성되었는지 기술
- 원주민과 지역사회, 이해관계자의 참여 과정에 따른 결과 기술. 특히 이러한 결과가 조직의 중대성 평가, 의사결정과 대응과정에서 어떻게 통합되거나 다루어졌는지를 기술
- 고위경영진과 이사회에 이해관계자 참여 과정과 그 결과에 대한 정보를 제공하였는지, 어떤 방법으로 제공하였는지에 대해 기술
- 중대한 자연 관련 이슈가 있다고 확인된 지역이나 민감한 지역 중에서 원주민, 지역사회, 이해관계자의 활발한 참여가 이루어진 지역의 비율

2. 전략

> **기업의 사업 모델, 전략과 재무계획에 미치는 자연 관련된 의존성, 영향, 위험과 기회가 중대한 정보인 경우, 그 영향을 공개한다.**
>
> 투자자와 이해관계자는 기업이 자연 관련 이슈를 관리하기 위해 사용하는 접근방법과 이슈가 단기, 중기, 장기에 걸쳐 어떻게 조직의 사업 모델과 전략, 재무 계획에 영향을 미치는지 이해할 필요가 있다. 이러한 정보는 조직의 미래 성과를 예측하는 데 중요하게 활용될 수 있다.

A, B는 '자연 관련'이라는 용어가 추가된 것을 제외하고는 TCFD 기후 관련 공시 권고와 동일하다. C는 기후 관련 공시 권고와 달리 고려 가능한 시나리오를 제시하지는 않는다. D는 새로 추가된 부분으로 기후 관련 공시 권고가 채택한 스코프 1~3의 구분 대신 직접 운영 사업장, 업스트림, 다운스트림으로 구분할 것을 제안한다. 이는 자연 관련 경제 활동은 장소 위치를 특정할 수 있기 때문으로 보인다.

A. 단기, 중기, 장기에 걸쳐 파악한 자연 관련 의존성, 영향, 위험과 기회를 기술한다.

의존성과 영향

- 자연 관련 중대한 의존성
  - 전략 D에서 식별된 장소와 관련하여 의존성이 일어나는 장소를 특정하고, 그 의존성이 기업이 직접 하는 사업장과 가치사슬의 업스트림, 다운스트림과 관련되어 있는지 여부
  - 의존성 경로: 조직이 의존하는 환경자산과 생태계 서비스, 자연상태와 생태계 서비스의 가용성에 영향을 미치는 영향 유발요인과 외부 요인들
  - 관리 지표 및 목표 B와 관련하여 공시되는 관리 지표
- 자연과 관련한 중대한 영향
  - 전략 D에서 식별된 장소와 관련하여 영향이 일어나는 장소와 그 영향이 기업이 직접 운영하는 사업장과 가치사슬의 업스트림 및 다운스트림과 관련되어 있는지 여부
  - 기업의 영향 경로: 기업의 영향 유발요인과 자연 상태에 영향을 미치는 외부 요인들, 영향 유발요인과 외부적 추세가 식별된 장소에서 어떻게 자연 상태의 변화를 유발하는지 여부, 생태계 서비스의 가용성에 어떻게 영향을 미치는지 여부
  - 관리 지표 및 목표 B와 관련하여 공시되는 관리 지표
- 기업의 의존성과 영향 사이의 상호 연관성에 대한 설명

위험과 기회

- 단기, 중기, 장기 등 각각의 시간 경과에 따라 기업이 식별한 자연 관련 위험과 기회를 기술하며 관리 지표와 목표 A와 관련하여 공

개한 관리 지표 참조
- TNFD 자연 관련 공시 권고의 위험과 기회에 관한 분류 범주를 활용하며, 위험이 물리적 위험인지 전환 위험인지 여부에 관한 설명 포함

B. **자연 관련 의존성, 영향, 위험과 기회가 기업의 사업 모델, 가치사슬, 전략과 재무계획, 전환계획이나 분석에 미친 그간의 영향과 앞으로의 영향을 기술한다.**

사업 모델, 가치사슬과 전략
확인된 위험과 기회가 사업 모델과 가치사슬에 미치는 현재의 영향 및 예상되는 영향과 함께 이러한 위험과 기회가 사업 모델과 가치사슬에서 어디에 위치하는지를 설명하여야 한다. 또한, 확인된 중대한 의존성, 영향, 위험과 기회에 대응하기 위해 기업이 운영하는 과정과 행동에 대해 기술한다.

- 기업이 영향의 단계별 완화 원칙(Mitigation hierarchy)이나 생산자 책임 재활용 원칙에 따라 자연에 대한 부정적 영향을 회피하고 저감하며, 생태계를 복구하고 복원하고, 사업 관행을 변화시키기 위해 어떻게 결정하고 실천하는지 설명
- 사업 관행과 신기술, R&D 투자, 사업이 이루어지는 장소의 결정, 다른 파트너나 이해관계자와 협업 등에 대한 현재의 변화와 예견된 변화
- 업스트림의 조달 관행이나 다운스트림 기업의 상호작용과 관련

한 현재의 변화와 예견된 변화를 설명하되, 개선된 추적이나 인증, 공급자와 구매자, 다른 이해관계자와 협업이나 생산자 책임 구조 채택 등 포함
- 경관 접근법, 유역 관리와 해양공간 계획 등 다양한 이해관계자 설계와 계획 과정을 통한 조직 참여 및 이와 관련된 현재의 변화와 예견된 변화 설명
- 자연 관련 위험을 완화하고 이슈를 관리하며 세계생물다양성체계 목표에 기여하기 위한 현재와 미래의 정책과 노력

재무 여건과 성과
자연 관련 위험과 기회가 재무 여건과 성과, 현금 흐름에 미치는 현재의 영향과 예상되는 영향에 대해 설명한다.
- 보고 연도에 자연 관련 위험과 기회가 기업의 재무 상황에 미치는 영향
- 단기, 중기, 장기에 걸쳐 수익, 비용, 현금 흐름, 자산과 부채의 가치, 자금 조달원에 미칠 것으로 예견되는 영향
- 확인된 자연 관련 위험과 기회의 결과로 중요한 투자나 자산 처분이 예견되는지 여부
- 자연 관련 위험과 기회가 재무 계획 과정에 고려 요소로 활용하는지 여부

목표 설정과 전환 계획
자연 관련 의존성, 영향, 위험과 기회에 대응하기 위해 관련된 의

무 이행을 약속하고 목표를 설정한다. 전환 계획을 마련한 조직은 그 의무와 약속을 설명하고, 달성 방법과 세계생물다양성체계 목표와 어떻게 부합되는지 설명한다(자세한 관리 지표 사례는 4부 4장 참조).

C. **다양한 시나리오를 고려하여 자연 관련 위험과 기회에 대해 기업의 전략이 가진 회복탄력성을 설명한다.**

전략, 사업 모델, 가치사슬은 자연 관련 변화나 발전, 불확실성과 관련한 회복탄력성에 대한 정보를 제공하여야 한다. 이때 전략 A에서 확인된 자연 관련 위험과 기회를 고려하여야 한다. 또한, 전략적 회복탄력성을 측정할 수 있도록 기업이 처한 상황에 맞는 시나리오 분석법을 활용한다.

- 전략 D를 통해 사업 모델과 가치사슬에 따라 중요하다고 확인되는 장소에서 물리적 위험과 연계된 주요 추세와 중대한 불확실성으로 인해 발생하는 단기, 중기, 장기에 걸친 영향 설명
- 전환 위험과 관련된 주요 추세와 중대한 불확실성 때문에 발생하는 단기, 중기, 장기 영향 설명
- 자연 관련 의존성, 영향, 위험, 기회가 갖는 장소 특정성이 고려되는 방법을 포함하여 잠재적 영향에 대처할 수 있도록 전략이 어떻게 변할 수 있는지 여부
- 단기, 중기, 장기에 걸쳐 수익과 비용 같은 재무 성과와 자산과 부채 같은 재무 상황에 대해 자연 관련 위험과 기회가 미치는 잠재적 영향(측정 가능하다면, 그 변화의 정도와 변화율)

- 자연 관련 위험과 기회의 잠재적 영향으로서 변화에 대응하기 위해 적응하고 전략을 변화시키거나 향후 그러한 변화를 계획하는 조직의 자원과 역량
- 전략의 회복탄력성에 대한 사고에 정보를 제공할 수 있는 시나리오 툴과 방법론 사용을 설명, 사용된 시나리오에 대한 개략적인 설명과 고려되는 시간 범위와 주요한 통찰력 포함

D. 기업이 직접 운영하는 자산과 사업 활동이 존재하는 장소, 우선순위 기준에 부합하는 가치사슬상의 업스트림과 다운스트림의 장소를 공개한다.

- 기업이 자산을 보유하거나 활동하는 장소의 목록과 공간 지도 제공
  - 직접 운영 사업장과 업스트림, 다운스트림에서 중대한 자연 관련 의존성, 영향, 위험과 기회를 확인한 장소와 그 장소가 민감한 장소 관련 기준을 충족하는지 여부
  - 직접 운영 사업장과 가능한 경우 업스트림과 다운스트림상에서 확인된 민감한 장소
- 조직이 사용한 툴, 데이터 출처와 지표를 참조하여 어떻게 민감한 장소를 정의하는지 설명
- 우선순위에 있는 장소를 확인하기 위해 이행한 과정
- 보고서에서 어느 수준까지 지리적 위치를 특정하였는지를 설명하며, 장소에 대한 정보가 통합된 경우 통합 근거와 논리 기술
- 단기, 중기, 장기에 걸쳐 장소에 대한 평가를 개선하거나 확장하고자 하는 기업의 계획

그림 3-11. 우선순위 장소 선정(TNFD, 2023b)

* 자연: 생물다양성 측면에서 중요한 장소, 높은 수준의 생태계 완결성을 갖고 있는 장소, 생태계 완결성이 급속도로 훼손되거나 쇠락하고 있는 장소, 높은 수준의 물리적인 위험을 갖고 있는 장소, 중요한 생물다양성 서비스를 제공하는 장소

3. 위험과 영향 관리

> **기업이 자연 관련 의존성, 영향, 위험과 기회를 파악하고 평가, 관리하기 위해 사용하는 절차와 방법을 공개한다.**[64]
> 투자자와 이해관계자는 자연 관련 의존성, 영향, 위험과 기회가 어떻게 확인되고 측정되고 우선순위가 부여되고 모니터링되는지, 그 과정이 기존의 위험 관리 과정에 통합되는지 여부를 이해하고 싶어한다. 이러한 정보를 통해 자연 관련 공시의 사용자는 기업의 전반적인 위험과 영향 관리 행위를 평가할 수 있다.

TCFD 권고가 '위험 관리' 영역에서 조직의 기후변화 관련 위험을 평가하고 관리하기 위한 기업의 프로세스를 밝히고 전반적인 위험 관리와 어떻게 통합되어 있는지를 밝히도록 한 것과 달리, TNFD는 추가로 영향 관리를 강조하고 세부적으로 자연 관련 위험뿐만 아니라 의존성, 영향, 기회를 함께 공개할 것을 요구한다. 사회경제적인 행위들이 자연자본의 손실이나 감소뿐 아니라 확대라는 긍정적인 영향을 통해 기회도 발생시킬 수 있다는 이해에서 기인한다. 또한 직접 운영 사업장뿐만 아니라 가치사슬에 따른 사업까지 고려하고 있는데, 이는 자연 관련 요소들은 장소특화적 측면이 강하여 업스트림과 다운스트림에서의 상호작용을 포함해야만 경제 행위와 자연과의 상호작용을 통합적으로 이해할 수 있기 때문이다.

A. 직접 운영 사업장 여부

(i) 기업이 직접 사업을 운영하는 부문에서 자연과 관련된 의존성, 영향, 위험과 기회를 확인, 평가하고 우선순위를 설정하기 위해 사용하는 과정을 설명한다.

- 기업에 중대할 수 있는 기존의 그리고 새롭게 대두되는 자연 관련 의존성, 영향, 위험과 기회를 어떻게 식별하는지 설명
  - 기업의 중대성 평가에 적용한 중대성의 정의와 지침
  - 특정 위치, 지역, 광역과 같은 위치 특정성의 수준
  - 고려된 시간 범위
  - 생태적 임계점threshold과 변환점이 어떻게 고려되었는지 여부
  - 평가 빈도
  - 기후변화와 자연훼손과 관련하여 기존 정책, 신규 정책 변화나 규제 요구가 있는지와 어떻게 관련되어 있는지 여부
- 확인된 의존성과 영향을 활용하여 위험과 기회의 규모와 범위를 평가하는 방법과 평가 결과 설명
- 기업이 다른 위험과 비교하여 자연 관련 위험과 기회의 중요도를 어떻게 결정하는지, 의사결정에서 어떻게 우선순위를 정하는지 등 기술
- 사용된 데이터의 품질 평가와 분석 결과에 대한 함의
- 기존 공개 이후 데이터 품질 개선과 미래 개선 계획 설명

- 사용된 위험 관련 용어의 정의나, 기존 위험 유형 분류 체계에 대한 설명

(ii) **가치사슬상 업스트림과 다운스트림의 자연 관련 의존성, 영향, 위험과 기회를 확인, 평가하고 우선순위를 설정하기 위해 사용되는 과정을 설명한다.**
- 기업이 가치사슬, 범위, 구성요소를 정의하는 방식
- 고려되는 가치사슬의 범위
- 기업이 가치사슬의 어떤 요소들을 평가하고자 결정하였는지 여부
- 기업이 새롭게 변화하는 위험과 기회를 반영하기 위한 가치사슬의 구성 요소 확인 방법을 재검토하는 방법
- 기업이 가치사슬과 연계된 의존성, 영향, 위험과 기회를 측정하는 방법
- 조직의 중대성 평가와 관련하여 사용된 중대성의 정의와 적용 지침
- 평가를 위해 고려된 시간 범위
- 생태적 임계점과 변환점이 어떻게 고려되었는지 여부
- 위치별 특수성 수준과 분석에 대한 함의
    - 사용된 데이터의 품질 평가와 분석 결과에 대한 함의
    - 기존 공개 이후 향상된 데이터 품질, 추적 가능성, 장소 특정성
    - 공급자와 구매자에게 직접 얻은 데이터와 추정된 데이터
    - 대체 자료(proxy data)와 같이 공급자나 구매자에게 데이터를 직접 얻지 못한 경우 사용한 방법론과 데이터 출처
    - 시간 경과에 따른 데이터 품질, 추적 가능성, 장소적 특수성을 개선

하기 위한 전략과 장애 요인, 장애 요인 극복 방법
- 확인된 의존성과 영향 분석 결과를 활용하여 위험과 기회를 어떻게 평가하는지 설명
- 기업이 가치사슬상 자연 관련 위험과 기회가 다른 위험에 비해 중요한 정도를 정하는 방법, 위험 관리 의사결정에서 우선순위 정하는 방법 등

B. 기업이 자연 관련 의존성, 영향, 위험, 기회를 관리하기 위한 과정을 설명한다.
- 기업이 사용하는 입력 데이터, 매개변수 및 출처
- 기업의 전반적 위험을 평가하기 위해 사용되는 위험 관리 툴
- 자연 관련 위험을 모니터링하는 방식

C. 자연 관련 위험을 확인, 평가, 우선순위 설정, 모니터링하기 위한 과정이 기업 전체의 위험 관리 과정에 어떻게 통합되고 정보를 제공하는지 설명한다.

4. 관리 지표와 목표

중대한 자연 관련 의존성, 영향, 위험, 기회를 측정하고 관리하는 데 사용되는 관리 지표와 목표를 공개한다.

중대한 자연 관련 의존성, 영향, 위험, 기회를 측정하고 관리하는 데 사용되는 관리 지표와 목표를 공개한다. 투자자와 이해관계자는 조직이 자연 관련 이슈와 관련한 성과를 이해하는 데 관심이 있다. 특히 기업이 설정한 목표 대비 진전 사항과 자연 관련 의존성, 영향, 위험과 기회를 어떻게 측정하고 모니터링하는지 관심이 있다. 중대한 자연 관련 이슈를 확인, 평가, 측정하고 관리하기 위해 기업이 사용하는 관리 지표와 목표를 보면 현재와 미래의 위험 보정 수익risk-adjusted returns, 현재와 미래의 재무적 상환능력, 자연 관련 이슈에 대한 전반적 위험과 그러한 이슈를 관리하거나 적응하는 과정의 진척사항을 알 수 있다. 일관된 기준에 따른 관리 지표와 목표를 공개하는 것은 투자자와 이해관계자가 동일 부문이나 산업 영역에서 기업들을 비교하는 데에 도움을 줄 수 있다.

A와 C는 TCFD 기후 관련 공시 권고와 유사하며, B는 자연 관련 특성에 맞춰 기후 관련 공시 권고의 스코프 1~3을 대체한 것이다.

A. 기업의 전략과 위험 관리 과정에서 중대한 자연 관련 위험과 기회를 평가하고 관리하기 위해 사용되는 관리 지표와 목표를 공개한다.

- 전략 A에서 설명된 중대한 자연 관련 위험과 기회를 관리하기 위해 TNFD 자연 관련 공시 권고에서 열거된 모든 핵심 Core Global 지표, 업종별 핵심 Core Sector 지표를 기업 차원에서 설명
- 그 외 TNFD 권고에 열거된 부속 Additional, 일반 지표 중 관련 있는 지표를 선택하여 설명
- 전략 B에서 확인된 영향을 참조하여 기업 관련 위험과 기회가 기업에 미치는 영향에 대한 재무정보 포함
- 전략 B, 위험과 영향 관리 B를 참조하여 기업이 위험과 기회를 관리하기 위해 이행하는 활동, 정책, 전략을 어떻게 모니터링하는지 포함
- 관리 지표는 추세 분석을 위해 전년도와 비교를 포함한 과거 기간에 대해서도 공개되어야 하며, 가능하다면 사업이나 전략적 계획 기간과 부합하도록 설정
- 자연 관련 관리 지표를 평가하고 예측하는 데 사용된 방법론과 가정, 그에 따른 한계 포함
- 보고하지 못한 핵심 지표에 대한 개략적인 설명 제공. 다만, 기업에 중대하지 않다고 판단되는 경우나 데이터에 대한 접근과 방법론에 한계가 있는 경우 향후 개선 계획을 설명하면서 핵심 지표를 생략할 수 있음

B. 자연에 대한 조직의 의존성과 그 영향을 평가하고 관리하기 위해 사용되는 기업의 지표를 공개한다.

- 전략 A에서 설명된 각각의 의존성과 영향에 대해 관련 있는 핵심 지표, 업종별 핵심 지표, 부속 지표 등 포함
- 기업의 영향 유발요인의 종류, 규모, 발생 장소 등을 전략 D를 참고하여 제시
    - 생태계 상태 및 범위, 특정 생물종의 개체 수와 멸종 위험 등 자연 상태의 변화
    - 생태계 서비스 활용 가능성의 변화
    - 전략 B에서 공개된 영향과 의존성을 관리하기 위한 활동, 정책과 전략
    - 기업의 직접 운영 사업장, 가치사슬의 업스트림과 다운스트림에서 가능한 한 영향 유발요인을 통합적으로 고려
    - 조직이 전체 가치사슬에 대한 지표를 보고할 수 없는 경우에는 자연 관련 이슈를 가장 잘 대표한다고 판단되는 가치사슬 지표 보고
- 핵심 지표를 보고하지 않는 경우 이유 설명. 중대성이 낮은지, 데이터 확보나 방법론에 한계가 있는지 여부와 향후 개선 방향 등 설명
- 그 외 관리 지표에 대해 고려 사항
    - 가능한 한 명확하고 투명한 기준점 및 기준 조건과 비교
    - 부정적 영향과 긍정적 영향을 구분하여 보고
    - 절대 수치와 변화율과 더불어, 사업 부문별로 집약도나 효율성 비율을 사용하는 것도 필요

- 관리 지표나 장소를 통합한 경우 과학적 근거, 방법론, 제약사항, 가정 등 제시
- 관리 지표 산정, 데이터 확보 등에 적용된 방법론, 가정, 데이터 제공 플랫폼 등 설명

C. **자연 관련 의존성, 영향, 위험과 기회 및 그 성과를 관리하기 위한 기업의 목표를 기술한다.**
- 예상되는 규제사항이나 시장 제약조건, 한계, 목표를 이해하는 데 필요한 정보를 포함하여 해당 목표가 다루고자 하는 전략 또는 위험 관리 목적 기술
- 목표 정량화 및 성과 모니터링에 사용한 지표와 정량화된 목표 수치
- 지표의 기준 연도와 수준, 목표 달성 시간 계획, 단기와 중기의 중간 목표, 목표 경로
- 목표 설정에 사용한 방법론과 기준점. 조직이 목표 설정 시 외부 기준을 사용하였는지 여부와 과학적 기반의 접근방법이었는지 여부
- 조직이 목표 경로를 초과하여 달성하거나 미달한 경우 그 사유에 대한 설명과 전년도 목표 조정이나 재설정이 이루어졌는지 공개
- 설정된 목표의 객관성을 설명할 사항으로 단기, 중기, 장기 목표의 비율, 달성 시기가 명확한 목표의 비율, 중대성이 높은 장소에 대한 목표 설정 비율 등 포함
- 생물다양성협약(세계생물다양성체계), 기후변화협약(파리협정),

지속가능발전목표, 그 외 전 세계 차원의 환경협약, 정책, 이니셔
티브 등에 어떻게 부합하거나 관련되는지 설명

TNFD 체계의 관리 지표 접근법

자연 관련 공시를 위해서는 기업의 사업 형태, 자연과의 상호 작용, 이해관계자와의 관계 등에 맞추어 관리 지표를 설정해야 한다. TNFD의 조사에 따르면, 자연 관련 지표는 3천여 개나 되지만 기업이 활용하기에는 불분명한 정의, 일관성 부족, 관련 데이터의 부족 등 여러 한계가 존재한다. TNFD는 기술 혁신, 데이터 분석 방법의 향상 등으로 관리 지표에 대한 한계를 극복할 수 있을 것으로 기대하며 관리 지표에 필요한 7가지 원칙을 제시한다.

① 지표는 과학을 기반으로 사업 활동과 재무 활동의 결과에 대한 통찰력을 제공하여야 한다.
② 발생하는 변화를 연간 기준으로 반영할 수 있어야 한다.
③ 공시 보고서 작성자의 사업 모델 및 가치사슬과 관련성이 있어야 하며 사업 부문, 사업 모델, 가치사슬 내 이슈가 상당히 다를 수 있음을 인지하고 있어야 한다.
④ 비례성의 원칙에 따라 공시 보고서 작성자가 매년 이루어지는 보고 주기에 맞춰 정보를 수집하고 평가하며 보고하는 데 실질적인 역량과 비용의 제약이 있음을 고려하여야 한다.
⑤ 기업 지속가능성 보고서의 주요 사용자가 의사결정을 하는 데 있어서 유용하여야 하며, 동일 사업 부문 내외에서 통찰력과 비교 가능성을 제공한다.
⑥ 중장기적으로는 제3자에 의한 검증assurance을 획득하도록 한다.
⑦ 세계생물다양성체계와 그 외 환경협약, 국가 정책 목표 등을 뒷받침하는 지표나 목표에 부합하여야 한다.

5. LEAP 접근법 활용

자연 관련 의존성과 영향을 확인하고 평가하여 재무적 위험과 기회를 측정하는 것은 쉽지 않은 일이다. 이러한 작업을 위하여 TNFD 체계는 공시 보고서 작성자에게 자연 관련 이슈의 특징을 고려하여 접근할 수 있도록 LEAP접근법을 제시한다.

- **위치 특정**Locate: 지리적 위치, 사업 부문, 가치사슬에 걸쳐 자연과의 접점이 되는 장소를 특정한다.
- **분석**Evaluate: 자연에 대한 의존성과 영향을 분석한다.
- **평가**Assess: 해당 기업에 대한 자연 관련 위험과 기회를 평가한다.
- **준비**Prepare: TNFD의 14개 세부 권고사항에 맞추어 위험과 기회에 대한 대응 전략과 관리 지표, 목표를 수립하고 공시 보고서를 준비한다.

LEAP 접근법에는 3가지 중요한 고려사항이 있다. 첫째, 기업 관계자는 LEAP 분석을 개시하기 전에 실사 과정에서처럼 비용과 시간, 데이터 가용성 등의 제약사항을 고려하여 분석의 범위를 정한다. 둘째, LEAP 분석을 하고자 하는 팀은 작업기간 내내 원주민, 지역사회, 이해관계자의 참여를 독려하며 필요한 경우 객관적 입장의 전문가

조언을 듣도록 한다. 마지막으로 LEAP 접근법은 사업이 위치한 장소와 사업 부문에 걸쳐 기업의 위험 관리 과정, 보고 및 공시 주기에 맞춰 반복적으로 되풀이되는 과정으로 설계되었다는 점이다.

    LEAP 접근법은 사업 유형이나 규모, 가치사슬에 상관없이 모든 조직에 적용 가능한 방식이며, 어떠한 사항을 공개할 것인지, 잠재적으로 중대한 정보가 무엇인지를 분석하는 데 도움이 되기 위해 마련된 것이다. 하지만 이미 내부적으로 위험을 관리하기 위한 체계가 있는 조직에는 LEAP 접근법 채택이 반드시 요구되는 것은 아니다. 다만, 기존 검토 과정이 자연 관련 이슈들을 적정하게 다루고 있는지 비교하는 수단으로 활용될 수 있다. 그림 3-12는 LEAP 접근법에 대한 개략적 이해를 제공한다.

그림 3-12. 자연 관련 이슈 분석과 평가-LEAP 접근법(TNFD, 2023b)

스코핑: 내외부 데이터와 참고자료를 사전 조사하여 조직이 갖고 있는 잠재적 자연 관련 이슈(의존성, 영향, 위험과 기회)에 대한 가설을 세우고 LEAP 측정을 위한 변수를 발굴하여 경영진과 측정 부서가 목표와 시간계획을 조정할 수 있도록 한다.

위치 특정(Locate): 자연과의 접점

L1. 사업 모델과 가치사슬의 범위
- 사업 부문 및 가치사슬상의 조직 활동은 무엇인가?
- 직접 운영 사업장은 어디에 있는가?

L2. 의존성과 영향 스크리닝
- 어떤 부문, 가치사슬, 직접 운영 사업장이 자연에 대해 잠재적으로 중간 수준 및 높은 수준의 의존성과 영향을 가지고 있는가?

L3. 자연과의 접점
- 잠재적으로 중간 수준 및 높은 수준의 의존성과 영향을 가지고 있는 사업 부문, 가치사슬, 직접 운영 사업장이 있는 곳은 어디인가?
- 어떠한 생물군계와 생태계가 직접 운영 사업장, 중간 및 높은 수준의 의존성과 영향이 큰 가치사슬, 사업 부문과 접점이 있는가?

L4. 민감한 장소와의 접점
- 조직의 어떤 활동이 중간 및 높은 수준의 의존성과 영향이 있는 가치사슬, 사업 부문이 생태적으로 민감한 장소에 있는가?
- 민감한 장소에 있는 직접 운영 사업장은 어디인가?

분석(Evaluate): 의존성과 영향

E1. 환경자산, 생태계 서비스와 영향 유발요인의 확인
- 어떠한 사업 부문, 사업 절차와 활동을 분석하여야 하는가?
- 이러한 사업 부문, 사업 절차, 활동, 평가 장소와 관련이 있는 환경자산, 생태계서비스, 영향 유발요인은 무엇인가?

E2. 의존성과 영향 확인
- 자연에 대한 의존성과 영향은 어떠한가?

E3. 의존성과 영향 측정
- 자연에 대한 의존성의 규모와 범위, 수준은 어떠한가?
- 자연에 대한 심각한 부정적 영향은 무엇인가?
- 긍정적 영향의 규모와 범위, 수준은 어떠한가?

E4. 영향 중대성 분석
- 어떠한 영향이 중대한가?

경영진 보고

관련 있는 TNFD 공시 권고 항목

전략 D

전략 A
전략 D
위험과 영향 관리 A
위험과 영향 관리 B
관리지표와 목표 B

네이처 포지티브

가설 정립	목표와 자원 조정
어떤 활동이 중대한 자연 관련 이슈를 갖고 있는가?	현재의 조직 역량, 기술과 데이터 및 조직 목표를 고려할 때 측정을 위해 어떤 자원(재정, 인적, 데이터)과 시간이 필요한가?

평가(Assess): 위험과 기회

A1. 위험과 기회 확인
- 현재 조직이 마주한 위험과 기회는 무엇인가?

A2. 현재 위험 완화 수단 조정과 위험·기회 관리
· 어떠한 위험 완화 수단, 위험·기회 관리 절차와 요소가 이미 적용되고 있는가?
· 어떠한 위험·기회 관리 절차 및 관련된 요소들(위험 분류 체계, 목록, 허용기준 등)이 적용될 수 있는가?

A3. 위험과 기회 평가와 우선순위 선정
· 중요성이 높은 위험과 기회는 무엇인가?

A4. 위험과 기회 중대성 평가
· 어떠한 위험과 기회가 중대해서 TNFD 공시 권고의 공개 지침에 맞추어 공개되어야 하는가?

준비(Prepare): 대응과 보고

P1. 전략과 자원 할당 계획
· 평가 결과로 어떤 위험 관리, 전략, 자원 할당 결정이 있어야 하는가?

P2. 목표 설정과 성과 관리
· 어떻게 목표를 설정하고 성과를 규정하며, 이 성과를 측정할 것인가?

P3. 보고
· 어떤 사항을 TNFD 공시 권고에 맞추어 공개할 것인가?

P4. 공표
· 자연 관련 공시 사항을 어디에, 어떻게 공표할 것인가?

검토 및 반복

원주민과 지역사회, 기타 영향 받는 이해관계자와 협업

시나리오 분석

전략 A	지배구조 A
전략 C	지배구조 B
전략 D	지배구조 C
위험과 영향 관리 A	전략 B
위험과 영향 관리 B	전략 C
위험과 영향 관리 C	관리지표와 목표 C
관리지표와 목표 A	
관리지표와 목표 B	

Part 3. TNFD 자연 관련 공시 권고의 이해

5장.
TNFD 체계의 가능성

그림 3-13. 지구의 건강성과 회복탄력성 훼손(Stockholm Resilience Centre와 Stockholm University, 2023; WEF, 2023b)

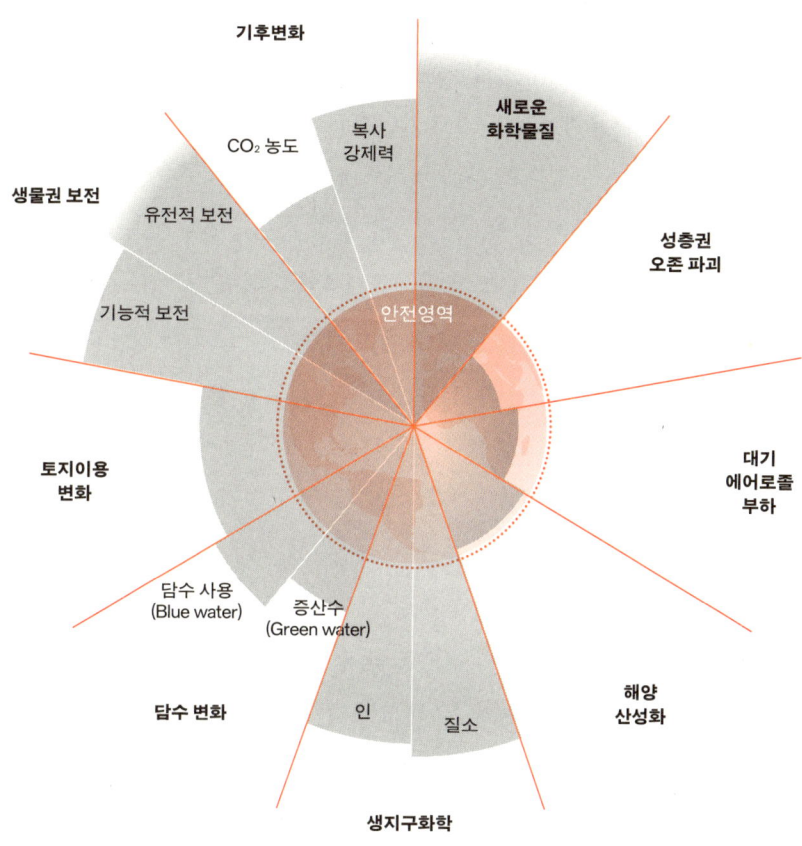

향후 10년 동안 중대하다고 인식되는 위험(상위 10개)

1. 기후변화 완화 실패(환경)
2. 기후변화 적응 실패(환경)
3. 자연재해와 극심한 이상 기후(환경)
4. 생물다양성 손실과 생태계 붕괴(환경)
5. 대규모 강제이주(사회)
6. 자연자원 위기(환경)
7. 사회결속 붕괴와 양극화(사회)
8. 사이버범죄와 사이버 불안전성 확산(기술)
9. 지정학적 대치(지정학)
10. 대규모 환경오염 사건(환경)

저명한 회계학 교수이자 역사학자인 제이컵 솔Jacob Soll은 《회계는 어떻게 역사를 지배해왔는가》에서 회계장부의 탄생부터 대공황과 리먼 쇼크까지 훑으면서 회계는 책임성을 이루기 위한 역사라고 규정짓는다.[65] 그는 네덜란드와 영국의 황금기는 정치적 책임성 강화와 함께 향상된 투명한 회계의 혁신에서 기인한다고 주장하며, 스페인과 프랑스의 실패 원인을 왕정과 절대 권력이 회계의 투명성과 책임성 확보를 회피한 데서 찾는다. 역사적으로 기업과 정부는 해당 조직 내부의 이사회, 주주뿐만 아니라 외부 이해관계자에 대해서도 책임을 확대하여 왔고 이를 가능하게 해준 요인 중 하나는 돈의 흐름을 일목요연하게 관리하고 투명하게 공개한 역사적 확장에서도 찾을 수 있다. 그리고 이제 공시제도는 전통적인 재무적 성과에 직접적으로 연관된 자금 흐름뿐만 아니라 기후변화나 자연, 물 등 환경적 요인에 대해서도 책임을 질 것을 요구하고 있다.

 자연 관련 요소들은 기후 관련 공시에 대한 작업이 이루어진 이후에도 기업의 재무 상태와 미래를 볼 수 있게 해주는 회계와 검증 체계에 쉽게 접목되지 못했다. TNFD 체계는 자연에 영향을 미치는 기업이 그 영향을 투명하게 공개하고 발생 가능한 재무 성과와 손실까지 고려하여 공시할 수 있는 포괄적 틀로서 기업의 책임성을 크게 신장시킬 수 있는 계기가 될 것이다. TCFD 권고 사용 증가 추세를 보면 TNFD 권고가 어떻게 활용될 것인지 짐작할 수 있다.

 건강한 생태계는 인류가 생존하고 번영하기 위한 필수 요소이며, 기업과 금융이 현금 흐름과 수익을 지속 창출할 수 있도록 의지하는 근원이라고 TNFD는 이야기한다. 기후변화 이슈처럼 자연도 지속적

그림 3-14. TCFD 권고 사용 추세(TCFD, 2022, 2023)

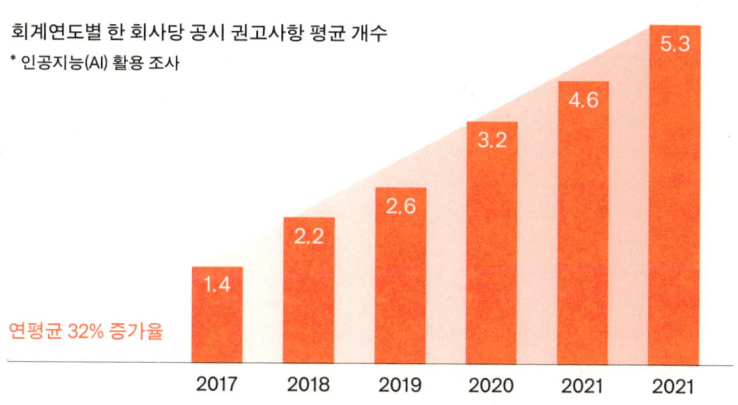

으로 악화되고 있는 국제적 이슈이며, 인류의 활동으로 인한 생물다양성 훼손의 속도 역시 유례가 없는 것이라고 과학은 이야기한다. 기후변화뿐만 아니라 자연과 관련한 위험과 기회는 경제 행위와 동떨어져 있는 외부 인자로만 존재하는 것이 아니라 내부의 재무 흐름과도 연계되어야 할 것이다. 일상적인 재무 활동 영역에서 기업과 자연의 상호작용을 확인하여 위험과 기회를 포착하고 대응 방안을 마련하는 것은 이미 우리에게 '발등의 불'이 되었다.

자연을 위한 ESG 이행하기

Part 4

출처: 국립생물자원관(2018), 한눈에 보는 멸종위기 야생생물, 사진 금자란

NATURE
TNFD
ESG

현재 많은 기업이 기후변화 대응 ESG 활동을 할 수 있는 것은 그들이 온실가스 배출권 거래 제도, 탄소정보공개 프로젝트, 글로벌 보고 이니셔티브, RE-100 등의 국내외 규제에 대응하면서 관련 개념, 대응 방식에 대한 지식을 축적한 덕분이다. 반면 기업과 사회가 자연을 위한 ESG를 이행하기 위해 필요한 지식수준은 현저히 낮다. 그 이유는 기업이 자연에 미치는 영향을 과학적, 종합적으로 분석하고 악영향을 저감하기 위한 행동을 체계적으로 이행한 역사가 짧기 때문이다. 기존에는 환경오염물질 배출, 토지이용 규제, 온실가스 감축 등 부문별 정책에 맞추어 기업이 대응 활동을 해왔다. 자연과 생물다양성 회복에 초점을 맞추어 활동의 방향을 체계적으로 제시한 정책이 없었다. TNFD 체계가 국제적 합의를 이룬 거의 최초의 시도라고 판단된다.

이러한 여건 때문에 기업 입장에서는 2023년 9월에 공개된 TNFD 자연 관련 공시 권고가 혼란스러울 수 있다. 앞으로 무엇을, 어떻게 해야 하는지 명확하지 않기 때문이다. 자연의 개념, 자연과 기업 비즈니스의 관계, 가치사슬상의 자연에 대한 의존성, 자연에 대한 악영향 저감 방식과 이를 관리할 지표와 목표 등이 기업 담당자에게는 어렵고 낯선 내용이다. 또한, 업종에 따라 자연에 영향을 미치는 방식과 의존 정도의 차이가 매우 크기 때문에 업종별로 각각 차별화된 지식이 필요하다. 기후 관련 공시의 핵심은 화석연료 활용에 의한 온실가스 배출인데, 대부분의 업종이 화석연료 오염원이 유사하고 온실가스 배출량 산정 방식도 동일하다. 반면, 자연 관련 공시에서는 업종마다 차이가 크다. 농업은 자연의 일부인 땅을 직접 개발하여 농작물을 심는 방식이므로 농지가 위치한 자연의 특징에 물리적으로 크게 의존한다. 자동차 제조업은 대부분 산업단지에 있어 자연에 미치는 직접적인 영향은 적지만 철, 고무 등 자동차 부품에 사용되는 원료를 공급하는 가치사슬상의 간접적 영향은 클 수 있다. 따라서 자연 관련 공시에 대응한 ESG 활동은 자연과 생물다양성에 관한 지식, 업종별 특징을 이해하는 것에서 시작해야 한다.

오일영 (환경부 국장, 전 세계자연보전연맹 한국 고위협력관)

1장.
지역적 특징 이해하기

TNFD 자연 관련 공시 권고는 자연의 개념을 정리하면서 지역별로는 4가지 자연 영역(육상, 해양, 담수와 대기)과 생물군계를 제시하고 있으며, 기능적으로는 환경자산(생태계와 자원)과 생태계 서비스 등으로 나눈다. 기업이 자연을 활용하거나 영향을 미치는 경우, 기업과 자연의 접점은 기업의 공장이 위치한 지역의 자연이다. 이와 더불어, 가치사슬까지 고려한다면 기업의 생산 활동에 사용되는 원료를 공급하는 업스트림, 생산된 상품을 소비하는 다운스트림에 관련된 기업, 소비자가 위치한 지역의 자연도 추가로 고려해야 할 접점에 해당한다. TNFD 권고는 기업이 자연에 미치는 영향과 이에 따른 위험과 기회를 분석하려면 장소에 대한 의존성을 이해하는 것부터 시작하라고 권고한다. 즉, 기업 활동이 이루어지는 지역의 자연이 어떤 특징을 가졌는지를 이해하고, 이 중에서 어느 지역이 중대성 높은 지역인지에 대한 판단 근거를 알고 있어야 한다.

1. 생물군계와 기업 활동의 관계

생물군계의 종류

생물군계는 전 세계에 존재하는 다양한 유형의 생태계를 말한다. 일반적으로 강수량과 기온 패턴에 맞추어 자라는 식물의 종류에 따라 구분된다. 세계자연보전연맹에서 제시하는 생태계 분류 체계Global ecosystem typology[66]는 전 세계를 대상으로 25개 생물군계와 하위 110개의 생태계 기능별 그룹으로 구성되어 있으며, 국가별로 생물군계의 구성 수준을 직접 검색할 수 있다.

인류의 활동이 가장 집중되는 육상 생물군계는 총 8개가 있는데 열대림과 아열대림Tropical and sub-tropical forests, T1, 온·한대림Temperate boreal forests and woodlands, T2, 관목 지역Shrublands and shrubby woodlands, T3, 집약적 토지이용 지역Intensive land use systems, T7 등이 대표적이다. 한국의 육상생물군계는 온·한대림과 집약적 토지이용 지역이 가장 많은 면적을 차지하므로 국내 기업 활동은 이 지역에서 상당수 이루어진다고 볼 수 있다. 열대림은 한국 기업이 수입하는 생물 원료, 광물 자원, 각종 상품의 원재료가 다수 생산되면서도 자연의 가치가 매우 높은 지역으로 동시에 관심을 가져야 할 주요 생물군계이다.

담수 생물군계는 총 7개로 하천River and streams, F1, 호수Lakes, F2, 인공 습지Artificial wetland, F3, 소택지Vegetated wetland, TF1 등이 대표적이다. 하천

과 인공 저수지를 포함하는 인공 습지가 한국의 대표 담수 생물군계에 해당한다. 이곳이 제공하는 생태계 서비스 중 물 공급, 물 정화 기능에 대한 기업의 영향이 크다.

해양 생물군계는 총 10개이며 해륙붕Marine Shelf, M1, 대양Open ocean waters, M2, 인공 해양 지역Artificial marine systems, M4, 연안지대Shoreline systems, MT1, 해안 습지대Maritime vegetation, MT2, 인공 해안지대Artificial shorelines, MT3, 기수 지역Brackish tidal systems, MFT1 등이 있다. 이중 한국에는 양식장이 많이 위치한 인공 해양 지역, 갯벌을 포함하는 해안 습지대, 연안 도시가 위치하는 인공 해안지대, 기수 지역의 면적이 크게 분포하고 있다. 인공 해안 지대에는 기업이나 도시 활동이 집중되어 있고, 갯벌이 포함되는 해안 습지대는 생태계가 풍부한 지역이지만 매립이 주로 일어나는 지역이다.

이 장에서는 한국 기업의 활동과 직간접적으로 많은 연관이 있는 열대림과 아열대림, 집약적 토지이용 지역, 하천과 호수 등을 중심으로 TNFD가 발간한 <생물군계 안내서Guidance on Biomes Version 1.0>의 주요 내용을 정리하였다.[67]

열대림과 아열대림

생태적 특징

열대림과 아열대림 지역은 주로 저위도 지역에 위치한다. 이 지역은 많은 강수량과 연중 안정적인 기온을 유지하고 있으며, 생태계가 복잡한 편인데 다양한 생물종 특히 멸종위기종이 다수 존재한다. 저지대 산림Lowland forest은 해발 1,000미터 아래에 존재하며 연중 우기가 명확히 존재하는 아마존이나 동남아시아에서 많이 확인된다. 건조 산림Dry forest은 저지대 산림보다 나무의 밀도가 낮다. 이런 곳은 건조한 기후 상태가 길지만 심한 우기가 뒤따르는 기후 지역에 있어 아프리카, 남아메리카, 아시아·태평양 지역에 넓게 분포하고 있다.[68]

열대림과 아열대림은 깨끗한 물, 목재, 약용 식물, 식량을 지속적으로 공급하는 기능이 있다. 특히, 뛰어난 조절 기능을 인간에게 제공한다. 토양과 물을 안정적 유지하고 벌이나 박쥐에 의한 수분 기능, 홍수나 가뭄 조절, 지역 기후 조절, 온실가스 흡수 등 기능이 매우 다양한 곳이다. 당연히, 관광에 대한 수요가 높고 인간에게 상징적 의미를 지니는 나무나 동물이 많이 서식한다.

주요 기업 활동과 영향

열대림 지역에서 이루어지는 대표적인 산업은 카카오, 팜유, 콩, 커피 생산이나 목축 등의 농업, 구리 광산이나 화석연료 개발, 목재 산업 등이다. 2000~2010년간 열대림에서 발생한 산림파괴의 80% 이상은 이런 농업 활동으로 발생했다. 농업에 의한 자연 파괴 과정은 대규모 화전에 의해 이루어지므로 생태계에는 더욱 치명적이며 기후변화나 대기오염을 더 촉진시키는 악영향도 있다. 목축 지역은 소를 먹이기 위해 그 지역에 없는 풀을 대규모로 키우게 되어 침입외래종에 의한 고유 생태계 파괴도 발생한다. 광산이나 화석연료 개발은 농업보다는 작은 지역에서 이루어지지만 오염물질 배출에 의한 하천생태계 파괴, 신설된 도로에 의해 추가 개발 가능성을 높이는 문제가 심각하다. 목재 산업은 나무를 한꺼번에 모두 베어내지는 않으므로 농업보다는 생태계 파괴 영향이 약하지만 나무 밀도가 줄어들면서 산림의 질을 낮추고 가뭄과 산불에 취약한 상태로 바꾼다. 특히, 목재 산업이 이루어진 지역은 이후 농지로 바뀔 가능성이 높으며 목재 운반을 위해 만들어진 도로는 광산 개발, 농업으로 이어지기 쉬워진다.

위험과 기회 요인

TNFD 권고에 따르면 기업 활동이 자연이나 생물다양성 파괴와 관련하여 유발할 수 있는 위험은 물리적, 전환, 체계적 위험 등으로 구분된다.

① **물리적 위험**

열대림은 목재와 함께 과일, 섬유, 약재, 염료, 숯, 꿀, 견과류와 같은 비목재 제품Non-timber forest products을 공급한다. 자연의 위기는 곧 목재, 비목재 제품의 공급량이 줄어드는 물리적 위험으로 이어질 것이다. 또한 탄소 흡수원과 생물다양성은 줄어들고 산불에 대한 취약성은 증가할 것이다.

② **전환 위험**

최근 열대림의 다양한 생태계 서비스 기능에 주목하고, 사회적 보호 여론이 강해지면서 전환 위험 발생 가능성이 더 높아지고 있다. 유럽연합은 2023년부터 커피, 고무, 목제품 등을 생산하여 유럽연합에 수출하는 기업이 산림을 파괴하지 않았다는 증명서를 제출하도록 의무화하는 <유럽연합 산림파괴방지법EU

Deforestation Law>을 시행하고 있다. 민간 차원에서는 탄소정보공개 프로젝트 산림 부문CDP Forest, 과학기반목표 이니셔티브 산림 부문SBTi Forest과 같은 자발적 기업 공개 이니셔티브에 대응해야 한다는 요구가 이미 오래전부터 이어져 왔다(정책 및 제도의 위험). 산림파괴를 유발하는 상품이나 기업은 소비자가 외면하므로 기업의 평판이나 가치도 하락할 수 있다(시장의 위험). 인공위성을 활용한 촬영, 해석 기능이 향상되면서 과거에는 확인하기 어려웠던 산림파괴, 불법 벌목에 대한 감시가 수월해진 것도 고려해야 할 위험 요인이다(기술적 위험).

③ **체계적 위험**

한 지역의 열대림 생태계 파괴와 이에 의한 생태계 서비스가 원활하지 않으면 그 지역의 목재나 농업 생산량이 감소되어 해당 지역 기업의 재정적 위험을 초래한다는 점도 고려해야 한다. 한편, 기업은 위험을 극복하는 과정에서 새로운 기회를 창출할 수 있다. 벌목 효율을 높이거나 목재를 재활용하는 사업 영역을 확대할 수 있으며, 산림보호 시 탄소배출권을 확보할 수 있다. 이런 경우, <유럽연합 산림파괴방지법>을 시행하는 유럽연합 시장에 진출하기 유리해진다. 이에 더해 산림복원, 보호지역의 지속가능한 관리 등에도 기여하며, 지속가능한 팜유산업협의체RSPO: Roundtable on Sustainable Palm Oil에 선진 기업으로 참여할 수 있다.

④ **관리 지표와 목표**

기업은 전략을 수립하고 공개할 때 그에 맞는 관리 지표와 목표를 수립해야 한다. 기업 행위 측면에서 사업장 위치와 규모, 주변 열대림과의 거리, 산림파괴 유발 제품 생산량, 산림 내 신설 도로의 길이 등이 지표로 사용될 수 있다. 당연히 자연에 영향이 큰 공급망 기업에 대해서도 위치 정보, 주변 산림과의 거리, 기업 활동이 영향을 미치는 면적을 의미하는 공간 발자국Spatial footprint 정보도 포함되어야 한다. 기업의 악영향 관리 목적에서는 자연 산림 감소량, 주변 보호지역과 중복되는 면적 현황 등과 같이 영향 유발요인을 관리할 지표와 평균 생물종풍부도MSA: Mean Species Abundance, 산림경관 완전성지수FLII: Forest Landscape Integrity Index 등 자연 관리 수준에 대한 지표도 활용할 수 있다.

집약적 토지이용 지역: 도시와 산업 생태계

생태적 특징

도시와 산업 생태계는 육상의 많은 지역에 존재한다. 도시 생태계에는 도시, 소도시, 마을 등과 같이 사람의 주거지역과 이를 뒷받침하는 인프라 등이 포함된다. 산업 생태계는 도시 생태계에 근접한 경우도 있고, 따로 떨어진 경우도 있으며, 광물 자원을 직접 개발하는 지역 또는 이를 가공하는 시설이 있는 지역이 포함된다. 가장 많은 기업이 있는 곳이라고 할 수 있다. 이런 생태계는 인구 밀도가 높다. 또한 도시나 산업단지의 위치를 보면 알 수 있듯이 담수 생물군계나 해양 생물군계와 접하고 있어서 이들 생물군계에 영향을 많이 미친다. 이런 지역은 자연 생태계가 있던 곳이지만 인간의 지속적인 개발에 의해 자연 생태계는 대부분 사라지고 도시와 산업 생태계로 변화된 곳이다. 도시와 산업 생태계와 동시에 고려해야 할 지역이 도시 근교 지역이나 배후지이다. 이들 생태계는 건물, 도로, 교통시설, 공원, 정원, 농업 지역, 나대지, 광산 등 매우 다양한 유형으로 토지가 이용되고 있어서 다른 생물군계와 큰 차이가 있다.

기존의 자연 생태계가 사라지고 인간에 의해 인위적으로 변화된 생태계가 만들어진 곳에도 생태계가 있으며, 생태계 서비스에 의존하는 것도 분명하다. 이런 곳에서는 다른 지역에서는 발견되지 않는 생물종이 서식하기도 한다. 공원, 옥상정원, 도시 녹지, 가로수 등 매우 다양한 소생태계로 구성되어 있어 생물다양성의 공간적 차이가 크게 존재한다. 많은 외래종이 유입되고 기존에 존재하던 생물종과 혼재하게 되는 복잡성을 가지고 있기도 하다. 도시나 산업 생태계가 의존하는 생태계 서비스 중 대표적인 것이 물 공급, 배후 농촌 지역의 농산물 공급이다. 도시 녹지가 제공하는 심리적 안정감이나 여가 및 교육 효과 등도 중요한 의미가 있다. 가장 중요한 것은 조절 기능으로 도시나 배후지 녹지 공간은 수분 곤충의 서식지를 제공하며, 나무는 산사태나 도시 홍수 위험을 줄여준다. 도심의 가로수와 숲은 공기를 정화하면서 기후변화에 의한 폭염 효과를 낮추고 소음을 막아준다.

주요 기업 활동과 영향

도시나 산업 생태계는 기본적으로 많은 사람이 거주하고 산업 활동도 왕성한 곳이라서 다양한 유형의 생태계 파괴 원인을 제공한다. 도시로 몰리는 사람을 위해 거주지나 산업단지를 확대하고, 각종 관련 인프라를 건설하면 기존에 존재하던 자연 서식지를 파괴하는 것에 더해 도시 내 녹지공간까지 없애는 경우가 매우 많다. 도시와 산업단지는 매우 많은 수자원을 소비하는데 이 과정에서 발생한 폐수는 다시 담수 생태계와 토양을 오염시킨다. 도시 내 생태계나 농지를 유지하면서 사용되는 엄청난 양의 농약도 토양오염과 수질오염의 원인이다. 이와 더불어, 이곳에서 사용되는 에너지나 광물 자원은 대기 오염물질과 온실가스 배출의 원인이 되고, 가치사슬 측면에서도 영향이 크다. 추가로 고려할 사항은 도시공원이나 정원에 심는 많은 식물, 집에서 가꾸는 꽃은 그 지역의 토종식물이 아니라 대부분 다른 지역에서 가져온 것이므로 침입외래종이 되어 고유 생태계를 파괴하기도 한다는 점이다.

위험과 기회 요인

① **물리적 위험**

도시와 산업 생태계에 위치한 기업에 발생할 수 있는 위험은 업종에 따라 많이 다를 수 있다. 물을 많이 사용하는 기업은 가뭄이나 수질오염에 의한 물 공급이 가장 큰 위험이 될 수 있으며, 주변 생태계 파괴와 기후변화에 의해 더 커지고 빈발하는 홍수도 위험 요인으로 고려해야 한다. 여가 서비스나 요식업을 하는 기업에는 소비자가 감소하는 문제가 발생할 수 있다.

② **전환 위험**

지역의 기업이 더 관심을 가져야 할 위험 요인이다. 특히 악화된 생태계 서비스를 개선하기 위해 정부나 지방정부가 도입하는 대기 오염물질, 수질오염물질, 폐기물 등에 대한 배출 기준 강화, 도심 내 개발 제한지역 설정 등은 기업이 가장 신경 써야 할 위험 요인이다. 이는 당연히 기업이 더 나은 오염물질 방지 기술을 도입하는 기술적 위험 요인과 연결되며, 이를 준수하지 못하는 기업의 평판은 악화될 수밖에 없다. 도시 배후지나 도시 내 생태계를 불법 개발하려는 기업은 주민이나 시민단체와 법적 다툼을 각오해야 한다. 도시와 산업 생태계에 입지한 기업도 TNFD 권고를 따르려면 이와 같은 위험을 잘 분석해야 한다.

③ **기회**

강화된 오염물질 배출 기준을 준수하기 위해 자원 재활용, 순환경제를 만들어 가는 것이 대표적이다. 도시공원, 도시숲, 물 관리를 위한 인공습지와 옥상정원을 설치하는 것은 도시나 산업 생태계의 생태계 서비스를 종합적으로 향상시키는 자연기반해법이다. 광산 개발이 이루어진 산업 생태계 지역에서는 폐광산을 복원하는 활동도 중요한 자연기반해법의 사례이다. 자연기반해법에 대한 투자 확대 기회가 계속 만들어질 것이다. 이런 사업은 투자 규모가 커져 가는 녹색 채권의 중요한 투자 대상이 될 가능성이 높다. 잘 가꾸어진 도시 생태계에 가까이 위치한 주거, 상업 지역은 타지역에 비해 건강 유지에 도움이 되고 자산 가치가 높게 평가된다.

도시와 산업 생태계에서 활동하는 기업이 생물다양성과 생태계 서비스에 미치는 영향을 줄이기 위한 행동은 기회요인에서 언급한 것과 크게 다르지 않다. 이에 더해, 이미 단절된 생태계에 대한 개발 욕구를 피하고 대신 단절된 생태계간 연결성을 높이거나 나대지를 도시 농업이나 소생태계로 복원하는 지방정부, 시민사회, 지역사회의 활동에 참여하고 지원하는 것도 추천할 만하다.

④ **관리 지표와 목표**

기업이 위험 관리 전략 수립을 수립할 때 고려할 수 있는 관리 지표는 멸종위기종이나 멸종위기종 서식지와 기업 활동 영역이 중복되는 정도, 물 공급 스트레스가 큰 지역에서 공급되는 물 사용량과 폐수 배출량, 동식물 다양성과 생태계간 연결성Connectivity 증가 수준 등이 다양하게 포함되어야 한다. 이런 관리 지표를 설정할 때 참고할 수 있는 사례로는 세계자연보전연맹이 2023년 발표한 도시자연지수UNI: Urban Nature Indexes를 추천한다.[69] 도시자연지수는 총 6개 분야 30개 지표로 구성되어 있다. 각 분야는 소비 영향 인자Consumption drivers, 인간 활동 압력Human pressure, 생물서식지 상태Habitat status, 생물종 상태Species status, 생태계 서비스Nature's contribution to people, 거버넌스 반응 수준Governance responses이며, 각각 5개 지표로 구성되어 있다.

하천과 호수

생태적 특징

열대림과 아열대림, 도시와 산업생태계 외에 한국 기업이 많이 위치하는 생물군계로는 하천과 호수가 있다[e]. 한국에는 현재 2만5,990여 개의 하천과 1만7,571개의 크고 작은 호수가 있다. 한국의 63%가 산악 지역이고, 적정 규모 이상으로 거주할 수 있는 지역이 많지 않다는

---

[e] 한국의 하천은 규모에 따라 국가 하천 63개, 지방 하천 3,770개, 소하천 22,160개가 있다. 호수는 목적에 따라 다목적댐 21개, 발전 전용 댐 15개, 생·공용수 전용댐 54개, 농업용 저수지 17,401개, 하구호 12개, 석호 18개 등 총 17,571개소의 호수가 있다(환경부, 2023; 대한민국 정부, 2023).

점을 고려하면 모든 도시와 마을, 기업, 농지 등의 가까운 곳에는 하천이나 호수가 있다고 할 수 있다.

하천은 물이 흐르는 강과 바다와 만나는 하구까지 의미하며, 호수는 물이 흐르지 않고 정체되면서 담수 생태계가 형성된 곳이다. 하천과 호수는 많은 경우 상호연결되어 있다. 하천이나 호수에 빗물이 흘러 들어가는 지역을 집수 구역이라고 하며, 집수 구역에 위치하는 기업이 어떻게 하천과 호수에 의존해서 운영되는지가 기업 활동에 의한 영향, 기회, 위험을 판단하는 가장 중요한 사항이다. 특히, 이들 생물군계는 육상에 있는 생물군계에 비해 기업의 영향이 매우 즉각적으로 나타나며 넓은 지역에서 물리적 위험이 발생할 수 있다. 예를 들어, 상류에 입지한 공장이 유해 화학물질을 하천 지대에 배출하면 상당히 떨어진 하류의 물고기나 식물에도 큰 피해를 유발할 수 있다.

주요 기업 활동과 영향

하천과 호수가 기업에 제공하는 생태계 서비스에는 물 공급, 물 정화, 홍수 조절, 하천 퇴적물 유지, 관광 자원의 제공 등이 있다. 업종에 따라 주로 의존하는 생태계 서비스가 다르며, 자연에 미치는 영향의 종류도 다르다. 다량의 물을 직접 사용하는 수력발전소나 상수원 댐은 하천 생태계의 연결성을 훼손하거나 고유 생태계를 변화시킨다.

위험과 기회 요인

① **위험**

집수 구역에 자리한 농업 기업, 하·폐수 처리시설, 화학·섬유 공장에서 배출되는 질소나 인 오염물질은 여름철 대규모의 녹조를 발생시켜 상당 기간 하천과 호수 생태계를 훼손시킨다. 화학공장, 광산 등에서 배출된 유독 화학물질은 물고기 등 담수 생태계를 궤멸시키는 원인이며, 하·폐수 처리시설에서 배출되는 미세 플라스틱의 악영향도 주목받고 있다. 하천과 호수 주변에 도시, 도로 등 대규모 인프라를 개발하면, 넓은 집수 구역이 불투수성 포장으로 변하여 하천과 호수가 제공하는 홍수 방지, 지하수 함양, 수질 정화 기능을 대규모로 훼손할 수 있다. 이와 같은 기업의 악영향은 하천과 호수의 자연자원과 생태계 서비스를 파괴하는 물리적 위험을 촉발하는 것에 더해 지역 주민과의 분쟁, 소비자의 거부감 증대, 정부 규제의 강화 등의 전환 위험도 반드시 따라오게 된다.

② **기회**

결국 기업은 이런 위험을 극복할 기회 요인을 찾아야 한다. 수력발전소나 상수원 댐은 어도를 설치하고, 훼손된 생태계를 복원하는 활동을 해야 한다. 도시나 도로 개발 활동은 하천 지대의 주요 보호지역을 회피하고 인공 습지, 투수성 포장, 생태 저류지 등 자연기반해법을 적용해야 한다. 농업 기업은 농약이나 비료 사용이 적은 친환경 농법을 도입하며, 화학기업이나 하·폐수 처리장은 원료의 순환 활용, 처리수 재활용, 수질오염물질 고도 처리 기술 도입 등의 저감 활동이 중요하다.

2. 기업 활동과 자연의 상호작용

생태계 서비스에 의존하는 기업

생태계 서비스는 TNFD 자연 관련 공시 권고에 설명된 것처럼 공급 서비스, 조절 및 유지 서비스, 문화 서비스로 구분한다. 기업은 현장에 있는 직접 운영 사업장이나 가치사슬상 업스트림에서 자연의 생태계 서비스를 활용한다. 생물다양성 과학기구는 이를 인류에 대한 자연의 기여NCP: Nature's Contribution to People라고 명명하고 물질적 기여Material NCP, 비물질적 기여Non-material NCP, 조절 능력 기여Regulating NCP 의 3개 그룹으로 설명하기도 한다.[70]

    자연을 위한 비즈니스 연합BfN, 세계경제포럼WEF, 세계지속가능발전기업협의회WBCSD는 TNFD 권고를 만드는 과정에서 기업의 네이처 포지티브 활동Nature positive action에 대한 이해를 높이기 위해 12개 업종에 대한 설명서를 발간하였다.[71] 여러 가지 생태계 서비스 중 농업·식품 기업에 중요한 생태계 서비스는 충분한 물 공급과 깨끗한 물, 토양의 품질, 곤충에 의한 수분 등이다. 에너지 생산 기업에는 냉각수 공급량, 햇빛과 바람 같은 재생 에너지원의 지속적 공급, 에너지 시설에 대한 홍수 방지 등이 중요하다. 도시나 산업 단지, 교통 시설 등을 건설하는 기업은 건설 자재의 원료가 되는 광물, 목재를 자연에 의존한다. 건설 부지와 시설 사용 시 필요한 물도 자연이 공급하며,

도시를 쾌적하게 유지할 수 있도록 자연이 기후를 조절해 준다.

자연이 기업 활동에 제공하는 생태계 서비스는 바라보는 시각에 따라 달라진다. 기업 자체의 비즈니스 활동에 한정해서 볼 경우에는 제품 생산에 필요한 물이나 원료 공급에 불과할 수 있지만 가치사슬 전반에서 판단해 보면 연관된 생태계 서비스의 범위가 크게 넓어진다. 의류나 패션 기업의 업스트림에서는 목화, 고무, 식물성 염료를 생산하는 데 필요한 농업용수, 농지, 수분, 해충 방지 등이 의미 있는 생태계 서비스에 해당한다. 다운스트림에서는 각 가정에서 의류를 세탁할 때 많은 양의 물이 소비되므로 자연의 물 공급 기능이 중요한 생태계 서비스에 해당한다. 따라서 기업이 의존하는 생태계 서비스를 확인할 때는 기업이 직접 운영하는 사업장과 활동뿐만 아니라 가치사슬에서 업스트림과 다운스트림을 모두 고려해야 실질적인 의존도를 파악할 수 있다.

기업의 위험과 기회 측면에서 보면 생태계 서비스에 크게 의존하는 기업은 환경자산이 훼손되면 생태계 서비스를 제대로 활용할 수 없는 위험에 빠질 수 있다. 하천수를 냉각수나 생산 원료로 다량 사용하는 기업은 가뭄으로 하천수가 부족해지면 제대로 물건을 생산할 수 없다. 하천 집수 구역을 무분별하게 개발하면 자연의 빗물 유량 조절 기능을 파괴해 홍수 저감 능력이 훼손되고 하천 주변 거주지나 공장이 직접 홍수 피해를 볼 수 있다. 농업 기업의 경우, 곤충이나 새에 의한 수분 활동 감소가 작물 생산량의 급격한 감소로 이어질 수 있다.

자연에 악영향을 주는 기업

기업이 자연에 영향을 주는 방식은 TNFD 권고가 제시하는 것처럼 토지나 생태계 전환, 환경자산을 원료로 활용, 수질, 대기, 폐기물 등 오염물질 배출, 온실가스 배출에 의한 기후변화, 침입외래종 유입 등 5가지이다. 자연을 위한 비즈니스 연합이 발표한 설명서는 12개 업종이 자연에 줄 수 있는 악영향을 포함하고 있다. 가치사슬을 고려할 때 대부분의 업종이 침입외래종 유입을 제외한 4가지 방식으로 자연과 생물다양성에 악영향을 주고 있다. 침입외래종의 영향이 높은 업종은 여행·관광업이다. 농업·식품업, 물 공급·처리, 패션·의류, 에너지, 건설, 여행·관광, 시멘트 등은 모두 물 사용량이 매우 높은 업종이다. 이 중 패션·의류는 현장 생산보다는 목화를 생산하는 업스트림, 의류를 사용하는 다운스트림에서 물 사용량이 더 많다. 생물다양성이 높은 지역을 사업 용도로 전환하여 생태계를 파괴하거나 단절시키는 업종은 농업, 건설, 여행·관광업 등이다. 이들 업종은 주로 기업이 직접 운영하는 사업장이 기존 생태계를 농지, 도시 부지, 채석장, 리조트 부지 등으로 바꾸는 방식으로 악영향을 미친다. 반면, 생물 원료나 광물 원료를 많이 사용하는 식품, 가정용품·화장품, 패션·의류, 시멘트 등이 업스트림 가치사슬에서 토지와 생태계 전환의 악영향을 만든다.

기업과 자연의 상호작용 확인하기

기업의 활동이 자연의 어떤 생태계 서비스에 많이 의존하는지, 어떤 영향 유발요인을 가졌는지 등에 대해 범위를 설정scoping할 때 전반적인 특징을 파악할 수 있도록 도와주는 데이터베이스가 있다. 앙코르

ENCORE이다. 앙코르는 글로벌캐노피, 유엔환경계획 금융 이니셔티브, 유엔환경계획 세계보전모니터링센터UNEP-WCMC: World Conservation Monitoring Centre 등이 주도하여 금융기
관, 제조업 등 기업의 자연 친화적인 활동을 뒷받침하고자 만든 것이 다.[72] 이 데이터베이스에서 11개 대분류 업종 또는 157개 하위 업종 으로 나누어 관심 업종을 선택하면, 업종이 의존하는 생태계 서비스 의 종류, 생태계 서비스를 제공하는 환경자산 등을 보여 준다. 또한, 업종의 주요 영향 유발요인에 대한 설명도 포함하고 있다. 이에 더해, 해당 업종의 세부 공정이 생태계 서비스, 영향 유발요인 측면에서 중 대성이 심각한지, 심각하지 않은지 판단할 수 있는 정보를 제공한다. 지도도 제공하여 전 세계 차원에서 어디가 문제가 많은지에 대한 정 보도 확인할 수 있다.

예를 들어 종이 제품을 만드는 업종의 경우 섬유, 물 등 자원 공급 기능, 자연의 물순환 조절 기능, 기후 조절 기능 등 3가지 유형의 생태 계 서비스를 활용한다. 이들 생태계 서비스의 중대성은 물 자원 공급 이 매우 높은 중대성VH: Very high materiality이며, 섬유 공급과 물순환 조절 기능은 중대성이 중간 정도M: Medium materiality이다. 생태계 서비스 외에 환경 영향 측면에서는 물 이용, 대기오염, 수질오염, 토양오염물질 배 출 등 4가지 영향 유발요인이 확인된다. 이중 물 이용은 매우 높은 중 대성(VH), 수질 및 토양오염은 높은 중대성H: High materiality, 대기 오염 은 중간 중대성(M)이 있다. 이와 같은 정보를 활용하면 기업별로 생 태계 서비스, 영향 유발요인 등을 선택한 후 중대성을 판단할 수 있 다. 또한 이를 종합하여 요인별 중대성을 그림으로 보여주는 히트맵

heatmap을 만들 수 있다. 다만, 앙코르를 활용한 분석은 범위 설정 단계에서 의미가 있고, LEAP 접근법 수행 과정에는 더 세부적인 현장 조사를 수반해야 한다.

표 4-1. 주요 업종과 자연의 상호작용(Business for Nature, 2022; WBCSD, 2023a, b, c, d, e, f, g, h, I, j, k, l에서 저자 재구성)

업종	자연에 미치는 영향	핵심 생태계 서비스

가정용품/
화장품
	• 가치사슬 전반
	  - 물 사용량이 많고 업스트림에서 팜유, 생물 원료 등 생산·공급 시 생물다양성 악화
	  - 대기·수질 오염물질, 플라스틱 폐기물, 미세 플라스틱 등 자연에 배출
	  - 온실가스 배출. 플라스틱 생산 과정에서만 전 세계 온실가스의 3.4% 배출
	• 업스트림에서 생물 원료 등 생산 시 토지 전환, 산림파괴, 토양 악화 유발
		• 담수 공급: 제품 생산부터 소비까지 전 과정에서 상당량의 물을 사용
		• 생물 원료 공급: 팜유, 식물 추출물, 유채 기름 등 매우 다양한 생물 원료 사용
		• 토지 이용: 생물 원료 대규모 생산 시 농지 전환 발생

건설	• 건설 전 과정(원료 채굴, 자재 생산, 건설 공사, 유지 관리 등):
	  - 토지와 해안을 전환하여 생태계 훼손, 서식지 파괴, 난설화 발생
	  - 수질 오염, 토양 오염물질 배출
	• 가치사슬 전 과정에서 다량의 물 사용
	• 도시 개발, 건축물 설치 시 토양 투수성이 감소하여 홍수 위험 증가
	• 건설 자재 생산, 건축물·인프라 이용 시 에너지 소비에 의한 온실가스 다량 배출
		• 담수 공급: 가치사슬 전반에서 다량의 물 사용
		• 홍수 저감: 홍수, 폭우 등 지연재해에 의한 피해 완화
		• 원료 공급: 모래, 자갈, 목재, 금속 등 다양한 원료 사용
		• 토지 공급: 건축물, 도로, 도시 등 건설에 필요한 토지 공급
		• 기후 조절: 도시 내 온도, 습도 등 조절 및 기상·기후 조절

업종	자연에 미치는 영향	핵심 생태계 서비스
금융	• 직접 운영 사업장: 토지 전환, 수질오염 물질 배출, 온실가스 배출 • 가치사슬: 금융 서비스를 이용하는 다양한 다운스트림 업체에 의해 자연에 악영향 발생	• 직접 운영 사업장: 담수, 에너지, 토지 공급 • 가치사슬: 다운스트림 업종에 따라 다양한 유형의 생태계 서비스 의존
농·식품업	• 지표수·지하수 과다 사용으로 물 부족, 담수 생태계 악화, 토양 수분 감소 • 습지의 농지 전환, 산림파괴, 토질 저하 • 농약과 비료 오염, 화석연료에 의한 대기오염, 플라스틱 오염 • 화석연료 사용, 목축, 토지의 농지 전환에 따른 온실가스 배출	• 담수 공급: 전 과정에서 충분한 수량, 깨끗한 수질의 물 사용 • 토양 유지: 작물 생산 증가, 홍수 및 가뭄 재해에서 자연 보호 • 수분 제공: 곡물, 화훼, 과일 등 재생산에 기여 • 해충 예방: 야생 동물 질병, 해충 발생 조절 • 기후 조절: 농업 생산량 향상, 홍수 및 가뭄 재해 저감
목재·제지	• 목재제품, 임업 산물을 위한 기존 산림파괴와 인공조림이 생태계와 야생종 서식지 파괴 • 산림파괴에 의한 탄소 흡수원 감소, 목제·제지 생산 시 에너지 다소비 • 조림 시 농업용 물 공급, 펄프와 제지 생산 시 과도한 물 소비 • 펄프·제지 생산 시 대기, 수질, 토양오염물질 및 폐기물 배출	• 나무 섬유 공급: 펄프, 제지 생산에 섬유 원료로 사용 • 담수 공급: 조림, 펄프·제지 생산, 종이 재활용 등에 물 사용 • 토양 유지: 조림 생산량에 건강한 토양이 필수적 • 생물학적 환경 정화: 자연에 유입된 유해물질의 생물학적 분해 • 질병 조절: 산림에 피해를 주는 해충, 박테리아 확산 조절 • 기후 조절: 산불, 가뭄, 해충 발생 등에 민감한 산림의 안정적 유지 여건 제공
물 공급·처리	• 과도한 담수 취수, 누수, 물 사용으로 물 부족 유발 • 부적절한 폐수 처리, 누수와 방류로 담수와 해양 오염 증가 • 가치사슬 전반에서 육상 및 담수생태계 피해 • 에너지 사용에 의한 이산화탄소 배출, 폐수 처리·슬러지에서 메탄(CH_4)가스 배출	• 물 순환: 하천수 흐름 유지, 지하수 충전 등 지속 가능한 물 순환 체계 유지 • 담수 공급: 충분한 수량의 담수, 지하수 공급 • 수질 정화: 수질 정화 기능 제공. 수질은 물 이용 시설의 수처리 수준 결정 • 토양 유지: 물 순환의 일환으로 토양내 수분 함유량, 수질 개선에 기여

업종	자연에 미치는 영향	핵심 생태계 서비스
시멘트·콘크리트	• 클링커, 콘크리트 생산 시 냉각용, 원료 세척용으로 다량의 물 사용 • 석회석, 점토 등 광물 원료 채석장 운영 시 육상 생태계 및 서식지 파괴 • 하천이나 해양 모래 준설 시 담수 및 해양생태계 파괴, 수질 악화 • 시멘트 생산 시 다량의 온실가스, 대기오염물질 배출	• 담수 공급: 클링커, 시멘트 생산시 다량의 물 소비 • 광물 공급: 석회석, 셰일, 점토 등 광물 원료 공급. 콘크리트 제조용 모래 공급 • 에너지 공급: 시멘트 생산 시 다량의 에너지 사용
에너지 생산	• 발전소 냉각수 사용, 수력발전 댐 건설, 바이오연료 작물 재배 등에서 다량의 물 사용, 담수 생태계 교란 • 화석연료 사용한 발전은 온실가스 배출, 대기 오염물질 배출의 주요 원인 • 유전, 석탄광 등은 대규모 수질오염, 토양오염 사고 원인 • 발전소, 전력망 건설 시 토지 전환 발생 및 생태계 파괴 가능. 해안 지역의 풍력발전, 유전 굴착은 해양 생태계 파괴	• 담수 공급: 발전소 냉각수, 수력발전 등에 다량의 물 소비 • 기후 조절: 유전, 발전 시설에 대한 홍수 및 가뭄 영향을 완화하고, 재생에너지원(햇빛, 바람) 안정적 공급 • 홍수 저감: 홍수, 폭우 등 자연재해에 의한 피해 완화
여행·관광	• 호텔, 리조트와 접근 도로 건설 시 토지, 습지, 해안을 변경. 생태계 파괴 및 서식지 단절 • 관광 활동이 생물종 서식 여건 악화, 불법 야생종 거래, 야생종 활용한 기념품 생산 • 호텔, 음식 조리, 골프장 운영 등에 다량의 물 소비 • 항공, 크루즈 여행, 숙박 등의 에너지 소비에 따른 온실가스 배출 • 가치사슬에서 화학제품 사용, 폐기물 발생, 빛 공해 등이 생태계, 서식지에 악영향 • 조경, 애완동물, 수화물 이송, 선박 균형수 등에 의한 침입외래종 유입	• 문화 서비스: 산호초, 산림 등 잘 보존된 생태계, 야생동물을 활용한 관광 활동 • 담수 공급: 호텔, 음식 조리, 세탁 등 전 과정에 물 활용 • 원료 공급: 건축 자재, 가구, 침구류 등에 다양한 자연자원 활용 • 에너지 공급: 여행객 이동, 숙박 시설 등에 다량의 에너지 사용 • 기후 조질: 관광, 여행에 중요한 안정적 기후 유지

업종	자연에 미치는 영향	핵심 생태계 서비스
패션·의류	• 의류 원료 생산, 가공 및 의류 사용 등 전 과정에서 다량의 물 소비 • 비효율 물 관리, 단일 품종 재배, 농약 사용 등이 토양 환경 악화 • 식물 섬유 작물 재배 면적 확대, 모직 위한 목축 확대가 우수 생태계, 야생종에 악영향 • 가죽 제품 생산에 의한 생물종 감소, 서식지 훼손 • 가치사슬 전반에서 수질오염물질, 미세 섬유 등 다량 배출	• 담수 공급: 원료 재배, 섬유 생산, 의류 사용 등 가치사슬 전반에서 물 사용 • 원료 공급: 섬유, 고무, 식물성 염료 등 다양한 원료 공급 • 토양 유지: 원료 생산 시 생산량 증대, 이상 기후 대응 능력 향상에 중요 • 에너지 공급: 가치사슬 전반에서 에너지 사용
폐기물 처리	• 폐기물 매립장에서 메탄 방출, 폐기물 소각과 이동 시 이산화탄소 방출 • 대기, 토양, 수질오염 유발과 플라스틱 폐기물 방출 • 부적절 폐기물 처리는 야생동물 직접 피해, 침입외래종 유입 • 미흡한 재활용 수준은 신규 자원 개발을 유도하여 자연 파괴 • 매립시설 확대 시 생물 서식지 파괴, 토지 전용 증가	• 담수 공급: 폐기물 처리 전 과정에서 사용되는 물 공급 • 에너지 공급: 폐기물 이송, 처리장 운영에 필요한 에너지 공급 • 토양 유지: 유기성 폐기물로 만든 퇴비를 토양에 뿌리면 탄소 흡수 증가 • 토지 이용: 폐기물 처리시설에 필요한 토지 공급. 불필요한 폐기물 수송 최소화
화학	• 화학물질 제조, 공장 냉난방, 증류 등에 다량의 물 사용 • 제품 생산 단계에서 대기, 수질, 토양오염물질 배출. 농약, 질소 비료, 의약품 소비 시 자연환경에 유출 • 에너지 다소비 특성상 다량의 온실가스 배출 • 생물 원료를 활용한 화학제품 생산이 증가하는 상황에서 원료 작물 생산을 위한 토지 전환 발생	• 담수 공급: 화학물질 제조 과정에서 다량의 물 소비 • 생물 원료 공급: 제품 생산 증가에 맞추어 생물 원료 사용 증가 • 광물, 화석연료 공급: 정유 제품 생산에 필요한 석유, 천연가스 사용. 에너지원으로 화석연료 다소비. 최근 희토류 금속 사용 증가

3. 민감한 장소 확인하기

기업이 자연에 미치는 영향이 자연의 생물다양성 훼손에 얼마나 영향을 주는지는 사업, 가치사슬 공급망이 어디에 있는 지에 따라 달라진다. 역사적으로 인간의 접촉이 매우 적은 지역은 그 지역 고유의 생태계와 생물종이 있으며, 생태계의 구성과 기능이 잘 갖추어져 있다. 이런 지역에 다양한 동물, 식물이 있다면 관리의 중요성이 높은 지역이라 할 수 있다. 전 세계적으로 이런 지역은 국립공원, 세계자연유산, 자연보호지역 등으로 지정되어 관리되고 있다. 반면, 멸종위기종으로 지정된 생물종이 서식하는 지역은 서식지 등의 완전성이 높지 않더라도, 인간의 영향을 줄이고, 서식지를 잘 보호해야 멸종위기종이 지구상에서 사라지는 것을 막을 수 있는 지역이다. 이런 지역을 민감한 장소라고 하며, 전 세계 차원에서 깊은 주의를 가지고 관리해야 하는 지역이다.

민감한 장소는 아니지만 기업의 활동이 특정 지역의 생태계 서비스에 크게 의존하고, 중대한 악영향을 미쳐서 위험이 발생할 수 있는 지역이 있다. 이런 지역은 중대성 높은 장소라고 한다(그림 3-11).

LEAP 접근법을 하게 되면 기업의 활동을 세부적으로 분석하면서 확인할 수 있다. 이하에서는 지구나 국가에서 생물다양성 측면에서 중요한 의미가 있는 지역을 확인하는 방법을 설명한다.

민감한 장소 분류 기준

TNFD 체계에서는 생물다양성 향상에 중요한 의미가 있는 민감한 장소 선정 기준으로 5가지를 제시한다. 이들 지역에 대해서는 TNFD 권고에 따라서 자연의 상태, 생태계 서비스, 악영향 유발요인 등을 더 자세하게 분석하고 공개해야 한다는 중대성 원칙을 염두에 두어야 한다.

표 4-2. 민감한 장소 선정 기준(TNFD, 2023a에서 저자 재구성)

분류	선정 기준
생물종, 생태계 등 생물다양성이 중요한 지역	• 법적, 제도적으로 국가 또는 국제협약의 보호지역으로 관리되는 지역 • 생물다양성이 높다고 과학적으로 인정된 지역 • 멸종위기종이나 토종 생물종에 중요한 지역 • 희귀하고 특정 지역에만 있는 생태계임에도 훼손 위험이 있는 지역 • 생태적 연결성에 중요한 생태 통로나 철새 이동 경로 지역
생태계의 완전성Integrity이 높은 지역	• 생태계의 구성·구조·기능의 수준이 높아 자연자산이 많고, 생태계 서비스 공급이 높은 지역
생태계의 완전성이 급격히 줄어드는 지역	• 생태계 서비스 공급 기능의 회복력이 악화되는 지역 • 기업이 의존하는 생태계 서비스 관련 위험에 노출될 가능성이 높은 지역
물 관련 위험이 높은 지역	• 담수 공급량 감소, 홍수 발생, 수질 악화 등의 위험이 높은 지역 • 육상에서 발생한 오염물질의 유입이 많은 해안 지역
기업 또는 원주민·지역사회에 중요한 생태계 서비스를 제공하는 지역	• 지역사회의 생활, 인권 유지에 필요한 생태계와 생물다양성 존재 지역 • 전통적으로 원주민·지역사회에 생물 관련 문화가 중요한 지역

민감한 장소 확인 방법

기업이 직접 운영하거나 공급망에 의존하는 지역이 민감한 장소 선정 기준에 부합하는지를 확인하려면 어떻게 해야 할까? 민감한 장소 선정 기준이 제시하는 각 사례에 맞추어 국제기구나 각국 정부가 제공하는 데이터베이스를 참고하는 것이 가장 좋은 접근 방식이다. 데이터베이스를 활용하여 개략적으로 확인한 이후 이 정보를 토대로 현장 조사를 진행하는 것이다. 민감한 장소 선정 기준별로 국제기구나 한국 정부가 제공하는 데이터베이스에 대해 알아본다.

보호지역 확인하기

보호지역은 자연 생태계가 우수하고, 생물다양성이 풍부하여 보호할 가치가 있는 지역을 말한다. 많은 국가가 보호지역에서 인간의 행위나 접근을 규제하고 있다. 대표적인 것이 한국에 23개나 있는 국립공원이다. 보호지역에 대한 세계적인 분류 기준은 세계자연보전연맹이 제시한 7가지 기준이 통용된다(표 3-3). 번호가 낮을수록 인간의 활동을 더 강하게 규제하게 된다.[73]

Protected Planet
www.protectedplanet.net/en

국립공원은 Ⅱ그룹에 해당되며 생물다양성 보호를 위한 관리와 더불어 사람의 방문이나 관광 등이 허용되는 지역이다. 이 기준을 토대로 전 세계 보호지역을 모두 등록해서 일반인에게 제공하는 사이트로 Protected Planet이 있다.[74] 세계자연보전연맹과 유엔환경계획이 공동으로 운영하는 사이트로 세계보호지역 데이터베이스WDPA: World Database on Protected Area라고 불린다. 이 데이터베이스에 따르면 전 세계적으로 2023년 10월 현재 244개국

표 4-3. 세계자연보전연맹의 보호지역 분류 기준(Burhenne-Guilmin, 2011에서 저자 재구성)

Ia 엄격한 자연보호지역 Strict nature reserve	Ib 야생보호구역 Wilderness area	II 국립공원 National park	III 천연기념물 Natural monument or feature
IV 서식지, 야생종 관리지역 Habitat or species management area	V 경관보호지역 Protected landscape or seascape	VI 자연자원의 지속가능활용 보호지역 Protected area with sustainable use of natural resources	

가·영토 28만7,359개의 보호지역이 등록되어 있다. 육상 보호지역은 전 지구 육상 면적의 17.23% 수준, 해양 보호지역은 전체 해양 면적의 8.28%이다.[f] 이 데이터베이스를 활용하면 지도에서 나라별 보호지역 이름, 면적, 세계자연보전연맹의 분류 기준을 확인할 수 있다.[75]

세계생물다양성체계는 목표 3에서 2030년까지 전 세계 면적의 30%를 보호지역으로 정할 것을 정하였다. 기업들은 이런 국제적 합의를 고려하여 비즈니스 활동 지역이 새롭게 보호지역으로 포함될 가능성이 있는지를 확인해야 한다.

한국의 보호지역은 육상 면적의 17.3%, 해양 면적의 1.8% 수준(2023년말 기준)으로 총 33가지 유형, 6만5,558개가 있다. 각 보호지역은 관리 목적과 주체에 따라 다른 이름으로 불린다. 예를 들어 자연환경 보전지역, 국립공원, 도립공원, 백두대간 보호지역, 수변 구역, 습지 보호지역, 특정 도서, 해양 보호구역 등이 있다. 이중 자연환경

---

[f] 보호지역은 PA(Protected Area)와 OECMs(Other Effective Area-based Conservation Measures)으로 나뉜다. PA는 법적으로 강하게 관리하는 지역이며, OECMs는 법으로 관리하지는 않지만 생물다양성이 지속적으로 보호되는 지역을 말한다. 전 세계 보호지역 중 OECMs는 육상의 1.18%, 해양의 0.11%이다 (IUCN, UN-WCMC, 2023).

보전지역, 국립공원, 수자원 보호구역 순으로 면적이 넓다. 한국의 보호지역 위치와 면적은 한국 보호지역 데이터베이스에서 확인할 수 있다.

이외에도 국제적 협약에 의해 지정된 보호지역이 있다. 람사르 습지, 유네스코 생물권보전지역Biosphere reserve, 세계지질공원, 세계자연유산 등이다. 람사르 습지에는 창녕 우포늪, 고양 장항습지 등 24개, 유네스코 생물권보전지역에는 설악산, 광릉숲, 순천 등 9개, 세계지질공원으로는 한탄강 일대와 청송 등 4개, 세계자연유산에는 제주 화산섬과 용암동굴 등이 있다.[76]

멸종위기 생물종과 생태계 확인하기

세계자연보전연맹은 전 세계 차원에서 생물종의 위기 수준을 평가하고 이에 대한 정보를 제공하는 위기종 적색 목록을 운영하고 있다. 개체 수의 감소 정도, 개체가 확인되거나 또는 점유하는 지역 범위, 야생 상태에서 멸종 가능성 예측 등을 기준으로 위기 수준을 총 9단계로 평가한다.[g] 2022년까지 15만 300여 생물종에 대해 평가가 완료되었으며, 이중 28%가 멸종위기 상태로 분석되었다.[77]

적색 목록 자료를 활용하여 생물종 관리 계획 수립, 투자 결정을 지원하는 생물종 위험 저감 및 복원 지표STAR Metric: The Species Threat Abatement and Restoration Metric도 있다.[78] 이 지표는 전 세계를 대상으로 멸종위기종이 위험 없는 수준이 되기까지 노력을 얼마나 해야 하는지

[g] "생물종(Species)"의 멸종위기 단계 구분은 멸종(EX), 야생에서 멸종(EW), 심각한 위기(CR), 위기(EN), 위기에 취약(VU), 위기에 근접(NT), 약한 우려(LC), 자료 부족(DD), 평가 안함(NE) 등으로 구분한다. 이중 CR-EN-VU가 위기 상태이다. 한편 세계자연보전연맹의 "생태계" 적색 목록의 단계 분류에서는 EX, EW 대신 붕괴(CO)라는 용어를 사용한다.

를 정량적으로 의미하는 생물종 위험 저감 점수STAR threat-abatement score 를 계산하여 지도에 보여준다. 이에 더해, 서식지 복원이 위기 해소에 기여하는 정도를 의미하는 생물종 서식지 복원 점수STAR restoration score 도 계산하여 보여준다. 이 2가지 데이터베이스는 멸종위기에 있는 생물종이 무엇인지, 분포 상태는 어떤지 확인하고, 생물종 보존 활동이 필요한 지역과 복원 활동이 필요한 정도를 판단할 수 있는 근거를 정량적으로 제공한다.

세계자연보전연맹은 멸종위기에 처한 생태계에 대한 정보도 생태계 적색 목록IUCN Red list of Ecosystems 데이터베이스로 제공하고 있다. 이 데이터베이스는 지리적 분포 감소, 환경적 훼손, 생물학적 기능 교란 등 5가지 지표를 근거로 해당 생태계의 멸종위기 가능성을 8가지로 분류하여 제공한다. 2022년까지 79개국 4,300여 개 지역에 대해 평가한 결과를 제공한다.[79] 아쉽게도 한국에 대한 자료는 이 데이터베이스에 포함되어 있지 않다.

한국에서 관리되는 멸종위기종은 <야생생물 보호 및 관리에 관한 법률>에 근거한다. 2022년 현재 총 282종이 정해져 있으며, 불법 포획하거나 채취할 경우 벌금을 부과한다.[80] 멸종위기종에는 1등급 68종(반달가슴곰, 크낙새, 꼬치동자개, 장수하늘소, 금자란 등), 2등급 214종(하늘다람쥐, 검은목두루미, 구렁이, 가시고기, 소똥구리, 단양쑥부쟁이 등)이 있다. 세계자연보전연맹의 위기종 적색 목록은 전 세계를 대상으로 생물종의 서식 상태를 평가하는 반면, 국내 멸종위기종은 국내 서식 수준을 중심으로 판단하므로 차이가 있다.

멸종위기종이 서식하는 지역 주변은 개발 행위 등이 제한된다.

지역에 관한 정보는 이어 설명할 환경공간정보, 국토환경성평가지도 등에서 확인할 수 있다.

생물다양성이 중요한 지역 확인하기

국내 또는 국제적으로 정한 법적 보호지역은 아니지만 생물다양성이 높다고 인정되는 지역이 있다. 중요생물다양성권역KBAs: Key Biodiversity Areas으로 정해진 지역으로, 3가지가 있다. 멸종위기 동물이나 식물 및 생태계가 규모 이상 있는 지역, 멸종위기 수준은 아니나 생물종이나 생태계가 특정 지역에만 한정적으로 있는 지역, 산업혁명 이전의 생태계를 유지하는 지역 등이다. 이 지역의 약 43%는 보호지역이지만 그 외 지역은 보호지역 수준의 관리를 받지는 않는다. 중요생물다양  성권역의 위치나 이름, 특징을 모아 놓은 온라인 데이터 베이스를 활용하면 쉽게 확인할 수 있다.

전 세계에 1만6,333개 지역이 있다. 육상 7,418개, 담수 3,852개, 해양 4,517 등이다. 생태계 유형으로는 산림, 습지, 초지, 사막, 연안 등 다양하다. 한국에는 영암호, 순천만, 무안 갯벌, 아산만, 광릉숲 등 다수가 있다.[81]

해양 지역 중 생물다양성이 중요한 지역에 대해 관련 지역 정보를 모아 놓은 데이터베이스도 있다. 이런 지역은 생태학적 또는 생물학적으로 중요한 해양 지역EBSA: Ecologically or Biologically Significant Marin Areas 이라고 불리며 독특한 생물종이 있거나, 멸종위기종이 존재하는 서식지, 생물학적 생산성이 좋은 곳 등 7개의 기준을 적용하여 정한다.[82] 전 세계 해양 지역을 16개로 구분하고 각 지역별 정보를 제공하고 있다. 한국에서는 무안 갯벌이 여기에 해당한다.

생물다양성 훼손 위험 지역 확인하기

앙코르는 생물다양성 훼손 위험이 높은 지역hotspot을 지도로 제공한다. 육상의 자연자산, 생물다양성, 토양, 물 등의 측면에서 악화 가능성이 높은 지역을 5단계로, 해양의 자연자산 훼손 가능성을 7단계로 나누어 지도로 만든 것이다. 전 세계에서 구축된 18개의 데이터베이스를 분석하여 훼손 가능성을 평가하여 지도로 나타낸다.[83] 데이터베이스가 최신 정보를 포함하지 못하고, 국가 단위 정보의 정확성에 한계가 있기는 하지만, 범위 설정 작업에 활용할 때 도움이 된다.

유엔환경계획 세계보전모니터링센터와 세계자연보전연맹이 공동으로 제공하는 또 다른 데이터베이스인 통합 생물다양성 평가도구IBAT: Integrated Biodiversity Assessment Tool 도 활용할 수 있다. 이 도구는 앞서 언급한 Protected Planet, 중요생물다양성권역, 세계자연보전연맹의 위기종 적색 목록, STAR Metrics 등의 정보를 종합하여 제공한다.[84] 전 세계를 대상으로 특정 지역을 선택하면, 그 주변에 보호지역이나 중요생물다양성권역이 있는지, 어떤 멸종위기종이 있는지, 복원 활동이 필요한 지역인지 등을 지도 정보에 설명을 추가하여 제공한다.

한국의 생물다양성 민감한 장소 확인하기

한국에서 생물다양성이 중요한 지역을 지도로 확인하고자 할 때는

 환경부가 제공하는 환경공간정보를 활용하면 된다.[85] 이 데이터베이스는 환경부가 보유한 각종 정보를 지도 형태로 제공한다. 이 중에서 TNFD 체계 이행에 활용할 수 있는 여러 가지 주제도가 있다. 가장 대표적인 것이 생태자연도이다. 생태자연도는 자연환경보전법에 근거하여 환경부와 국립생태원이 직접 제공하는 지도로, 각종 토지이용이나 개발 계획을 만들 때 관심 대상 지역이 자연환경 측면에서 얼마나 민감한 지역인지를 확인할 수 있는 정보를 제공한다.[86] 전국을 대상으로 생태자연도 1등급, 2등급, 3등급, 별도 관리지역으로 구분하여 제시한다. 1등급은 멸종위기종 주요 서식지 및 생태통로, 식생보전 Ⅰ, Ⅱ등급, 국제협약 보호지역, 각종 습지 중 중요도가 높은 곳, 지형보전 Ⅰ등급 지역 등을 포함한다. 생태자연도 2등급은 식생, 습지, 지형보전 중요도에서 생태자연도 1등급에 미치지 못하지만 1등급 권역의 외부 지역으로 1등급 권역 보호에 중요한 지역이다. 별도 관리지역은 산림 보호구역, 자연공원, 천연기념물 보호구역, 야생생물 보호구역, 수산자원 보호구역, 백두대간 보호구역, 생태경관 보전지역 등 다른 법령이 정하는 지역이다. 그 외 지역이 생태자연도 3등급이다. 생태자연도 등급에 따라 토지이용 측면에서 관리 목적이나 보호 중요성이 달라진다. 1등급은 보전 및 보호가 원칙이고, 2등급은 보전을 우선하되 이용 시 훼손 최소화, 3등급은 체계적인 개발을 허용하는 지역이다. 생태자연도는 정부 및 지자체의 환경계획 수립, 전략환경영향평가 대상 사업, 환경영향평가 대상 사업 등에 의무적으로 사용해야 한다. 자연의 민감도를 판단하는 데 있어 가장 법적 당위성이 높다고 할 수 있다. TNFD 체계에 대

응하는 기업은 운영 사업장이 생태자연도 등급 지역에서 어떤 위치에 있는지, 얼마나 떨어져 있는지 등을 확인하면 사업장 주변의 민감한 장소 위치를 확인할 수 있다.

이 외에도 환경공간정보시스템이 제공하는 지도에는 토지피복도, 환경주제도, 토지이용규제지역도 등도 포함되어 있다. 토지피복도는 전국을 시가화·건조, 농업, 산림, 초지, 습지(수변 식생), 나지, 수역 등 7가지 대분류, 41개 세분류 항목으로 나누어 지도에 표시한 정보를 제공한다. 이 정보는 생태자연도 작성, 생태면적률 작성, 도시 생태현황 확인, 복원지역 설정, 생태계 변화 모니터링 등 다양한 목적으로 사용된다. 환경주제도는 다양한 주제를 포괄한다. 습지유형지도, 생태계교란동물 발견지도, 멸종위기종 발견빈도지도, 생태경관보호지역, 수질 보호를 위한 규제지역 등에 관한 정보도 제공한다.

이와 더불어, 국토환경성평가지도 데이터베이스도 활용할 수 있다. 이 데이터베이스는 법제적 평가 항목과 환경생태적 평가 항목으로 구분하여 전국의 보전 또는 개발 가능 정도를 5개 등급으로 나누어 주고 있다.[87] 1등급은 보전가치가 가장 높고, 5등급은 가장 낮은 지역이다. 법제적 평가 항목은 자연, 물, 토지이용, 농림, 기타 부문 등 5개 부문에서 법적으로 보전 목적으로 정해진 62개 보전 지역을 모두 지도에 나타내었다. 환경생태적 평가 항목은 다양성, 자연성, 풍부도, 희귀성, 연계성 등 8개 항목을 각각 평가하고 있다.

국토환경성평가지도는 평가 항목을 종합한 수준으로 표시할 수도 있고, 70개 항목을 따로 적용하여 확인할 수 있다. 자연 관련 공시

그림 4-1. 국토 환경성 평가지도 체계(환경부, 2024)

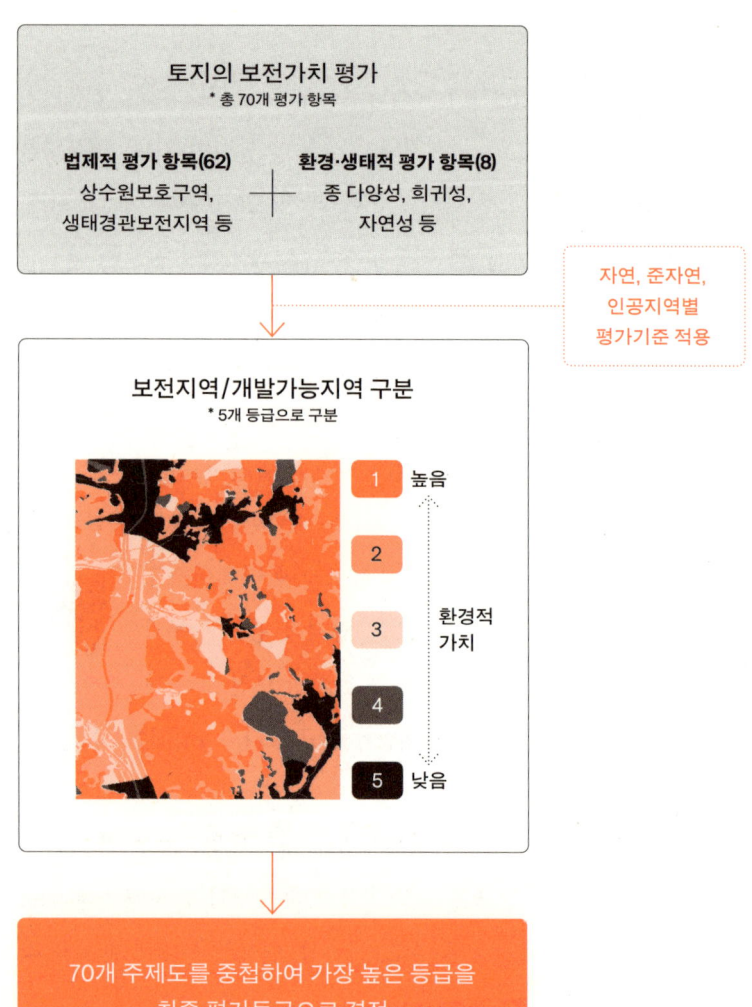

를 준비하는 기업도 이 데이터베이스에서 사업을 하는 지역의 생물다양성 측면 민감도를 직접 확인할 수 있다. 예를 들어, 멸종위기종이 서식하는 지역과 거리를 기준으로 판단하는 희귀성은 1등급 지역이 전 국토의 6.13%, 2등급 지역은 16.72% 등이며, 생태자연도 동식물평가 등급을 기준으로 하는 다양성은 1등급 지역이 0.82%, 2등급 0.32% 등이다. 다만, 이 정보는 법적으로 의무 사용을 요구하는 생태자연도와는 달리 참고자료로만 의미가 있다는 점을 주의할 필요가 있다.

물 관련 위험 지역

전 세계 물 관련 위험 지역을 데이터베이스로 보여주는 사이트는 세계자원연구소WRI: World Resource Institute가 운영하는 물위험지도Aqueduct Water Risk Atlas이다.[88] 물 스트레스, 물 부족, 홍수, 가뭄 등 수량에 관련된 위험, 수질 관련 위험, 관리 정책 위험 등 각 지표에 대해 전 세계를 대상으로 5단계로 위험 수준을 제공한다. 이 지표들을 종합적으로 고려한 통합 물 위험 단계를 지도에 표시하며 통합 물 위험 지표에 있어서 한국은 '낮은 위험-중간 단계 위험'인 반면, 아프리카, 중동 국가, 중국 내륙 지방 등은 '중단 단계 위험-극심한 위험 단계'에 있다. 그러나 한국도 물 수요 대비 공급 가능 수량을 의미하는 물 스트레스, 부영양화 가능성은 높은 수준의 위험 단계에 있다.

원주민에게 중요한 민감한 장소

원주민에게 생태계 서비스가 중요한 민감지역은 전 세계 보호지역

정보를 제공하는 Protected Planet 데이터베이스에서 확인할 수 있다.[89] ICCAs Indigenous Peoples and Local Communities Conserved Territories and Areas라고 분류하여 원주민이 거주하는 지역으로 자연보전이 잘 이루어지고 있는 지역이다. 원주민이 관리하는 지역은 전 세계 육상의 25% 정도로 약 87개 국가에 존재한다. 이 데이터베이스에는 23개 국가 200여 지역에 있는 ICCAs 위치와 관리 주체, 생물다양성의 특징, 주요 위협 요인 등이 간략히 설명되어 있다. 이렇게 보고된 지역에서 사업장을 운영하거나, 가치사슬 차원의 연관성을 가지고 있는 기업은 민감한 장소의 사례로 검토하여 악영향 평가와 발생가능한 위험을 파악할 필요가 있다.

2장.
가치사슬의 특징

기업의 활동이 자연에 미치는 영향은 직접 운영하는 사업장뿐만 아니라 원료를 공급하는 가치사슬의 업스트림, 생산된 제품을 소비하는 다운스트림에서도 발생한다. 즉, 가치사슬 전체에서 기업은 자연에 영향을 미칠 수 있다. TNFD 자연 관련 공시 권고는 가치사슬 차원에서 생태계 서비스, 자연에 대한 악영향, 위험과 기회 요인을 모두 확인할 것을 명확히 요구한다. 가치사슬 차원의 접근은 현재 ESG 공시와 관련된 다른 제도에서도 모두 요구하는 사항이다. TCFD 기후 관련 공시 권고, 탄소정보공개 프로젝트 공급망CDP Supply chain, 온실가스 프로토콜GHG Protocol은 원료나 서비스 구입, 임대한 건물 등과 같은 스코프 3 배출원을 관리 대상에 포함하라고 기업들에 요청하고 있다. 금융기관 투자 포트폴리오에서 온실가스 배출 효과를 평가하자는 이니셔티브인 탄소회계금융연합체PCAF: Partnership for Carbon Accounting Financials에 따르면 금융기관은 대출이나 투자 대상, 피보험자 등의 온실가스 배출도 포함해야 한다. 가치사슬 접근은 환경 문제뿐 아니라 인권 문제를 포함하는 다른 지속가능 이슈에 대해서도 이미 적용되고 있다. 그러나 기업은 다양한 원료나 서비스를 구매, 판매하고 있고 지리적으로도 전 세계에 분포되어 있다. 기업이 직접 관리할 수 없는 영역도 있다. 가치사슬에 대한 접근은 매우 어려운 과정이다. 상당한 지혜를 모아야 할 필요가 있다.

1. TNFD 권고사항

가치사슬 포함 필요성

TNFD 체계는 자연 관련 공시를 하는 기업이 직접 운영하는 사업장과 더불어 가치사슬 차원의 자연에 미치는 영향, 위험, 기회 요인 등을 동시에 보고하도록 권고한다. 가치사슬에서 영향이 발생할 수 있는 사례는 매우 다양하다. 예를 들어, 가정 소비재를 생산하는 기업은 농부에게 원료 공급을 의존하는데 이 농부가 침입외래종을 잘못 사용할 경우 원료 작물 생산이 급감하고 농지 주변 고유 생태계에 피해를 줄 수 있다. 반도체 기업의 경우 매우 깨끗한 물 공급이 필요한데, 지역 물 공급 업체가 주변 하천에서 안정적으로 깨끗한 물을 끌어오지 못하면 문제가 생긴다. 이 경우는 가치사슬 중 업스트림에 대한 사례이다.

다운스트림 가치사슬에서 문제가 발생하는 경우도 있다. 음료 제조업체는 플라스틱 용기를 대규모로 사용하는데 소매업자나 지자체가 플라스틱 용기를 제대로 수거하지 못하거나 재활용하지 못하면 자연에 큰 영향을 주게 된다. TNFD 체계는 기업이 이러한 문제를 제대로 다루도록 하기 위해 가치사슬 전반에 대해 업스트림과 다운스트림을 구성하는 업체를 체계적으로 관리하도록 요구한다. 가치사슬의 흐름과 범위는 어떻게 되는지, 가치사슬 업체가 위치한 지역이 민감한 장소인지, 자연에 미치는 악영향이나 의존하는 생태계 서비스가 무엇인지, 위험과 기회 요인은 어떠한 것이 있는지, 이에 대한 대응 전략과 관리 체계를 가졌는지 등을 파악해서 공시 내용에 포함하도록 요구한다. 특히, 관리 지표에는 공급업체 중 자연 관련 공시를 하는 업체의 비율, 자연에 중대한 손해를 끼치는지 여부가 확인된 업체에서 원료를 구매하는 비율, 공급업체 중 지속가능생산 기준을 준수하겠다는 공개 선언을 한 업체의 비율 등을 포함하도록 권고한다.

이와 더불어, 가치사슬에 관련된 보고 사항을 분석하는 과정에서 사용된 데이터의 품질, 데이터를 지속적으로 추적 관리하는지 여부, 데이터를 가치사슬 업체에서 직접 얻었는지, 2차 가공 데이터를 사용했는지 등을 같이 공개하라고 요구한다. 그 이유는 가치사슬이 매우 복잡하고, 직접 관리하는 사업장이 아니므로 필요한 데이터를 원활하게 구할 수 없다는 한계를 알기 때문이다.

가치사슬 분석의 어려움

기업의 가치사슬은 상상 이상으로 매우 복잡하다. 분석 대상 기업과 업스트림에서 원료를 공급하는 업체와의 직접적 관련성에 따라 단계 Tier가 1, 2, 3, … 이상으로 존재한다. 만약, 샌드위치를 생산하는 기업을 중심으로 판단한다면 1단계 Tier 1 업체는 샌드위치 포장 용기, 식재료 전체를 도매로 공급하는 업체이다. 2단계 업체는 1단계 업체에 포장용기 재료, 베이컨, 상추, 빵 등을 각각 납품하는 업체이다. 3단계 업체는 포장용기 원료인 플라스틱을 만드는 업체, 목축업자, 야채 생산자 등이다. 다운스트림까지 생각하면 더 복잡하다. 샌드위치가 소비자에게 판매되는 시점부터 최종 폐기물로 처리되는 전 과정이 고려되어야 한다. 이것만 있는 것이 아니다. 기업의 각종 공시에 대한 가이드라인은 제품 생산 원료뿐만 아니라, 기업이 이용하는 각종 무형의 서비스, 근로자 근무와 관련된 사항, 마케팅, 금융 조달 등도 포함하라고 한다. 가치사슬 자체의 범위를 모두 파악하는 것도 어렵지만, 각 가치사슬 업체의 위치가 자연에 민감한지, 자연에 미치는 영향을 확인하는 것은 더 어려운 과정이다.

    TNFD 체계의 시범 분석에 참여한 기업 블랙모어스Blackmores의 예를 살펴보자. 호주에 본부를 둔 이 회사는 비타민, 건강보조식품을 생산하여 주로 아태 지역 17개 시장에 판매하는 중견기업이다. 1년 매출액이 약 1조 원 규모, 종업원은 1,200여 명이다. 이 업체의 공급망을 분석해 보면 36개 기업에서 1천여 개의 원료를 구입하고 있으며, 172개 업체가 관여되어 있다.[90] 시범사업 과정에서 이 업체는 기존 인권 관련 실사 제도에 대비해 만들어 놓은 공급망 체계도를 사용했으며, 1단계 업체가 관련 업체에 대한 정보를 모아주어서 가능했다고 한다.

가치사슬 분석 시 장애 요인

TNFD가 가치사슬에 대해 별도로 발간한 자료 <가치사슬에 대한 접근법 논의 보고서 버전 1.0Discussion paper on Proposed approach to Value chains Version 1.0>은 가치사슬을 분석할 때 발생할 장애요인, 접근 방법을 다루고 있다. 모든 업체에 적용할 명확한 가이드라인을 만들기에는 아직 한계가 많기 때문에 하나의 접근 방법을 제시하기 어렵다. 이 참고

자료는 가치사슬 분석 시 경험하게 될 어려움으로 8가지를 제시한다.

① **긴 공급망**: 기업이 구입한 하나의 제품에 여러 개의 업체가 연결된 경우, 분석 대상 업체 수와 위치가 증가함
② **매우 많은 공급업체와 소비자**: 기업이 생산하는 제품의 원료가 여러 개라서 많은 공급업체와 소비자가 있는 경우, 분석 대상이 많아짐
③ **공급업체가 다수 사업장 소유**: 개별 공급업체나 소비자가 여러 지역에 사업장을 운영하는 경우 분석 대상이 증가함
④ **생산 제품이 다수**: 한 개 기업의 생산제품이 다수이면서 다양한 용도로 사용될 수 있는 경우, 자연에 대한 영향과 의존하는 생태계 서비스가 급증함
⑤ **복합제품 생산**: 여러 제품을 합쳐 복합제품을 생산하는 경우, 제품 공급업체가 다수이고 최초 원료 공급업체는 더 많아짐
⑥ **잦은 공급업체 변경**: 도매상에서 일괄 구입하는 경우로 공급업체나 소비자가 자주 변경되어, 생산 위치를 확정하기 어려움
⑦ **공급망 자료 비공개**: 공급망 업체가 기업 비밀 유지를 이유로 생산 위치를 공개하지 않음
⑧ **공급업체와 소비자의 행동 패턴 변화**: 소비자가 플라스틱 포장재 폐기물을 재활용, 소각, 매립하는 경우 중에서 선택할 수 있는 것과 같이 공급업체, 소비자의 행동이 변화 가능성 높음

중대성 원칙 적용

이처럼 매우 복잡한 가치사슬의 특성상 초기부터 모든 가치사슬을 체계적으로 분석한다는 것은 불가능하다. 이때 고려하면 좋은 개념이 중대성이다. 국제지속가능성기준위원회가 제시하는 위험과 기회 측면의 중대성을 참고할 필요가 있다. 즉, 기업이 지속가능 관련 재무 정보를 공시할 때 공개된 내용에 포함되지 않았거나 잘못 기술되었거나 모호할 경우, 이 정보를 활용하는 이해관계자의 의사결정에 영향을 미칠 수 있다면 이는 중대성이 높은 것이라고 정의한다.[91] 한편 글로벌 보고 이니셔티브는 기업이 자연에 미치는 영향 측면의 중대성은 경제, 환경, 사람에 매우 중요한 영향을 미치는 것이라고 정의한다.[92]

중대성 원칙은 가치사슬을 분석할 때 중대한 생태계 서비스, 자연 영향, 위험, 기회 등을 중심으로 판단하는 것이다. 초기에는 중대성이 높은 몇 가지 가치사슬만 선택하여 깊게 분석하는 게 좋다. 1단계 공급업체와 소비자에 대해서만 분석하는 것이다. 이때 원재료 공급업체가 1단계가 아니더라도 원재료의 생산지가 생태적으로 중요한 열대림 등으로 예상되는 경우는 포함하는 것이 바람직하다.

중대성 원칙은 기업 내 어떤 조직 단위까지 분석할지를 결정할 때도 적용된다. 모기업, 계열사, 조인트 벤처 중 어떤 부문까지 가치사슬 분석에 넣을지 고려할 때 중대성 원칙을 적용할 필요가 있다. 예를 들어 조인트 벤처는 기업의 경영권이 영향을 크게 미치지 않을 수 있는 조직이지만, 조인트 벤처에서 폐기물 처리업을 한다면 자연에 미치는 영향이 클 수 있으므로 포함하는 게 바람직하다.

데이터 마련 시 고려 사항

중대성의 원칙을 적용하여 분석 대상을 정했다면 어느 데이터를 사용할지를 결정해야 한다. 데이터의 구체성이 어느 수준에서 가능한지를 판단해야 한다. 기업의 원료 구입량이 많고, 자연에 대한 영향이 크다는 판단이 선다면 가치사슬 사업자에게 사업장의 위치, 자연에 대한 영향, 위험과 기회 요인 등을 제출하도록 직접 요구할 수 있다. 반면, 제3의 기관이 섹터 별, 생물군계별 특징을 정리해 놓은 데이터를 사용할 수도 있다. 주로 초기 분석 작업 시 활용할 만한 데이터인데 이를 활용해 시행한 분석 결과를 토대로 중대성이 큰 가치사슬에 대해서 더 구체적 자료를 직접 확보하는 과정을 거칠 수 있다.

데이터의 수준은 구체성이나 확보 방식에 따라 1차 데이터Primary data, 2차 데이터Secondary data로 나눌 수 있다. 1차 데이터는 기업의 내부 자료나 공급망, 소비자에게 직접 데이터를 모으는 것이다. 토지이용의 변화 정도는 위성 사진에서 추출하는 것도 1차 데이터에 해당한다. 2차 데이터는 전문 기관이 모델링이나 제3자 생산 자료를 활용하여 만드는 데이터이다. 전문 기관이 발표한 보고서, 논문, 전 생애 영향 분석Life cycle impact assessment 자료를 말한다. 이런 자료들은 가치사슬에 속한 기업의 영향, 생태계 서비스 등에 대한 대표적 수치를 제공한다. 다만, 데이터의 정확도나 품질 수준이 낮은 한계가 있다. 예를 들어, 브라질에서 콩을 수입하는 회사라면 콩 생산 시 브라질 전체의 환경영향 자료를 확보하거나, 더 가능하다면 브라질 내 열대림 생물군계에 대한 자료를 확보할 수 있을 것이다. 2차 데이터를 사용하면 초기에 접근하기 쉬운 장점은 있으나 위험이나 기회 요인을 판단할 때 정확하지 않은 한계는 있다. TNFD 체계는 2차 데이터 선정 시에 판단할 기준으로 SMART를 제시한다. 2차 데이터가 분석하고자 하는 원료 공급원, 자연에 영향, 위치에 관련이 있어야 하고(Specific), 정량적으로 측정가능한 지표여야 하며(Measurable), 분석 목적에 최대한 부합하는 데이터 출처를 활용해야 한다(Ambitious). 또한 2차 데이터를 활용한 분석 결과의 한계점을 알고 있어야 하며(Realistic), 데이터가 가지고 있는 시간적 조건과 지속적으로 갱신되는지(Time bound)도 고려해야 한다.

어쨌든 기업은 1차 데이터와 2차 데이터의 장단점, 데이터 수집에 투입해야 할 인력과 비용 등을 종합적으로 고려하여 어떤 데이터를 활용할지 최종 판단할 것이다. TNFD 권고는 현재 사용되는 데이터의 수준과 한계, 향후 어떻게 데이터 품질을 높여갈 지에 대한 계획을 같이 공개하라고 권고한다.

공개 제도간 가치사슬 접근법 비교

- **TCFD 기후 관련 공시 권고**
  중대성과 관계없이 기업의 온실가스 배출량을 공개할 때 스코프 3을 포함하도록 권고한다. 이때 준수할 기준은 온실가스 프로토콜GHG Protocol이다. 온실가스 프로토콜은 업스트림 8가지 활동, 다운스트림 7가지 활동을 제시하면서 각 활동에서 발생하는 온실가스 배출량을 최대한 보고하되 실질적인 적용 가능성을 고려하여 최소 범위를 제시한다.[93] 업스트림에서 고려해야 할 활동으로는 구매한 상품과 서비스, 자본재, 연료와 에너지 관련 활동, 교통과 물류, 발생되는 폐기물, 비즈니스 여행, 근로자 출퇴근, 업스트림의 임대 자산 등이 있다. 다운스트림에서는 판매한 제품의 가공, 사용, 폐기물 처분, 다운스트림의 교통과 물류, 임대 건물, 프랜차이즈 운용, 자본 투자 운영 등을 고려해야 한다.

- **글로벌 보고 이니셔티브**
  기업의 모든 활동이나 비즈니스 관계에서 발생할 수 있는 영향을 모두 확인하라고 권고하면서 이 과정에서 중대한 사항을 확인하는 흐름을 제시한다.[94] 우선 기업은 지속가능한 관점에서 활동과 비즈니스 관계도를 개괄적으로 작성해야 한다. 둘째, 기업은 첫 번째 단계에서 확인된 활동과 비즈니스 관계에서 영향을 확인한다. 모든 사항을 확인하기 어려우면 일단 부정적 영향이 존재하거나 클 것으로 예상되는 것(생산 라인, 특정 지역에 위치한 공급업체 등)을 중심으로 범위 설정scoping을 한다. 셋째, 두 번째 단계에서 확인한 영향 중에서 영향의 강도, 발생 가능성 측면에서 판단하여 심각한 영향의 우선순위를 만든다. 이 흐름은 실사 과정에서 발생할 분석상의 한계, 제외되어 있는 부분 등을 공개 자료에 충실히 설명한다.

- **유럽 재무보고 자문그룹EFRAG: European Financial Reporting Advisory Group**
  이 그룹은 유럽연합의 지속가능한 금융 제도인 CSRD와 ESRS를 만들었다. 이 기준은 업스트림과 다운스트림에서 직간접적인 비즈니스 관계에 의해 발생하는 중대한 영향, 위험, 기회를 보고하도록 한다. 이

과정은 지속가능성 실사 결과 중에서 중대성에 대한 평가 등을 거쳐
진행한다. 가치사슬의 모든 업체 각각에 대해 보고할 필요는 없고,
중대성을 지닌 정보만 포함하면 된다. 다만, 기업은 원재료나 생산한
제품의 영향을 추적 관찰할 수 있도록 자체적으로 실시하고 있는 전략을
같이 설명하여야 한다.

- **탄소회계 금융연합체**

  금융기관의 대출이나 투자에 의해 유발되는 온실가스 배출량을 보고하여
  기후변화 대응 부문의 투자를 늘리고자 하는 금융기관간 이니셔티브이다.
  2015년에 네덜란드 금융기관이 발족시킨 이후 현재까지 전 세계 444개
  금융 기업이 참여하고 있다. 이 기준이 보고하도록 요청하는 범위는
  ① 대출이나 투자에 의한 온실가스 배출Financed emissions, ② 금융 서비스
  제공에 의한 배출Facilitated emissions, ③ 피보험자에 의한 배출Insurance-
  associated emissions 등이다.

- **과학기반목표 네트워크**

  중대성 평가 과정을 거쳐 가치사슬 보고에 포함할 범주를 정하라고
  요구한다. 즉, 중대성 스크리닝screening과 평가를 할 때, 업스트림에
  대해서는 1단계 공급업체에서 구매한 모든 상품과 서비스를 대상으로
  시작한다. 이후 스크리닝 과정에서 확인된 1단계 업스트림 활동 중 적어도
  67%가 포함되도록 하는 동시에 환경 고영향 상품[95]의 가치사슬에 대해서
  평가를 완료한다. 평가 과정에서는 분석 대상이 되는 활동이나 상품의 생산
  위치에서 정보를 취합하고, 압력 요인, 자연에 영향 등을 평가한다.

2. 가치사슬 이해도 높이기

업종별 가치사슬 구성

기업이 생산하는 제품이나 서비스, 지리적 위치 등에 따라 가치사슬은 크게 다를 수 있다. 가치사슬에 대한 이해를 높이기 위해 자연을 위한 비즈니스 연합은 12개 업종에 대해 대표적인 가치사슬이 어떻게 구성되어 있는지 설명 자료를 발간하였다.[96] 예를 들어, 자연에 대한 영향이 가장 큰 업종의 하나인 농식품업체가 직접 운영하는 사업장은 농산물 가공, 식품 제조 등의 활동을 한다. 업스트림에서는 농식품업체가 사용하는 농산물을 재배하는 농부가 사용하는 비료, 농약 등의 제조, 물 공급에 관련된 활동, 재배된 농산물의 유통 활동 등이 포함된다. 이 과정에서 발생하는 농산물 폐기물에 대한 처리도 포함될 수 있다. 다운스트림에서는 농식품을 사용하는 매우 다양한 활동이 포함된다. 농식품을 일반 소비자에게 판매하는 소매업, 농식품을 사용하는 식당과 일반 소비자, 이 과정에서 배출되는 음식폐기물을 처리하는 활동까지 포함된다. 특히, 음식폐기물을 처리하는 활동은 국가나 지역의 폐기물 관리 정책에 따라 다른데, 퇴비로 재활용, 소각, 매립 등의 활동이 있으며, 자연에 대한 영향은 모두 다르다. 다만, 여기서 설명하는 업종별 가치사슬 구성은 대표적인 활동만을 포함한 한계가 있다. 실제 각 기업이 가치사슬을 확인, 분석할 경우에는 이보다 더 다양한 활동을 검토해야 한다.

참고로, 과학기반목표 네트워크는 업종별, 제품 생산 공정별로 관련 업스트림과 다운스트림에 어떤 업종이 있는지, 이 업종들은 자연에 어떤 영향을 줄 수 있으며, 중대성은 어떠한지 등에 대한 데이터베이스SBTN Materiality Screening Tool V1를 만들고 있다.[97] 현재 이 데이터베이스는 기업이 직접 운영하는 사업장이나 공정만을 대상으로 자연에 대한 영향과 중대성 평가 지표를 제시하고 있으나, 2024년까지 가치사슬 전체를 포함하는 데이터베이스를 만들어 발표할 예정이다.

표 4-4. 주요 업종별 가치사슬 체계(Business for Nature, 2022; WBCSD, 2023a, b, c, d, e, f, g, h, I, j, k, l에서 저자 재구성)

업종	업스트림	직접 운영 사업장	다운스트림
가정용품·화장품	• 원재료의 구입, 준비, 가공 • 용수와 에너지 생산	• 제품 디자인과 제조 • 제품 포장 • 제품 유통 • 재활용된 제품과 포장재 활용	• 제품 물류 및 판매 • 제품 사용 • 폐기물 처리(재활용, 재사용, 소각, 매립)
건설	• 건축 재료 채굴 • 건축 자재 생산 • 재활용된 원료 사용 • 용수와 에너지 생산	• 설계 및 건설 - 빌딩 - 도시 인프라 - 교통 인프라 - 연안 및 해양 인프라	• 유지 및 관리 • 건축물 및 인프라 해체 • 건설 폐기물 처리 (재활용, 매립)
금융	• 용수와 에너지 생산	• 금융 서비스 - 자산 소유 및 관리 - 소비자 금융 - 보험 - 투자 및 중개 - 대출 - 주식 및 채권	• 금융 서비스 사용 - 대출 및 투자 받은 기업의 활동 - 중개 서비스 받은 기업의 활동 - 피보험 기업의 활동

업종	업스트림	직접 운영 사업장	다운스트림
농·식품업	• 비료, 농약 등 제조 • 농산물 재배 • 농산물 유통 • 용수와 에너지 생산	• 농산물 가공 • 식품 제조	• 소매업 • 식당업 • 일반 소비 • 폐기물 처리(재활용, 소각, 매립)
목재·제지	• 산림조성 • 산림관리 • 벌목, 이송 • 용수와 에너지 생산	• 목재 가공 • 목재 제품, 종이 펄프, 포장재, 건축 자재, 바이오소재 등 제조 • 재활용된 제품, 원료 사용	• 제품 물류 및 판매 • 제품 소비 • 폐기물 처리(재활용, 재사용, 소각, 매립)
물 공급·처리	• 수자원(하천, 댐, 지하수) • 용수와 에너지 생산	• 상수도업: 취수, 상수 처리, 배수 • 하·폐수 처리업: 하·폐수 집수, 처리, 재활용, 방류	• 상수 소비 • 재활용 처리수 소비
시멘트·콘크리트	• 채석 • 용수와 에너지 생산	• 클링커, 시멘트, 콘크리트 제품 생산 • 재활용된 원료 사용	• 제품 물류 및 판매 • 건축용으로 소비 • 건축물 해체 • 건설 폐기물 처리(재활용, 매립)
에너지 생산	**석유·가스** • 채굴 설비 공급 및 구입 • 채굴 설비 설치 및 운영 관리 서비스 • 용수와 에너지 생산	• 탐사 • 석유·가스 생산 • 석유·가스 정제 • 유류제품 보관 및 이송 • 가스 공급	• 유류제품 소비 • 가스 소비 • 폐기물 처리
	발전 • 연료 채굴 • 연료 공급 및 구입 • 용수와 에너지 생산	• 화력발전 • 원자력발전 • 재생에너지발전 • 송전과 배전	• 전력 소비

업종	업스트림	직접 운영 사업장	다운스트림
여행·관광	• 농산물, 식품 생산 및 가공 • 수공예품 생산 • 건축 자재 생산 • 용수와 에너지 생산	• 숙박 • 접객 및 오락 • 크루즈 산업 • 항공, 차 렌탈 • 여행사	• 폐기물 처리(재활용, 소각, 매립)
패션·의류	• 자연 섬유 생산 • 합성 섬유 생산 • 용수와 에너지 생산	• 의류 생산 • 재활용된 제품, 원료 사용	• 제품 물류 및 판매 • 제품 소비 • 폐기물 처리(재활용, 재사용, 소각, 매립)
폐기물 처리	• 폐기물 발생 • 폐기물 수거 • 폐기물 이송 • 폐기물 분리·선별 • 용수와 에너지 생산	• 소각 • 매립 • 재사용 • 재활용	• 재사용, 재활용 폐기물 소비
화학	• 유기, 무기 원료 생산 • 용수와 에너지 생산	• 화학 제품 생산 - 석유 화학 - 기초 화학 - 특수 화학 - 농업 화학 - 비료 - 산업용 가스	• 제품 물류 및 판매 • 제품 소비 • 폐기물 처리(재활용, 소각, 매립)

자연에 영향이 큰 원자재

기업이 가치사슬에서 자연에 영향을 미치는 가장 대표적인 방식이 업스트림에서 원료 또는 제품을 구입하는 것이다. 농산물 중에서는 바나나·아보카도·커피·쇠고기 등을, 광물 원료에서는 석탄·리튬·니켈 등을, 가공된 제품 중에서는 철강·인 비료 등을 예로 들 수 있다. 과학기반목표 네트워크는 기업이 가치사슬 차원에서 자연에 미치는 영향을 줄이기 위한 전략을 수립하는 데 참고하도록 자연에 영향이 큰 대표적 원자재 목록(High Impact Commodity List v1)을 제공한다. 이 목록은 농산물, 수산물, 광물 원료, 제품 등 47개 상품을 포괄하고 있으며, 각 상품이 TNFD 권고가 제시하는 5개 영향 유발요인 중 어떤 요인 측면에서 문제를 발생시키고 있는지를 언급하고 있다.[98] 예를 들어, 바나나는 경제활동에 대한 국제산업분류표준ISIC: International Standard Industrial Classification of All Economic Activities Revision 4 업종 분류 코드에서 A_0122(열대 및 아열대 과일 재배)에 해당하는 상품이다. 또한 5대 영향 유발요인 중 토지전환, 물 이용, 토양오염, 수질오염 등 4가지 측면에서 자연에 미치는 악영향이 크다. 최근 2차 전지 핵심 원료로 주목받는 리튬은 국제산업분류표준의 업종 분류 코드 B_0891(화학·비료 광물 채광)로 토지 전환, 물 이용, 기타 자원 사용, 토양오염, 수질오염, 대기오염 등의 측면에서 영향이 크다. TNFD 권고는 이 데이터베이스를 업스트림 공급업체를 확인하는 데 활용할 것을 권고한다.

표 4-5. 자연에 큰 영향을 미치는 원자재 목록(SBTN, 2023b에서 저자 재구성)

원자재명	ISIC 코드	자연 영향 유발요인			
		토지·생태계 전환	자연자원 사용	오염물질 배출	기후변화 유발
가금류	A_0146	육상	물, 기타 자원	토양, 수질, 대기	O
가죽	C_151	육상	물	토양, 수질	O
건설용 모래	B_0810	육상, 담수·해양 생태계	물, 기타 자원	토양, 수질	
견과류	A_0126	육상, 담수 생태계	물	토양, 수질	O
구리	B_0729	육상, 담수·해양 생태계	물, 기타 자원	토양, 수질	O
금	B_0729	육상	물, 기타 자원	토양, 수질	O
납	B_0729	육상, 담수·해양 생태계	물, 기타 자원	토양, 수질	O
니켈	B_0799	육상, 담수·해양 생태계	물, 기타 자원	토양, 수질	O
담배	A_0115	육상	물	토양, 수질	
돼지	A_0145	육상	물, 기타 자원	토양, 수질, 대기	
리튬	B_0891	육상, 담수·해양 생태계	물, 기타 자원	토양, 수질, 대기	
목재	A_0210	육상	물, 기타 자원	토양, 수질	O
	A_0220	육상	물, 기타 자원	토양, 수질	O
목화	A_0116	육상	물	토양, 수질	
바나나	A_0122	육상, 담수 생태계	물	토양, 수질	O
백금	B_0729	육상, 담수·해양 생태계	물, 기타 자원	토양, 수질, 해양	O
보크사이트·알루미늄	B_0729	육상, 담수·해양 생태계	물, 기타 자원	토양, 수질	O
사탕수수	A_0114	육상	물	토양, 수질	O
석탄	B_0510	육상, 담수 생태계	물, 기타 자원	토양, 수질	O
소(牛)	A_0141	육상	물	토양, 수질	O
소고기	C_1010		물	토양, 수질	
시멘트	C_239	육상, 담수·해양 생태계	물, 기타 자원	토양, 수질	O
쌀	A_0112	육상	물	토양, 수질	O
아보카도	A_0122	육상, 담수 생태계	물, 기타 자원	토양, 수질	O

원자재명	ISIC 코드	자연 영향 유발요인			
		토지·생태계 전환	자연자원 사용	오염물질 배출	기후변화 유발
아연	B_0729	육상, 담수·해양 생태계	물, 기타 자원	토양, 수질	O
액화 천연가스	B_0620	육상, 담수·해양 생태계	물, 기타 자원	토양, 수질, 대기	O
양식 수산물	A_032	육상, 해양 생태계		토양, 수질, 해양	O
염소, 양	A_0144	육상	물	토양, 수질	O
옥수수	A_0111 B_1061	육상	물	토양, 수질	O
원유·석유	B_0610	육상, 담수 생태계	물, 기타 자원	토양, 수질, 해양	O
유제품	C_1050		물	토양, 수질	O
유채씨기름	A_0111	육상	물	토양, 수질	O
은	B_0729	육상, 담수·해양 생태계	물, 기타 자원	토양, 수질	O
인 비료	C_2012	육상	물	토양, 수질, 대기	O
자연산 민물 수산물	A_031	담수 생태계	기타 자원	수질, 해양	O
자연산 해양 수산물	A_031	해양 생태계	기타 자원	수질, 해양	O
질소 비료	C_2012		물	토양, 수질, 해양	O
천연고무	A_021	육상	물, 기타 자원	토양, 수질	O
철	B_0710	육상	물, 기타 자원	토양	O
철강	C_2410		물	토양, 수질, 대기	O
카사바	A_0113	육상	물	토양, 수질	O
칼륨	B_0891	육상, 담수·해양 생태계	물, 기타 자원	토양, 수질	O
커피콩	A_0172	육상, 담수 생태계	물, 기타 자원	토양, 수질	O
코코아	A_0127	육상, 담수 생태계	물, 기타 자원	토양, 수질	O
콩	A_0111	육상	물	토양, 수질	O
팜유	A_0126	육상, 담수 생태계	기타 자원	토양, 수질	O
펄프, 제지	C_1701 C_1709		물	토양, 수질	O
휘발유	D_3520		물	토양, 수질, 해양	O

3장.
자연에 미치는 악영향 줄이기

기업의 활동이 자연에 미치는 악영향은 기업의 위험에 연결된다. 이 위험을 해소하기 위해 기업은 악영향을 줄이기 위한 대책을 이행해야 한다. 이는 곧 새로운 기회에 해당한다. 악영향을 줄이기 위한 전략은 TNFD 체계에서 가장 중요한 부분이다. 자연에 미치는 영향이 큰 위치를 확인하고, 기업의 가치사슬 전반에서 영향 유발요인, 주요 생태계 서비스, 악영향 발생 정도 등을 분석하고 나면 그다음 순서로 확인된 악영향을 줄이기 위한 세부 이행 전략을 수립하여 실행하는 것이다.

이를 위한 방법으로 TNFD 자연 관련 공시 권고는 과학기반목표 네트워크의 AR3T 체계를 제시한다. 기업은 이 체계를 활용하여 자연에 대한 악영향 완화 전략과 관리 지표를 설정하고 이를 달성하기 위한 예산과 인력을 투입해야 한다. 이에 더해, 각종 완화 행동이 자연에 어떤 변화를 가져오는지 모니터링하고 이를 다시 완화 전략에 반영하는 흐름을 만들어야 한다. 이런 일련의 활동이 TNFD 체계가 기업에 기대하는 가장 중요한 부분이다.

1. AR3T 체계

AR3T는 과학기반목표 네트워크가 2020년에 만든 자연을 위한 과학적 목표 가이드(<Science-based Targets for Nature>)에 포함된 접근법이다.[99] TNFD의 권고도 이 방법을 기업이 자연에 주는 악영향을 줄이는 방법론으로 추천한다.

회피는 악영향이 처음부터 생기지 않도록 하는 방법이며, 저감은 회피할 수 없는 영향을 줄이는 것이다. 재생은 현재 사람이 이용하는 생태계의 생태적 생산성이나 기능을 향상시키는 활동이다. 특정 생태계 서비스에 초점을 맞추어 진행한다. 예를 들어, 재생농업은 농지의 탄소 저장, 농산물 생산성 향상, 질소·인의 하천 유출 방지 등의 생태계 서비스 향상을 목적으로 한다. 복원은 훼손된 생태계의 건강성, 완전성, 지속가능성을 회복시키는 활동이다. 변화 행동은 사업 모델, 사업 파트너십, 사회적 책임 등에서 기업이 추구하는 가치나 행동을 바꾸는 것이다. 이상의 5가지 악영향 완화 활동은 기업의 현재 상황이나 달성하고자 하는 기회 목표에 대응하여 선택하면 된다. 다만, 회피가 자연에 대한 악영향을 줄이는 가장 근본적 행동이며 복원, 재생까지 이행해야 자연 훼손을 멈추는 것을 넘어서 자연을 회복시킬 수 있다는 점을 염두에 두어야 한다. 과학기반목표 네트워크의 가이드는 각 완화 방법에 대해 다음와 같이 구체적인 사례를 설명한다.[100]

회피

회피는 자연에 대한 되돌릴 수 없는 영향을 원천적으로 막는 가장 효과적인 방법이다. 기업의 모든 활동에 대해 회피 수단을 적용할 수는 없지만, 이미 자연에 악영향이 발생한 이후 치유하는 것이 어렵다는 점을 고려할 때 가장 효과적인 수단임은 분명하다. 회피에 해당하는 수단은 공간적, 기술적, 시간적 수단 등으로 나눌 수 있다. 회피의 궁극적 목적은 특정 생물종, 생태계에 대한 피해뿐만 아니라 생태계 서비스에 대한 악영향까지도 방지하는 것을 포함해야 한다.

- **공간적 수단**: 특정 지역이나 경관에서 자연에 악영향을 주는 행위를 하지 않는 것이다. 도로 건설 시 멸종위기 생물종의 서식처를 우회하게 하거나, 개발사업 부지에서 습지를 제외하고, 풍력 발전기 위치 설정 시 새 이동 경로를 피하는 것이 그 사례이다. 기업 차원에서는 보호지역 안에서 개발 행위를 하지 않고, 담수 생태계가 좋은 하천에 댐을 건설하지 않겠다는 행동 선언하는 것도 이에 해당한다.

- **기술적 수단**: 자연에 유해한 원료를 바꾸거나, 친환경 공정으로 대체하고, 제품이나 사업 설계를 바꾸는 것이다. 광산 개발 시 노천 채굴이 아닌 지하 채굴 방식으로 채택하고, 저인망 어업을 하지 않는 것도 기술적 수단이다. 천연 목화에서 추출한 섬유 대신 재생 합성 섬유를 의류 원료로 사용할 수도 있다. 곤충의 수분 활동에 영향을 주지 않도록 다용도 살충제 사용을 줄이는 것도 기술적 수단에 해당한다. 농수산업, 건설, 해외 물류업 등에서 주로

발생하는 침입외래종 유입에 대해 주기적으로 모니터링하고, 유입 방지 조치를 취하는 것도 포함된다.
- **시간적 수단**: 특정 시기에 자연에 영향을 미치는 활동을 하지 않는 경우이다. 물 스트레스가 높은 시기에 하천에서 취수하지 않으며, 우기에 토양을 교란하지 않아 토양 유실을 방지하는 것 등이 가능하다. 물고기 산란기에 어업 활동을 쉬는 것도 필요하다.

저감

자연에 악영향을 미치는 유발요인을 저감하는 활동은 이미 많은 기업이 이행하고 있다. 국가의 환경 규제에 맞추어 온실가스, 대기, 토양, 수질오염물질 배출량을 줄이는 활동이 이에 해당한다. 현재는 이에 더해 많은 기업이 탄소중립을 선언하고, 국가의 환경규제보다 더 강한 수준으로 온실가스 배출량을 줄이는 노력을 하고 있다. 이와 같은 저감 활동을 기업의 행동 전략 개념에서 분류하면 다음과 같다.

- **생산 공정 개선**: 농업에서는 물과 비료 사용량을 줄일 수 있고, 제조업 공장에서는 수질 및 대기오염 물질, 폐기물 배출량을 줄이는 처리시설이나 공정으로 바꾸는 것이다. 원료나 에너지 효율을 높이는 공정으로 변경하는 것도 이 범주에 해당한다.
- **제품 디자인 변경**: 재활용된 원료를 더 많이 사용하는 제품으로 설계하거나 일회용 플라스틱 포장재 사용량을 줄인 제품을 만드는 것이다.
- **전 과정 관리**: 제품 출시부터 최종 폐기까지 발생하는 폐기물을

수거하고, 재활용에 대해 생산자 책임을 확대하는 생산자 책임 제도를 시행하는 것이다.
- **사업 모델 변화**: 기업의 사업 모델을 공유경제, 제품 리스 등의 영역으로 확대하는 방식이다.
- **공급망 관리**: 공급업체에 ESG 이행을 촉구하고, 지속가능 인증을 받은 원료를 중심으로 구입하며, 자연에 민감하지 않은 장소에 위치한 공급업체로 변경하는 것이 가능하다.

재생과 복원

재생과 복원은 회피와 감축으로 방지하지 못한 영향을 받은 자연을 치유하거나, 자연을 현 상태보다 나아진 수준(positive)으로 만드는 방식이다. 재생은 온실가스 흡수, 해충 조절, 수질 관리 등 특정 생태계 서비스의 수준을 향상시키는 것에 초점을 맞추어 진행한다. 반면, 복원은 인간의 활동으로 이미 훼손된 생태계를 훼손되기 이전 자연에 가까운 상태로 만드는 것을 말한다. 다만, 재생과 복원의 효과를 모두 가지고 있는 활동도 다수가 있다는 것도 알 필요가 있다. 재생과 복원은 최근 중요성이 높아지는 자연기반해법에 해당하며, 향후 투자가 늘어날 유형의 대책이다.

표 4-6. 재생과 복원 활동 사례(SBTN, 2023a에서 저자 재작성)

구분	내용
재생	• 바이오차, 농업 잔재물을 잔류시켜 토양 유기물 함량 증대 • 생태적 집약농업, 보존농업, 재생농업 지역 확대 • 농지 주변 식생 여과대, 식생 수로, 퇴적물 조절지 등 설치
재생·복원	• 집수 구역의 훼손된 토지 회복, 고유 식물종 식재 • 물 관리형 인공습지 조성 • 하천의 물 흐름을 방지하는 인공 구조물 제거 및 자연화 • 침입외래종 식물 유입 모니터링 및 주기적 제거
복원	• 단절된 서식지 연결, 고유종 식재, 수분 곤충의 서식지 복원 • 훼손된 습지(육상, 하천, 호소, 연안), 이탄지 등 복원 • 조림, 재조림 및 훼손된 산림의 생태적 복원 • 방치된 채석장, 나대지, 하천변의 오염물질 제거 후 생태적 복원 • 하천변 완충지대, 범람원 식생, 서식지 복원 • 도시 공원, 도시 하천, 도로 주변 생태계 조성

변화 행동

공정을 개선하거나 재생, 복원 차원을 넘어서 비용·편익 분석과 의사결정, 투자 및 사업 모델, 사업 파트너십, 사회적 책임 등 기업 활동 전반에서 변화를 추구하는 것이 변화 행동이다. 이는 직접 운영 사업장, 가치사슬, 가치사슬 연관 지역, 사회 시스템 등의 수준에서 각기 다르게 이루어질 수 있다.

- **직접 운영 사업장**: 기업 경영진, 근로자가 준수해야 할 성과 지표 KPIs: Key Performance Indicators에 반영하고, 기업 내부에 친자연 문화를 확대하는 것이 해당된다. 네이처 포지티브 경제에 대한 전략이나

사업 모델을 재구상하는 것도 가능하다.

- **가치사슬**: 중대성이 높은 지역에 위치한 가치사슬 협력업체가 TNFD 권고를 따르도록 하고 이들 협력업체에 필요한 기술적, 재정적 지원을 하는 것이 필요하다. 이들 기업이 순환경제 활동을 더 확대하도록 한다. 또한 국제산림관리협의회FSC: Forest Stewardship Council, 지속가능한 팜유산업 협의체, 유기농 목화 표준 OCS: Organic Cotton Standard 등 친자연 인증을 획득한 원료를 우선 구매한다.

- **가치사슬 연관 지역**: 가치사슬 협력 업체가 소재한 지자체가 그 기업을 지원하는 정책을 도입하도록 설득하고, 그 지역의 친환경 이니셔티브에 투자하는 것이 해당된다. 지자체의 하천, 해양, 산림 등 보호계획 수립 과정에 적극 참여한다. 자연이 뛰어난 지역의 원주민과 지역사회의 권리, 지속가능한 경제적 여건 등을 지원하는 것도 포함할 수 있다.

- **사회 시스템**: 지속가능한 자연을 위한 업종, 국가, 국제 차원의 다양한 이니셔티브에 참여하고, 우수 사례를 만들어간다. 소비자가 더 지속가능한 생활양식으로 전환하도록 촉진하는 제품이나 서비스를 만드는 것도 가능하다. 이와 더불어, 생태계 서비스 지불 제도, 생물다양성 크레딧, 산림파괴 방지를 통한 온실가스 감축 REDD+ 등의 정책을 발전시키는데 적극 참여하는 것도 포함된다.

2. 업종별 악영향 대응 방안과 기회

자연에 대한 악영향을 줄이는 방안은 업종마다, 기업마다 다 다를 것이다. 기업의 사업장이 있는 위치, 가치사슬의 특징에 따라 다르며 5가지 영향 유발요인 가운데 중대성이 큰 요인이 다르기 때문이다. 이에 더해 저감 방안을 회피, 저감, 재생, 복원, 변화 활동 중에서 어느 범위까지 포함할지에 따라 실천 행동은 크게 차이가 난다. 반면 일반적으로 업종마다 핵심이 되는 완화 방안과 기회 요인의 방향성은 유사하다. 그 이유는 자연에 대한 5가지 영향 유발요인은 기존에 많은 기업이 ESG를 위해 하는 환경관리의 목적과 겹치기 때문이다. 예를 들어 물 사용량 관리, 온실가스 감축, 수질·대기 오염물질과 폐기물 배출기준 준수 등은 ESG 관리 차원에서 또는 국가의 환경규제에 대응하기 위하여 이미 적정 수준에서 이행하고 있는 것들이다.

 TNFD 체계에 맞추어 완화 대책을 만들 때는 이미 하고 있는 방안을 기반으로 시작하되, 더 고려해야 할 방향성이 있다.

 첫째, 토지와 육상·담수·해양 생태계의 전환이나 이용이 자연에 영향을 미치는 가장 큰 요인이므로 이를 회피, 최소화, 대체한다고 생각해야 한다.

 둘째, 제대로 인식하지 못한 상황에서 침입외래종을 국내로 유입시키고, 자연에 확산시킬 가능성을 모니터링하고 대응해야 한다.

셋째, 현재 내가 운영하는 사업장뿐만 아니라, 가치사슬 차원의 영향을 줄이기 위해 어떻게 업스트림 공급업체와 다운스트림 행위자를 바뀌게 할 것인지를 고려해야 한다.

넷째, 자연에 주는 악영향을 줄이는 것에 더하여 자연이 현재보다 좋은 수준이 되도록 자연기반해법까지 이행할 필요가 있다.

마지막으로는 해당 업종 전반, 정부, 소비자 등을 포괄하는 시스템 차원의 변화에 기여할 수 있도록 노력해야 한다.

이런 방향을 기준으로 자연에 대한 영향, 가치사슬 특성을 분석한 12개 업종에서 어떤 대응 활동과 기회에 우선순위를 두어야 하는지 알아보자.

가정용품·화장품

- **물 사용 관리**: 물 사용량과 수질오염물질 배출량을 줄여 수자원과 담수 생태계에 대한 영향을 줄이는 활동이 필요하다. 이 과정에서 물 관련 중대 위험을 평가하고, 우선순위를 정해야 한다. 특히 가치사슬 차원에서 소비자의 물 소비량, 수질오염물질 배출량을 줄이기 위한 전략을 도입해야 한다.
- **지속가능한 가치사슬 공급망**: 원료 공급업체가 불필요한 물 사용을 줄이고, 산림파괴나 야생종 서식지 훼손을 방지하는지 평가하고, 원료 구매 기준을 만들어 이행한다. 원료 공급업체가 지속가능한 농업이나 생물다양성에 친화적인 생산 활동을 하도록 지원하고, 제품의 원료를 추적할 수 있는 투명한 시스템을 구축한다. 추가로 석유를 원료로 하는 제품 생산을 생원료 중심으로 교체해

나갈 필요가 있다. 이때 생태계, 토지이용에 대한 영향과 비교하여 환경에 영향이 적은 방식을 선택해야 한다.
- **소비자 활동 변화 촉진**: 제품을 사용하는 소비자가 환경오염을 줄이도록 제품 생산과 지속가능한 사용 방식에 대한 정보를 제공한다. 이 과정에서 소매업체와 협업할 필요가 있다. 자연친화적인 접근에 관심이 있는 소비자가 늘어나는 상황을 활용해야 한다.
- **순환경제 활성화**: 포장재, 미세 플라스틱 등 자연에 영향이 큰 플라스틱 문제를 해소하기 위해 생산 공정, 제품 디자인 등을 바꾸어야 한다.
- **사회적 전환 노력 참여**: 공급업체의 생태계 보전, 훼손 생태계 복원 등 자연기반해법 활동을 재정적, 정책적으로 지원하고 국제적인 플라스틱 저감 활동에 적극 참여한다.

건설

- **사업 위치 선정**: 건설은 기본적으로 토지나 생태계 변형을 대규모로 발생시키므로 민감한 생태계나 근접한 지역을 사업 대상지로 선택하는 것을 회피해야 한다. 불가피한 경우에는 이미 회복 불가능한 수준으로 훼손된 지역에서 건설 프로젝트를 진행한다. 또한 공간 계획, 시설 설계 단계부터 주변 자연환경에 대한 영향을 줄일 방안을 강구해야 하며 자연기반해법을 설계 요소에 반영하여 생물다양성 향상에 기여한다.
- **철거 최소화**: 건축물이나 인프라를 철거하고 새로 건설하는 것은 가치사슬 공급망이 자연에 미치는 악영향을 늘리는 원인이 된다.

따라서 사회적으로 기존 건축물을 리모델링하는 방향성을 유지할 필요가 있다.
- **건설 자재 관리**: 매우 다양한 건설 자재가 사용되므로, 건설 자재 구입 기준에 지속가능한 제품 인증 등 가치사슬 차원의 자연 영향 관련 기준을 도입해야 한다. 또한 시멘트 대신 지속가능하게 생산된 목재, 재활용 시멘트 등을 사용하도록 구조물 설계 기준에 반영하는 것이 필요하다.
- **자연기반해법 이행**: 도시, 산업단지, 도로 등을 건설할 때는 다양한 자연기반해법 요소를 반영할 수 있다. 예를 들어, 건물을 녹색화하면 열섬 효과 예방과 소음 저감이 향상된다. 도시숲, 녹색 통로도 비슷한 효과를 거두며 도시의 미세 기후 조절에 매우 중요하다. 생태 빗물 저류조를 설치하고 투수성 도로 포장을 하면 홍수 방지에도 도움이 된다. 이같이 다양한 유형의 자연기반해법을 적용하면 생태계 서비스 향상과 생물다양성 향상의 복합적 효과를 거둘 수 있다.

금융

- **친자연 금융 전략 이행**: 자연에 악영향이 큰 업종이나 사업에 대한 투자와 대출을 줄이고, 자연에 긍정적인 자연기반해법 사업에 투자를 확대하는 전략을 수립, 이행해야 한다. 초기 단계에서는 자연에 미치는 영향이 큰 업종부터 시작할 수 있다. 이런 금융 전략의 이행 정도나 효과에 대한 모니터링과 보고 체계를 동시에 갖추어야 한다.

- **위험 관리 체계 개선**: 신규 투자 대상 사업이나 기업에 대해 자연 관련 위험을 사전 검토할 수 있는 체계를 도입한다. 또한 투자 대상 기업이 TNFD 체계에 맞추어 재무 공시를 하고, 관련 정보를 제출하도록 요구하는 것도 고려해야 한다.
- **사회적 접근**: 자연에 미치는 영향이 클 것으로 예상되는 업종이나 기업과 협력 관계를 만들어 이들 기업이 TNFD 체계에 따라 위험 관리를 하도록 촉구하는 것이 필요하다. 또한, 유엔환경계획 금융이니셔티브가 주도하는 책임투자원칙 등에 가입, 활동하고 자연에 관한 책임투자 목표 설정PRB Nature Target Setting Guidance에 참여하는 것도 가능하다.[101]

농식품업

- **담수 사용 감축**: 물 스트레스가 민감한 지역에서는 물 사용량을 줄이고, 장기적으로 지속가능한 수자원 공급체계를 만들기 위해 가치사슬의 농민, 수계 이해관계자와 협업해야 한다. 효율 높은 관개 방식 실행, 지역에 맞는 농작물 재배, 물 절약 기법 도입, 토양 보전 등이 구체적 실천 사항이다.
- **가치사슬 온실가스 감축**: 업스트림의 농민과 협업하여 토양의 탄소 저장 능력을 높이는 재생농업을 이행하고, 온실가스 흡수 능력이 좋은 토지를 보호, 복원하는 것에 인센티브를 제공할 수 있다. 그 외 전기차 사용, 재생에너지 사용, 농산물 폐기 감소 등을 이행하는 것도 필요하다.
- **자연기반해법 이행**: 산림훼손·전환 제로DCF: Deforestation and

Conversion Free 생산을 실시하겠다고 선언·이행한다. 농민과 재생농업, 농약 감축, 서식지·야생종 보전 등에 대해 협업 프로그램을 만들 수 있다.
- **순환경제와 생산의 혁신**: 식품 부산물과 가축 분뇨를 재활용하는 모델을 마련하고, 식품 손실이나 쓰레기를 대폭 줄이는 방안을 강구한다. 대체 육류, 대체 유제품, 재생농업형 농산물, 지속가능한 집약 농업 등 혁신적인 농업 기술로 전환한다.
- **가치사슬의 시스템 전환**: DCF 생산, 재생농업 등에 대한 방법론, 지표를 만들고, 농산물이 이에 부합하는지를 추적 관리하는 시스템 도입에 적극 참여한다. 농산물 구매 조건에 DCF, 재생농업을 포함하고, 공급업체에 관련 자료를 투명하게 제출하도록 요구하며, 공급업체를 경제적·제도적으로 지원할 수 있는 여건 조성에 노력한다.

목재·제지

- **지속가능 산림관리**: 산림파괴를 회피하고, 생물다양성이 중요한 지역을 임업 지역으로 전환하지 않는 것이 가장 중요하다. 산림의 기능 중 탄소 제거, 멸종위기 생물 서식, 생물다양성 유지, 서식지간 연결성 확보 등을 모두 고려하여 관리해야 한다. 세계적인 지속가능 산림인증시스템(FSC, PEFC, SFI)[102]에 참여하거나 이를 획득한 원료 사용을 늘려야 한다.
- **생산 공정 개선**: 물 사용량을 줄이고, 오염물질과 폐기물 배출이 적은 생산 공정, 시설로 바꿔야 한다. 제품 디자인도 전 생애주기

차원에서 평가하여 개선한다.
- **자원 사용량 저감**: 지속가능성이 부족한 재료는 지속가능한 임업 산물로 바꾸고, 타 업종에서 나오는 목재 부산물 사용량을 늘릴 필요가 있다. 소비자가 목재제품의 재사용, 재활용을 높이도록 지원한다.
- **사회적 접근 활성화**: 가치사슬을 넘어서 세계, 국가, 지역 단위에서 지속가능 산림, 생산 활동을 지지한다. 특히 보전 가치가 높은 자연이 있는 지역에서 원주민, 지역사회와 함께 경관 차원의 종합적 관리 활동을 전개하는 것도 필요하다.

물 공급·처리

- **수원 관리**: 물 스트레스가 높은 지역이나 생물다양성이 중요한 지역에서는 유역 차원에서 지속가능한 수원 활용이 가능하도록 조치를 취한다. 수돗물 공급 시 재이용하는 물의 활용도를 높이고, 스마트 물 관리 기법을 도입하여 물 분배, 활용에 효율성을 높인다. 소비자의 물 소비량을 줄이기 위해 교육을 시키고 인센티브를 제공한다.
- **수질오염 저감**: 폐수처리시설을 개선하고, 폐수에서 에너지와 원료를 추출하여 재사용하는 순환 물 관리 체계를 도입한다. 소비자의 수질오염물질 배출량을 줄이기 위해 교육을 확대한다.
- **온실가스 감축**: 가치사슬 전반에서 에너지 사용량이 많은 처리, 공급 방식을 개선하기 위한 조치를 한다. 에너지 중립적 물 공급 시스템을 만들기 위해 재생에너지 생산 시스템을 설치하고, 아산

화질소N₂O, 메탄을 줄이는 처리 기술을 도입한다.

- **자연기반해법 이행**: 생물다양성이 우수한 지역을 보전하고, 훼손된 생태계를 복원하기 위해 유역 차원의 파트너십에 참여하여 자연기반해법 수단을 실시한다. 유역의 육상, 담수, 해양 생태계 모두를 종합적으로 관리해야 한다.
- **시스템 차원의 전환**: 정부, 지역사회, 타 업종, 시민사회, 국제기구 등과 협력 관계를 형성하여 자연에 대한 영향을 줄이기 위한 활동에 적극 참여한다. 국제적으로는 국제수자원관리동맹AWS: Alliance for Water Stewardship에 참여하는 것을 추천할 만하다. 국제물관리기준International Water Stewardship 2.0이 2019년에 발표되어 있어 참고하면 좋다.[103]

시멘트·콘크리트

- **물 사용 관리**: 물 스트레스가 높은 지역에서는 수자원 사용량을 줄이고, 수질오염물질 배출량을 줄이기 위한 활동을 해야 한다. 물 사용 전 과정 평가를 실시하는 것도 좋은 접근 방법이며, 재활용수를 사용하거나 빗물을 저장하여 사용할 수 있다. 인공습지를 조성하여 방류수의 수질을 개선하고, 지하수 함량을 높이는 방법도 필요하다.
- **온실가스 감축**: 에너지 사용량이 많고 공정에서 배출되는 온실가스, 대기 오염물질이 많은 업종이므로 재생에너지 사용, 에너지 효율 향상, 수소 활용 공정 도입 등이 대안이 될 수 있다.
- **자연기반해법 이행**: 가행 중인 채석장이나 폐기된 채석장에 대해

복원 사업을 진행하고, 생물종 복원 사업을 실시하는 것이 필요하다. 민감한 지역에서는 채석 활동을 하지 않는 것이 근본적으로 중요하다.
- **가치사슬 순환경제 활성화**: 슬래그 및 플라이애쉬 등 활용, 건축 폐기물 재활용, 폐기물 에너지화 등을 가치사슬 전체에서 이행할 수 있다. 이를 위해서는 건물 설계, 시공, 리모델링, 분해 등 전 단계에서 순환경제 해법을 적용해야 한다.
- **사회적 접근**: 건설회사, 정부, 소비자, 국제기구 등과 공동으로 친환경 건물 설계, 시공 등을 활성화하는 사회활동을 해야 한다. 또한, 산호초 복원과 같은 자연기반해법 사업에 콘크리트를 재활용하는 사업도 고려할만하다.

에너지 생산

- **온실가스 감축**: 온실가스 배출량이 가장 큰 업종의 하나이므로 에너지 효율 향상, 재생에너지로 전환하는 탈탄소 행동을 적극 이행해야 한다.
- **물 사용 관리**: 물 재이용, 효율적 사용, 대체 수원(해수, 폐수 등) 활용 전략을 적극 이행한다. 특히, 과도한 물 사용으로 담수 생태계가 파괴될 가능성이 높은 지역에서는 하천이나 호수에 물을 보충하는 프로젝트를 실시한다.
- **자연기반해법 이행**: 에너지 채굴이나 발전 설비 설치 시 생물다양성이 중요한 지역을 피해야 한다. 불가피하게 법적 허가를 받는다 하더라도 보호지역, 국제적 보전 지역, 중요 서식지, 철새 경

로 등은 피해야 한다. 되도록 이미 훼손된 지역에 채굴, 발전 설비를 설치한다. 채굴 활동을 개시하기 전에 생물다양성 회복 선언을 하고, 활동 이후에는 자연기반해법 사업을 실시하여 훼손된 생태계를 복원한다.
- **순환경제 활동**: 가치사슬, 채굴 과정에서 사용되는 각종 원재료에 대해 재활용을 높이거나 자연에 미치는 영향이 적은 재료를 사용한다.
- **사회적 접근**: 정부, 지역사회, 국제기구, 원주민 등과 사회적 차원의 온실가스 감축, 자연 복원, 순환경제 이니셔티브를 적극 실시한다.

여행·관광
- **과잉 관광 방지**: 자연적으로 민감한 지역에 관광객이 과도하게 방문하거나 시설물을 설치하는 것, 특정 시기에 몰리는 것을 피하도록 현지 여행업체와 협업해야 한다.
- **지속가능한 자원 활용**: 관광객이 쓰레기를 버리거나 물을 오염시키는 행위를 하지 않도록 유도하는 것이 중요하다. 지역의 폐기물, 물 처리 설비 설치와 운영을 지원한다. 공급망 업체가 물이나 에너지를 적게 쓰도록 파트너십을 만들어 운영한다.
- **자연기반해법 이행**: 관광지의 훼손된 생태계를 복원하고, 복원 펀드를 조성한다. 이 과정은 관광지 협력 업체나 공급업체와 같이 진행할 필요가 있다. 지역사회나 자연보호 단체와 협업해야 장기적으로 유지될 수 있다는 점도 고려해야 한다. 이와 더불어,

침입외래종 유입이나 확산을 방지하는 활동도 중요하다.
- **원주민 참여**: 원주민이나 지역사회의 권리를 존중하고 보호 활동에 참여하도록 하며 생계유지 수단을 다양화하도록 지원, 투자하는 것이 필요하다. 특히, 관광 수입이 적은 시기에 이런 활동이 매우 중요하다.
- **지속가능 관광 촉진**: 세계, 국가, 지역 차원에서 지속가능한 관광, 대중교통 이용 확대, 생태관광 등에 대한 수요가 높아지고, 관련 업계나 소비자 모두가 경험하도록 적극적으로 사회활동을 해야 한다.

패션·의류

- **원료 교체**: 원료로 많이 사용되는 섬유는 목화, 울, 비스코스, 나일론, 폴리에스테르, 가죽 등 다양하다. 자연에 미치는 영향이 크거나 친자연 인증을 받지 않은 원료의 사용량을 과감히 줄이고, 영향이 적은 원료로 교체해야 한다. 해당 업계에서 사용하는 국제적 지속가능 기준, 인증 등에 맞도록 사업 방식을 바꿀 필요가 있다. 패션·의류 산업의 원재료 공급 차원에서 자연에 미치는 악영향을 줄이자는 섬유 변화 이니셔티브Textile Exchange[104]를 참고하면 좋다.
- **화학물질 감축**: 가치사슬 전반에서 다양하게 사용되거나 배출되는 유해 화학물질 관리를 철저히 해야 한다. 미국패션신발협회 AAFA: American Apparel and Footwear Association가 사용 제한을 권고하는 제한물질목록RSL: Restricted Substance List이나 세계 패션, 섬유업계가 유

해 화학물질 감축 목적으로 설립한 ZDHC 재단의 제조업 사용 제한목록ZDHC MRSL: ZDHC Manufacturing Restricted Substance List을 참고한다.[105]

- **물 사용 관리**: 물 사용량이 많은 업종이므로 폐수 재활용, 물 효율화 공정 도입, 불필요한 물 사용 방지 등의 전략을 이행해야 한다.
- **자연기반해법 활동**: 가치사슬 공급망에서 재생농법을 적극 도입하도록 관리하고, 생태계가 민감한 지역은 복원한다. 이 과정은 농업인, 지역사회, 원료 공급업자, 환경보전단체와 긴밀한 협업이 필요하다.
- **사회적 접근**: 업종 특성상 소비자, 지역, 기업, 가치사슬 업자가 모두 지속가능한 방식으로 변해야 한다. 자원 소비를 줄이고, 재활용을 높일 수 있는 상품과 공정을 디자인 단계부터 적용해야 한다. 소비자의 과소비를 줄이고, 재사용을 늘릴 수 있는 사회활동 참여가 필요하다.

폐기물 처리

- **온실가스 배출 대응**: 매립지의 메탄 방출을 줄이기 위해 유기물 처리 최소화, 매립지 가스 회수 등이 필요하며, 유기물은 퇴비화 사용량을 늘린다.
- **물과 에너지 사용 저감**: 폐기물 처리시설에서 사용되는 물과 에너지 사용량을 줄이고, 사용한 물은 최대한 재활용한다.
- **순환경제 활성화**: 폐기물 발생을 줄이는 재활용, 재이용, 제품 설

계 개선 등을 복합적으로 이행하는 것이 본질적 대안이다.
- **자연기반해법 이행**: 폐기물 처리시설 설치 지역은 이미 훼손된 지역을 사용하도록 국가나 도시계획에 의무화할 필요가 있다. 다양한 생물종에 서식지를 제공하는 생태계 복원 활동, 폐기물의 자연 유입을 방지하는 식생대 조성 등 자연기반해법 수단을 이행한다.
- **시스템 전환**: 폐기물 발생과 처리는 국가, 기업, 지자체, 소비자 등이 모두 연관된 과정이므로 각 단계에서 순환경제가 활성화될 수 있도록 사회적 차원의 활동을 이행할 필요가 있다.

화학

- **온실가스 감축 활동**: 화학제품 생산 공정에 사용되는 전기와 열을 재생에너지로 공급하고, 에너지 효율을 높이는 노력이 필요하다. 제품 원료로 바이오 원료를 사용하여 에너지 사용량을 근본적으로 줄이는 공정을 도입할 수 있는지 확인하여 실행한다.
- **물 사용 관리**: 공정에 사용되는 물 사용 효율을 높이고, 처리수를 재활용하며, 물 순환형 공정을 도입한다. 물 스트레스가 높은 지역에서는 유역 단위의 수자원 보충 프로젝트를 실시한다.
- **가치사슬 원료 관리**: 원료 공급망의 물 사용, 오염물질 배출, 생태계 파괴 수준을 투명하고 지속적으로 평가하고 개선하는 체계를 도입한다. 소비자에게도 이런 정보를 제공해 소비자의 친환경 제품 선택 가능성을 높인다. 기존에 사용하던 원료를 식물 기반 원료나 재활용 원료로 대체하되 식물 기반 원료 사용 시에는 농업,

섬유 등 타 업종과의 경쟁 가능성 등을 전 생애 차원에서 평가하여 결정한다.
- **자연기반해법 이행**: 가치사슬 차원에서 훼손지 복원, 재생농업, 녹색 기반시설 설치 등을 적극 실시한다.
- **순환경제 활동**: 제품 설계 단계부터 최종 소비자 사용까지 전 생애 차원에서 생태계 영향 회피, 오염물질 저감 가능성, 재활용 원료 활용 등 순환경제 활동을 활성화한다.
- **사회적 접근**: 기업 활동, 가치사슬을 넘어서 소비자의 단위에서 화학물질 제품 사용량을 줄이는 사회활동을 전개한다. 예를 들어, 농약생산업체는 농업인이 재생농업, 지속가능한 농업으로 전환하도록 교육과 지원을 할 수 있다.

3. 자연기반해법 이행

자연기반해법은 생물다양성을 보전하거나 더 좋은 상태로 만드는 방법이면서 자연이 인간에게 제공하는 각종 생태계 서비스의 수준을 높이는 활동이다. 훼손된 산림을 복원하면 산림의 생물다양성을 높여주는 동시에 산림의 탄소 흡수 기능, 물 정화와 지하수 함양 기능, 홍수 방지 기능, 지역 기후 조절, 수분 곤충 서식지 확대, 여가 제공 기능 등이 향상된다. 즉 생물다양성 감소 문제를 해결하면서 인간이 만나게 되는 각종 사회, 환경 문제를 해결하는 효과가 있다. TNFD 권고가 기업에 요구하는 것이 기업 활동에 의해 발생하는 자연에 대한 악영향을 줄여 발생할 수 있는 위험에 대응하고, 지속가능한 지구를 위한 기회 요인을 창출하는 것이므로 자연기반해법은 이런 목적을 달성하게 해주는 중요한 수단이 된다.

 자연기반해법에 대한 국제사회의 관심은 코로나 발생 이후 증가하여 최근 결정된 국제협약 결정문에도 반영되어 있다. 제27차 기후변화협약 당사국총회(2022)의 결정문에서 기후변화와 생물다양성 위기에 공동으로 대처하기 위해 자연기반해법을 적극 활용할 것을 명시하였다.[106] 비슷한 시기에 채택된 생물다양성협약의 세계생물다양성체계도 자연기반해법을 적극 활용해야 한다는 결정을 포함하고 있다.[107] 전 지구 면적의 30%까지 보호지역으로 설정하고, 훼손된 육상·해양 생태계의 30%를 복원해야 한다는 목표를 설정하였다. 또한, 기후변화 대응과 생물다양성 위기에 공동 대응하고, 다양한 생태계 서비스를 복구하고 향상시키기 위해 자연기반해법을 사용할 것을 요구하였다. 2023년 4월에 G7 정상회의에 참여한 선진국들은 네이처 포지티브 경제를 위해 노력해야 하며 이를 정책에 반영해 TNFD 체계 활성화, 자연기반해법에 대한 투자 확대가 필요하다고 선언하였다.

이런 국제사회의 결정은 자연에 미치는 악영향을 줄이기 위한 수단으로 자연기반해법을 사용해야 한다고 TNFD가 권고하는 것과 같은 맥락에 있다고 할 수 있다.

자연기반해법의 유형

자연기반해법은 단순히 훼손된 생태계를 복원하는 것에 한정하지 않고, 그 범위가 매우 넓다. 2022년 유엔환경총회UNEA가 정한 자연기반해법에 대한 정의[108]는 다음과 같다.

> 자연 또는 변형된 육상, 담수, 연안, 해양 생태계를 보호, 보전, 복원, 지속가능하게 이용하고, 관리하는 행동이다. 이들 생태계는 사회, 경제, 환경 문제를 효과적이고 순응적으로 처리하면서 동시에 인간의 웰빙, 생태계 서비스, 회복력, 생물다양성 등의 혜택을 제공한다.
> ─ 유엔환경계획(2022)

정의에서 확인할 수 있는 것처럼 자연기반해법의 유형에는 자연에 대한 보호protect, 보전conserve, 복원restore, 지속가능한 이용과 관리 sustainably use and manage 등이 포함된다. AR3T와 비교하면, 회피, 저감, 재생, 복원 등의 수단과 밀접히 연관성이 있다. 차이가 있다면, AR3T의 저감은 기업이 각종 오염물질을 자연으로 배출하는 것을 줄이는 수단 포함되지만, 자연기반해법의 범주에는 직접적인 오염물질 감축 수단이 포함되지 않는다는 점이다.

기업이 활용할 수 있는 자연기반해법의 유형은 생물다양성 보호

표 4-7. 자연기반해법 목적과 사례(오일영 외, 2023)

목적	사례
생물다양성 보호	
+ 온실가스 감축	재조림, 산림관리, 조림지 개선, 바이오차, 탄소보전농업, 농경지 식수, 초지관리, 콩과식물 심기, 습지 보호·복원, 맹그로브·염습지 보호·복원
+ 도시 여건 개선 및 웰빙	도시숲, 건물 녹색화, 열린 녹지, 녹색 통로, 도시 농업, 하천 재자연화, 생태 저류지, 자연형 내륙습지, 인공형 내륙습지, 하천 범람원·맹그로브·모래 해변·염습지 보호·복원
+ 물 관리	조림, 산림보호·복원, 강과 범람원 재연결, 수림대, 습지 보호·복원, 인공 습지, 빗물 저장, 생태 저류지, 녹색 통로, 녹색 지붕, 투수성 포장, 맹그로브·모래 해변·염습지 보호·복원
+ 해양 문제 해소	산호초·맹그로브·모래 해변·염습지(갯벌) 보호·복원, 해양 조림, 해양 공간계획
+ 농업	산림·목초지 농지 전환 방지, 지속가능 산림관리(벌목 수량·주기 조정, 자생종 식재 등), 목초지 복원, 산불관리, 혼농임업, 바이오차, 임간축산, 무경간 농법, 피복 작물, 가축분뇨 퇴비화

라는 근원적인 목적과 동시에 해결하고자 하는 사회 문제에 따라 온실가스 감축, 도시, 물, 해양, 건강, 농업 등으로 구분할 수 있다. 기업은 다양한 사례 중에서 사업장이나 가치사슬의 위치, 관리해야 할 영향 유발요인, 의존하는 주요 생태계 서비스, 생태계 여건 등을 고려하여 선택할 수 있다. 자연기반해법 사례가 여러 달성 목적에 중복되는 이유는 자연기반해법 자체가 여러가지 혜택을 동시에 제공하기 때문이다.

자연기반해법 이행 기준

자연기반해법은 사업장의 위치, 해결하고자 하는 자연에 미치는 악영향, 이해관계자와의 관계 등에 따라 매우 다양한 형태로 진행될 수 있다. 한편 자연기반해법에 대해서는 항상 그린워싱Green washing을 만들 수 있다는 비판이 존재한다. 가장 많은 비판은 온실가스 흡수 목적으로 산림을 조성하는 것인데 기업이 에너지 연소, 공정에서 발생하는 온실가스를 자체적으로 줄이지 않고 산림의 온실가스 흡수에 의존한다는 것이다. 이와 연계하여 흡수량만 늘릴 목적으로 생물다양성 향상에 기여하지 못하는 외래 식물을 식재하는 경우가 많다는 비판도 있다. 또한, 사업 시행 지역에 거주하는 원주민이나 지역사회와 합의하지 않은 채 진행되어 원주민의 생활을 악화시킬 수 있다는 비판도 존재한다. 이와 같은 그린 워싱 문제를 해결하기 위해서 자연기반해법 이행에 대한 기준이 필요하며 기업은 이를 준수할 필요가 있다.

자연기반해법 이행 기준으로는 현재 세계자연보전연맹이 2020년 발표한 것이 대표적이다. 총 8개 기준, 23개 지표로 구성되어 있다.[109] 다만, 이 기준은 기업을 대상으로 만든 것이 아니므로 각 기준·지표 중에서 선택 적용할 필요가 있다. 기업이 염두에 두어야 할 사항은 다음과 같다.

- **효과적인 문제 해결**: 해결해야 할 문제, 문제의 우선순위 등을 명확히 하고, 적용할 자연기반해법에 대해 이해관계자 의견수렴을 거쳐 확정한다. 사업의 효과를 주기적으로 평가, 보완한다.
- **사업의 범위 설정**: 생태계, 지리, 이해관계자 측면을 포괄적으로 고려하고 다양한 기대효과가 있도록 시너지를 추구해야 한다. 침입외래종 사용 시 발생할 부정적 영향을 주의한다.
- **생물다양성의 순이익 추구**: 생물학적 다양성, 생태적 완결성, 연결성 등을 종합적으로 고려한다. 다만, 생태계의 복잡성 때문에 발생할 효과의 불확실성을 염두에 두어 주기적으로 모니터링, 보완한다.
- **경제적 분석**: 비용과 편익 비교 시 편익에는 생태계 서비스 향상 등 비경제적 요인도 고려해야 한다. 사업의 유형은 여러 자연기반해법 유형, 녹색-회색 인프라(인공적 인프라와 자연기반해법을 융합한 형태) 등 다양하게 분석한다.
- **거버넌스 운영**: 원주민의 권리를 인정한다. 지역주민, 지자체 등 이해관계자와 의사소통 절차를 마련하고 협의에 기반하여 사업을 이행한다.
- **균형점 찾기**: 생물다양성 향상과 다른 목적 간의 균형점, 다양한 이해관계자 간의 형평성 등을 찾아 관리한다.

- **적응형 관리**: 자연기반해법의 특성상 다양한 불확실성이 존재할 수 있으므로 상황 변화에 맞춘 적응형 관리를 한다.
- **주류화 추구**: 자연기반해법 사업이 기존 법령과 충돌할 수 있으므로 지자체, 중앙정부와 협력적으로 이행한다. 기후, 자연, 자원순환, 인권 등 각종 지속가능성을 달성하는 것을 궁극적 목표로 한다.

4. 침입외래종 관리

외래생물은 외국에서 인위적 또는 자연적으로 유입되어 원래의 서식지를 벗어나 존재하는 생물이다. 이 중에서 유입된 생태계에 큰 위해를 미치거나, 생태계의 균형을 교란하는 생물을 침입외래종이라고 한다. 한국에서는 법적(<생물다양성 보전 및 이용에 관한 법률>)으로 '생태계 교란 외래생물'이라고 명명한다.[110] 생물다양성 과학기구는 침입외래종을 생물다양성 위기를 촉발하는 5대 영향 유발요인 중 하나로 정하고 있다. 따라서 기업이 자연에 미치는 영향 요인을 파악할 때는 침입외래종도 포함해야 하며, 이것이 미치는 영향이 클 경우에는 관리 전략에 포함할 필요가 있다. 생물다양성 과학기구는 2023년 가을에 침입외래종에 대한 특별 보고서(<The thematic assessment report on Invasive Alien Species and Their Control>)를 발간하여 생물다양성 파괴에 침입외래종이 미치는 영향의 중대성과 대응 방향을 제시한 바 있다. 예를 들어, 전 세계에서 멸종되었다고 기록된 생물종의 60%가 침입외래종이 미친 악영향 때문이다. 2019년 기준으로 침입외래종이 발생시킨 경제적 비용은 4,230억 달러에 달하는데 이는 10년마다 4배씩 증가한 수치라고 한다.[111]

유형과 영향

외래생물이 들어오는 경로는 의도적으로 들여와 자연에 유출되는 경우와 비의도적으로 들어와 유출되는 경우가 있다. 전자는 식용, 산업용, 농업용, 관상용 등의 목적으로 외국에서 수입하여 활용하였으나 경제적 가치가 하락하거나 사육이 어려워져 자연에 유기하거나 방사하는 경우이다. 후자는 여행객의 수화물, 목재와 같은 원료를 수입할 때 운송수단에 붙어 들어오는 경우이다.

침입외래종이 생물다양성, 생태계 서비스에 미치는 영향은 생물종마다 다른 방식으로 발현된다.[112] 가을거미벌레는 아프리카 지역의 옥수수 수확량에 큰 피해를 끼쳐 이 지역의 빈곤 문제를 촉발시킨다. 외줄모기는 뎅기열의 원인이 되며, 붉은불개미는 침을 쏘아서 통증이나 알레르기 반응을 일으킨다. 붉은귀거북, 큰입배스 등은 번식이 빠르고 식욕이 왕성하여 국내 토착종이나 멸종위기 야생동식물 생존에 부정적인 영향을 미친다. 식물인 단풍잎돼지풀은 농경지에 경작하는 작물보다 더 잘 자라서 옥수수나 콩 작물 생산량을 감소시킨다. 조개류 중에는 생장 속도가 매우 빨라 수처리시설이나 발전소의 냉각수 시설에 피해를 끼치는 종도 있다. 이처럼 침입외래종은 멸종위기종이나 토착종 피해와 같이 생물다양성 감소의 원인이 되는 동시에, 농업, 양식업, 산업, 건강 등에 폭넓게 영향을 미치고 있다.

현황 정보

한국에는 <생물다양성 보전 및 이용에 관한 법률>에 침입외래종을 관리하는 규정이 마련되어 있다. 2022년 현재 생태계교란 외래생물

36종, 생태계위해 우려 생물 4종을 관리 대상으로 정해 수입이나 사육을 규제하고 있다.[h] 이에 더해 한국에 유입될 경우 생태계에 위해를 줄 가능성이 있으나 아직 국내에서 위해성 여부 평가가 이루어지지 않은 경우는 '유입주의 생물'이라는 범주로 관리하고 있다. 사업자가 이 생물을 국내에 수입할 경우 평가를 받아야 한다. 2022년 기준, 유입주의 생물은 총 557종이다. 이상의 관리 대상 생물종과 분포 현황은 한국 외래생물 정보시스템(kias.nie.re.kr)에서 확인할 수 있다.

한국 외래생물 정보시스템
kias.nie.re.kr

전 세계 차원에서 침입외래종으로 관리되는 생물종 정보는 여러 데이터베이스를 참고할 수 있다. 세계자연보전연맹은 세계적으로 영향이 큰 생물 100종의 이름, 분포 현황, 관리 방법을 제공하는 데이터베이스 Global Invasive Species Database를 운영한다. 농수산업 분야의 외래 생물종에 대한 정보는 CABI를 참고할 수 있다. 그 외 각 지역별 정보를 모은 데이터베이스도 있다.

GISD
www.iucngisd.org/gisd

CABI
www.cabidigitallibrary.org/isc

유럽 생태계 교란 외래생물 정보 데이터베이스
easin.jrc.ec.europa.eu/easin

태평양 도서 국가
www.hear.org/pier

미국
www.gbif.us

남미 국가
bd.institutohorus.org.br

[h]　생태계교란 외래 생물(36종): 포유류(뉴트리아), 양서류(황소개구리), 파충류(붉은귀거북 등 6종), 어류(큰입배스 등 3종), 갑각류(미국가재), 곤충류(붉은불개미 등 8종), 식물(돼지풀, 가시박 등 17종)
생태계위해 우려 생물(4종): 포유류(라쿤), 어류(대서양연어, 피라냐), 양서류(아프리카 발톱개구리) (국립생태원, 2022).

네이처 포지티브

관리 전략

생물다양성 과학기구의 특별보고서에 따르면, 침입외래종에 대한 관리는 해당 생물종의 유입 또는 확산 정도에 따라 다르다.[113] 아직 국내에 유입이 확인되지 않은 생물종에 대해서는 수입 세관에서의 관리, 국내 유입 시 위해성 평가, 유입 경로 확인이 중요하다. 국내 유입된 이후 초기에는 자연에서 정착하지 못하도록 해야 하는데 그러려면 주기적으로 현장 조사를 하고, 발견 시 박멸해야 한다. 이런 작업은 지역주민이나 시민단체와 협업으로 진행하는 것이 효과적이다. 반면에 확산 단계로 접어든 생물종에 대해서는 확산 속도를 늦추기 위해 조절을 해야 하며, 이미 대규모로 확산된 이후에는 민감한 장소에 대해 생태계 복원 활동이 필요한 경우가 발생한다. 불가피하게 국가 차원의 정책이 수반되어야 이행이 가능한 단계이다.

침입외래종이 유입되고 난 이후 자연에서 침입외래종을 박멸하거나 제거하는 것은 현실적으로 매우 어렵다. 생물종에 따라서는 씨앗을 퍼트려 박멸 작업 이후에도 살아남는 것이 있고, 현장에서 발견하는 것이 어려운 생물종도 있다. 처음부터 유입을 방지하기 위해 노력하는 것이 가장 중요하다. 따라서 기업은 단계별 중점 관리 방안을 확인하여 이에 해당하는 관리 전략을 만들어야 하며, 해당 지역 정부의 정책이나 규제에 맞추어 대응할 필요가 있다.

5. 녹색분류체계 활용하기

녹색분류체계Green Taxonomy는 어떤 유형의 경제활동이 경제와 사회를 더 환경친화적으로 만드는 것인지에 대한 목록과 기준을 제시하는 것이다. 즉, 녹색경제활동을 모아 놓은 것이다. 전 세계가 코로나19 팬데믹을 경험하면서 보다 환경친화적으로 경제를 회복시켜야 한다는 공감대 안에서 만들어졌다. 기업과 민간 금융기관이 기후변화, 각종 환경오염 방지, 생물다양성 파괴 등을 극복하는 활동에 더 많은 자금을 투자하고 새로운 기술과 설비를 도입하도록 유도하는 것이 목적이다. 또한, 그린 워싱 활동을 억제하기 위한 해법이기도 하다. 따라서 녹색분류체계가 지향하는 환경 목표는 6가지(온실가스 감축, 기후변화 적응, 물과 해양 자원의 지속가능한 활용과 보호, 순환경제로 전환, 환경오염 방지 및 관리, 생물다양성과 생태계 보호와 복원)이다.[114]

기업이 TNFD 체계에 대한 대응 전략을 수립하는 과정에서 녹색분류체계는 두 가지 의미가 있다. 기업은 생물다양성 리스크에 대비해 이행할 수 있는 활동을 확인할 수 있다. 다른 하나는 기업이 녹색 펀드, 녹색 여신과 파이낸싱 등의 투자를 받을 수 있는 기회 요인으로 활용할 수도 있다는 점이다.

도입 현황

녹색분류체계 도입과 활용이 가장 활발한 유럽연합은 2021년 1차로 온실가스 감축과 기후변화 적응에 관련된 녹색분류체계를 발표하였다. 유럽연합 지속가능 재무공시규정SFDR, 기업 지속가능성 보고지침CSRD 등을 의무화였다. 이에 맞추어 유럽연합에서 활동하는 기업과 민간 금융기관은 각자의 비즈니스 활동에서 녹색경제활동을 얼마나 실행하고 있는지 재무적 측면에서 공개해야 한다. 2023년에는 EU 녹색채권 기준Green Bond Standard이 제정되어 녹색분류체계가 더 중요해지면서 기후변화 외에 4가지 목표에 해당하는 활동을 일부 발표하였다.[115]

한국은 2021년에 K-녹색분류체계를 1차 발표하였고, 2022년에 한 차례 개정하였다. 유럽연합과 한국의 차이점은 유럽연합이 1차는 기후변화, 2차는 다른 목표에 대한 분류를 추가한 것과는 달리 한국은 1차 발표 때부터 6가지 목표를 모두 포함한 녹색분류체계를 발표하였다는 점이다.[116] 녹색분류체계 활용 측면에서도 차이가 존재한다. 유럽연합의 녹색분류체계는 기업의 지속가능한 재무 공시 체계와 법적으로 연결되어 있지만, 한국은 환경 측면의 재무 공시 의무가 시작되지 않은 상황으로 기업이 자발적으로 녹색경제활동에 대한 파이낸싱, 여신, 펀드를 받도록 도와주는 목적으로 활용되고 있다.

K-녹색분류체계 중 TNFD 체계 대응 활동[117]

K-녹색분류체계는 활동 기준, 인정 기준, 배제 기준, 보호 기준의 4가지 판단 체계를 가지고 있다. 활동 기준은 기업이 추진하는 녹색경제

활동이 K-녹색분류체계에 해당하는지 여부, 인정 기준은 6대 환경목표 중 어떤 환경목표 달성에 부합하는지를 확인한다. 배제 기준은 각 녹색경제활동이 다른 환경 목표를 침해해서는 안 된다는 기준이며 보호 기준은 인권, 노동, 안전 등의 법규를 위반하지 말아야 한다는 것이다. 이 중에서 TNFD 체계에 대응하는 사항은 다음과 같다.

첫째, 기업이 자연에 미치는 영향 유발 요인은 5가지이므로 이를 줄이려는 행동을 K-녹색분류체계의 활동 기준과 인정 기준에서 확인할 수 있다. 예를 들어 '물의 지속가능한 보전' 부문에 포함된 하·폐수 관리, 저영향 개발, 대체 수자원 활용 등은 물 스트레스가 심한 지역의 수량을 확보하고 담수 생태계에 대한 영향을 줄이는 활동에 해당한다. 앞서 확인한 것처럼 매우 많은 업종이 물의 생태계 서비스에 크게 의존하고 있으므로 반드시 고려해야 할 활동이다. '순환경제로 전환' 부문에 포함된 폐기물 발생 억제, 폐기물 재활용과 새활용 등도 자연자원의 활용을 줄이고 자연으로 유출되는 폐기물을 줄이는 활동이므로 중요하다. '오염방지 및 관리' 부문에서 해양 오염 방지 및 처리 활동은 해양 생태계 보호를 위해 필요한 활동이다. 이상의 녹색경제활동을 AR3T 체계에서 판단하면 회피와 저감 유형의 활동에 해당한다. '생물다양성 보전 부문에는 육상 및 해양 생태계 보호·복원, 산림 생태계 복원, 도시 내 탄소 흡수원 조성, 생물종 보호·보전 등이 포함되어 있다. 이는 AR3T 체계의 재생·복원에 해당하는 유형이다. '온실가스 감축', '기후변화 적응' 부문에 포함된 활동도 근본적으로 자연에 미치는 영향을 줄이는 활동에 포함된다. 자연에 미치는 5대 영향 유발 요인에 기후변화가 포함되어 있기 때문이다. 다만, TNFD

체계보다는 TCFD 체계에서 주로 포함될 항목이기는 하다. K-녹색분류체계 중 TNFD 체계 대응에 고려할 만한 활동과 AR3T 유형의 관련성을 표 4-8에 정리해 두었다.

두 번째로 확인할 사항은 K-녹색분류체계 기준 중 배제 기준이다. 배제 기준은 녹색경제활동이 1~2개 환경 목표 달성에는 도움이 되지만 다른 환경 목표에는 심각한 피해를 주지 말아야 한다는 것이다. 국제적으로는 중대한 위해 금지DNSH: Do No Significant Harm라고 정의된다. 예를 들어, 태양광이나 풍력발전 부지를 대규모로 조성할 때 민감한 생태계와 서식지를 파괴하는 경우, 바이오매스 발전에 사용되는 목재 펠릿을 위해 불법 벌채하는 경우 등은 온실가스 감축 목표 달성에는 도움이 되나 생물다양성 보호 목표에는 피해를 끼친다. 하·폐수 슬러지나 폐기물을 재활용하면서 각종 수질, 대기 오염물질을 허용 기준 이상으로 배출하는 경우도 배제 기준을 위반하는 경우이다. 이런 사례는 궁극적으로 자연과 생물다양성 보호라는 TNFD 체계 이행에 도움이 되지 않는 사례이다. 6개 환경 목표에 대한 균형을 잡기 위해 각 목표에는 배제 기준이 설정되어 있다. 예를 들어, 기후변화 적응 목표 측면에서는 녹색경제활동이 기후변화에 의한 홍수, 하천 건천화, 생물 서식지 축소, 열 스트레스 증가 등의 기후 위기에 영향을 받지 않는지 확인하도록 요구한다. 물, 순환경제, 오염 관리 목표 측면에서는 현재 환경 관련 법규가 정한 사항을 준수해야 한다. 생물다양성 보전 목표 측면에서는 녹색경제활동이 육상과 해양의 각종 보호구역을 침해하지 않아야 한다.

자연 관련 공시를 기후 관련 공시와 연계해서 적용해야 한다는

표 4-8. K-녹색분류체계 중 TNFD 체계에 대한 대응 활동 사례(환경부, 2022b에서 저자 재구성)

부문	활동	AR3T 연관성
온실가스 감축	• 농산물 저탄소 농업	재생
	• 바이오차(Biochar) 제조 및 토양 살포	
	• 대체 가공식품(배양육, 식물 성분 고기 등) 제조	회피
기후변화 적응	• 기후변화 적응 핵심 기술(재난 방지, 물 공급, 하·폐수 재이용, 해수 담수화 등) 관련 설비 구축·운영	저감, 재생·복원
	• 기후변화 적응 관련 조사 연구	회피, 저감, 재생·복원
	• 기후변화 대응, 환경개선 관련 교육, 문화 활동	변화 행동
물의 보전	• 하·폐수 관리	저감
	• 대체 수자원 활용	
	• 물 수요 관리	
	• 물 재이용	
	• 지하수 정화	
	• 저영향 개발	저감, 재생·복원
순환 경제	• 폐기물 발생 억제	저감
	• 폐기물 재활용(재사용·재제조·재생 이용)과 새활용	
	• 폐기물 열분해	
오염 방지 및 관리	• 대기 오염 방지 및 처리	저감
	• 해양 오염 방지 및 처리	
생물다양성 보전	• 육상 및 해양 생태계 보호·복원	복원
	• 산림 생태계 복원	
	• 도시 내 탄소 흡수원 조성	재생·복원
	• 생물종 보호·보전: 멸종위기종 보전과 외래 생물 퇴치	회피, 재생·복원

점은 TNFD 권고를 만들 때부터 정해진 있는 방향성이다. 그래서 TNFD 권고는 기업이 공시할 내용에 기후변화 목표 달성과의 관계, 발생할 수 있는 트레이드오프trade off를 설명하도록 요구하고 있다. K-녹색분류체계의 배제 기준은 이런 부분에 대한 이해를 높이는 데 도움이 되는 정보를 제공하고 있다.

K-녹색분류체계 보완 방향

현재의 K-녹색분류체계는 TNFD 권고가 발표되기 이전에 만들어진 것이라 향후 보완이 필요하다. 유럽연합이 2023년에 물과 해양자원 활용, 순환경제, 오염물질 관리, 생물다양성 보전 등의 목표와 관련하여 발표한 활동[118]과 K-녹색분류체계의 차이점을 비교하면 향후 보완할 방향성에 대한 아이디어를 얻을 수 있다.

예를 들어, 물과 해양자원 활용 분야에서 유럽연합의 체계는 자연기반해법을 활용한 홍수와 가뭄 대응 활동을 포함하고 있으나 K-녹색분류체계는 자연기반해법을 포함하지 않고 있다. 오염물질 관리 분야에서 유럽연합 체계는 오염된 토양, 지하수, 산업단지의 오염물질 정화와 재생, 기름 유출 등 환경오염 사고가 발생한 담수 생태계, 해안의 정화 등을 새롭게 포함한다.

생물다양성 보전 부문에서는 K-녹색분류체계와 유사하게 서식지, 생태계, 생물종의 복원과 보전 활동 전체를 포함한다. 다만, 유럽연합은 생물다양성에 대한 영향이 크다고 알려진 숙박·관광업, 농업 업종 등에 대해 각각 차별화된 활동을 제시할 예정이며, 2023년 말 현재 호텔·숙박업에 대한 녹색경제활동을 제시하고 있다. 이 활동에는 관광 지역의 자연보전 및 복원 활동을 재정적으로 지원하고, 관광 지역에서 자연에 대한 영향을 줄이는 활동을 전개하며, 친환경 인증을 받은 원자재 구매 비율을 높이는 활동 등이 포함되어 있다.

    K-녹색분류체계도 자연기반해법 적용 분야를 확대하고, 산업 업종별로 자연보전·복원 활동에 대한 구체적 방향을 제시할 필요가 있다.

6. 자연 관련 시장 이해하기

자연과 생물다양성 위기에 적극적으로 대응하려면 현재보다 훨씬 더 많은 재원을 자연 관련 시장Nature Market에 투입해야 한다. 유엔환경계획이 2021년 발표한 <자연 관련 재원 투자 현황 보고서State of Finance for Nature>에 의하면 자연 분야에 대한 재정 투자는 기후변화 분야의 23%에 불과하고, 민간 부문의 역할은 전체의 14% 정도일 뿐이다.[119] 이에 따라 세계생물다양성체계의 목표 19는 전 세계가 자연 위기에 대응해 2030년까지 매년 2천억 달러를 투입해야 하며, 이 재원은 공공뿐만 아니라 민간 부문에서도 책임져야 한다고 정했다.[120] 이를 위해서 생태계 서비스 지불제도PES: Payment for Ecosystem Services, 생물다양성 상쇄와 크레딧Biodiversity offset and credit, 녹색 채권Green bond, 이익 공유Benefit sharing mechanism와 같은 혁신적인 수단을 강구할 필요가 있다고 명시했다.

  유엔환경계획은 2010년대 말부터 2020년대까지 자연기반해법에 투자된 재원의 규모를 유형 별로 분석한 바 있다. 이에 따르면 민간 부문에서 투자되는 재원의 흐름은 여러 형태가 가능하다.[121] 예를 들어 생물다양성 향상, 자연자산 보호 등을 목적으로 하는 채권, 대출, 주식 등을 이용하는 것이다(30억 달러/년 규모). 이런 재원 투자는 K-녹색분류체계에서 제시하는 녹색경제활동을 참고하여 투자 방향을 정하는 것이 기업이 선택할 수 있는 방식이다. 자연보전 활동을 하는 NGO나 자선단체에 기부하는 방식도 있다(40억 달러/년 규모). 이 방식은 이미 기업들이 사회공헌사업으로 진행하던 유형으로 AR3T의 대응 체계를 참고하여 기부 방향을 더 확대할 필요가 있다. 가치사슬 차원에서 지속가능한 인증을 받은 원자재를 구입하는 것도 도움이 된다(80억 달러/년). 국제산림관리협의회 인증을 받은 목재, 제지 상품만 구입하는 것이 이에 해당한다. 이와 더불어 최근 생물다양성 상쇄(60억 달러/년)와 크레딧, 생태계 서비스 지불 제도(30억 달러/년)의 중요성이 증가하고 있다. 또한, 기후변화 대응을 위해 조림, 재조림을 실시하여 만들어지는 탄소흡수원 크레딧(20억 달러/년)도 산림복원 등 자연 부문에 재원 투자를 늘리는 수단으로 의미가 있다. 각 유형의 규모는 선진국이 개발도상국에 지원하는 자연기반해법 공적개발원조(20억 달러/년) 규모보다 크다.

생물다양성 상쇄 와 크레딧

기후변화 대응을 위한 온실가스 감축 상쇄 Carbon offset와 탄소 배출권 Carbon credit은 이미 상당한 규모의 시장으로 발전되었다. 이 제도는 한 행위자가 온실가스를 감축한 실적을 온실가스를 배출하는 기업이 구입하거나, 시장 참여자 상호간 거래하는 시스템이다. 1997년 기후변화협약에서 채택된 교토의정서 Kyoto Protocol에 의해 국제적 차원의 청정개발체제 CDM: Clean Development Mechanism, 공동이행제도 JI: Joint Implementation가 만들어졌고 이를 토대로 2000년대 중반부터 유럽연합의 온실가스 배출권 거래제도가 시작되면서 탄소배출권을 생산, 거

그림 4-2. 자연 분야의 재원 흐름 현황(UNEP, 2022b)

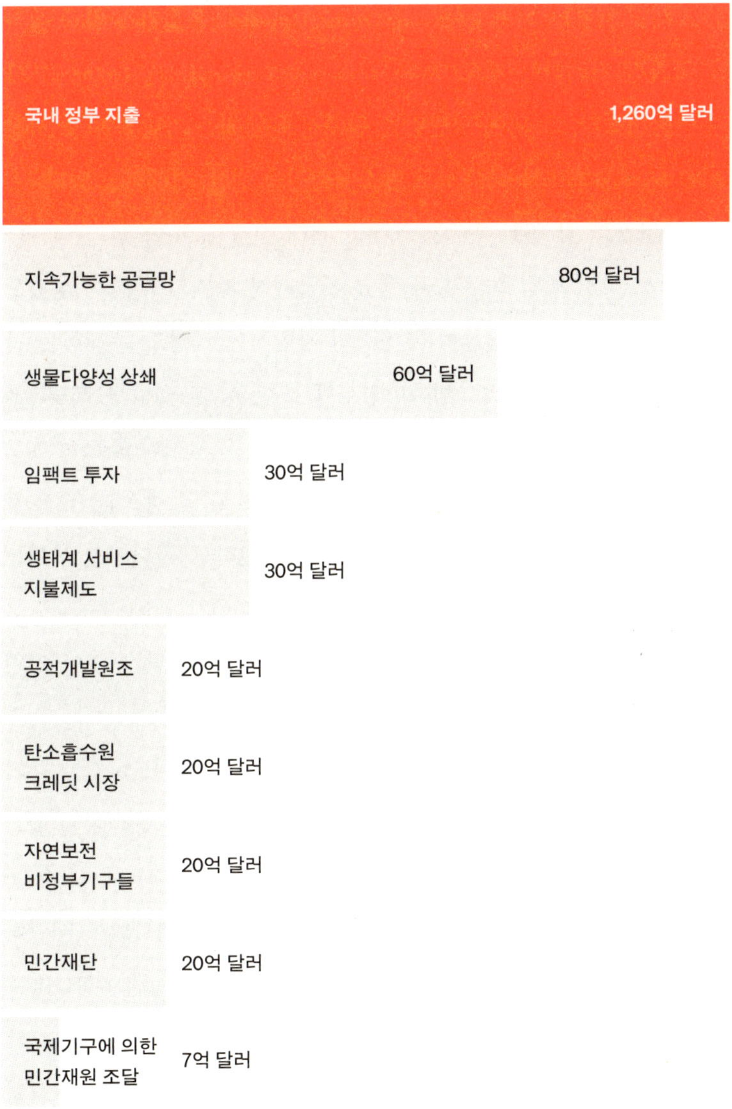

국내 정부 지출	1,260억 달러
지속가능한 공급망	80억 달러
생물다양성 상쇄	60억 달러
임팩트 투자	30억 달러
생태계 서비스 지불제도	30억 달러
공적개발원조	20억 달러
탄소흡수원 크레딧 시장	20억 달러
자연보전 비정부기구들	20억 달러
민간재단	20억 달러
국제기구에 의한 민간재원 조달	7억 달러

래하는 체계가 활성화되었다. 20여 년이 지난 2015년 파리협정에 의해 협력적 접근법Cooperative approach, 청정개발체제에서 발전한 파리협정 크레딧 체제PACM: Paris Agreement Crediting Mechanism, 온실가스 감축 실적을 국가간 거래하는 제도ITMOs: Internationally Transferred Mitigation Outcomes까지 만들어졌다. 그 외에도 민간 차원에서 운영되는 자발적 탄소 시장 VCM: Voluntary Carbon Market에서도 탄소배출권을 생산, 거래하고 있다.

온실가스 감축에 기반한 크레딧 거래 시장은 20여 년의 역사를 거치면서 다양한 감축 유형이 생겼고 국제적 차원의 시장이 생겼으며 국가간 거래도 가능해지고 민간의 자발적인 시장도 존재하는 단계로 발전해 왔다. 반면, 생물다양성에 대한 상쇄offset나 크레딧credit에 대한 논의는 2000년대 중반부터 있었으나 그 사례나 규모는 매우 일천하다. 최근에 와서야 필요성과 구성 요소, 운영 방식과 조건 등에 대한 논의가 국제적으로 이루어지기 시작했다. 생물다양성 상쇄는 2004년~2010년에 생물다양성협약과 민간 NGO가 공동으로 검토하여 제10차 생물다양성협약 당사국총회(2010)에서 민간기업이 자연보전 활동으로 이행할 수 있는 유형으로 공식화되었다.

2004년 미국에 기반을 둔 NGO인 포레스트 트렌드Forest Trends가 자연보전단체, 민간기업, 금융기관, 정부기관 등을 초청하여 설립한 '비즈니스와 생물다양성 상쇄 프로그램BBOP: Business and Biodiversity Offset Programme'이 생물다양성 상쇄 개념을 본격적으로 국제사회에 제안하면서 구체화된 것이다.[122] 제8차 생물다양성협약 당사국총회(2008)에서 민간기업의 역할에 대한 결정문을 확정하면서 생물다양성 상쇄에 대한 가이드라인을 만들겠다는 내용이 포함되었다. 이후 생물다양성협약 사무국은 BBOP와 협업하여 2008년에 생물다양성 상쇄에 대한 원칙이 포함된 문서를 공식적으로 회람하고, 공식 논의를 거쳐 제10차 당사국총회(2010)에서 상쇄가 민간 부문의 자연보전 활동에 해당한다는 결정을 공식화하였다. 현재는 호주, 브라질, 캐나다, 독일, 중국 등 최소 56개국에서 생물다양성 상쇄를 법적으로 요구하는 정책을 이행하고 있다.

생물다양성 크레딧을 인증하고 거래하는 형태는 현재까지 대부분 자발적voluntary으로 운영되는 체계이다. 민간 인증기관이 주로 추진하고 있으며, 전 세계적으로 20여 개 기관이 있다. 국제적 프로그램을 운영하는 사례는 월라시 트러스트Wallacea Trust의 Biodiversity Credits, 플랜 비보Plan Vivo의 PV Nature Biodiversity Certificates, 오픈 어스 OpenEarth의 Marine Ecosystem Credits 등이 대표적이며 호주, 뉴질랜드, 콜롬비아, 스코틀랜드 등에는 자국 내에서 활동하는 민간기관이 다수 있다.[123] 국가 단위로 추진하기 위해 움직이는 경우로는 호주 Nature Repair Market, 뉴질랜드 Biodiversity Credit System 등이 있다. 영국은 국내에 자발적 생물다양성 크레딧 시장이 다양하게 형성되도록 지원하기 위한 전략Nature markets을 수립하고 관련 가이드라인을 만들고 있다.[124]

생물다양성 크레딧 시장을 키우기 위해 국제적으로 필요성을 강조하는 이니셔티브도 있다. 세계경제포럼의 생물다양성 크레딧 작업그룹Biodiversity Credits Working Group, 유엔환경계획과 유엔개발계획이 지원하는 생물다양성 크레딧 동맹Biodiversity Credit Alliance, 자연시장 태스크포스Taskforce on Nature Market 등이 사례이다.[125] 이들은 생물다양성 크레딧 시장이 갖추어야 할 원칙, 방향성 등에 대해 아이디어를 모으고, 시장 형성을 촉진하고자 노력하고 있다.

생물다양성 상쇄와 크레딧 개념은 다음과 같은 차이가 있다.[126]

- **생물다양성 상쇄**: 개발사업에서 발생하는 생물다양성에 대한 부정적 영향이 각종 예방 및 저감 조치를 한 이후에도 남아 있는 경우, 다른 지역에서 생물다양성 보전 및 복원 활동을 하여 원칙적으로 생물다양성의 '순손실이 없는 상태no net loss 또는 순이익 상태net gain'를 만드는 방식이다. 때로는 다른 행위자가 보전, 복원 활동을 한 성과를 구입하는 것도 가능하다. 중요한 점은 자연에 대한 부정적 영향 감축 행동의 우선순위AR3T에서 회피, 감축, 재생·복원 등으로 안될 때 가장 마지막 단계에 이행해야 한다는 원칙이다. 또한 문제가 있는 개발사업 지역과 연계하여 추진하는 것이 필요하다.

- **생물다양성 크레딧**: 한 지역의 생물종, 생태계, 자연 서식지 등에 대한 보전, 복원 활동의 성과를 측정, 계량화하여 이 성과를 거래 가능한 단위(크레딧)로 전환한 이후 시장에서 거래하는 시스템이다. 상쇄와는 달리 진행 중인 개발사업에 직접 연관되지 않은 유형이라고 할 수 있으며, 거래의 목적은 상황에 따라 다양할 수 있다. 이 유형도 TNFD 체계를 이행하는 감축 행동에서는 낮은 우선순위로 고려되어야 한다.

생물다양성 상쇄 사례

생물다양성 상쇄를 이행하는 방식은 크게 2가지 유형으로 나뉜다. 하나는 특정 사업 개발자가 개발 대상 지역 외부에서 자연보전, 복원의 상쇄 활동을 직접 수행하는 기관과 계약을 맺고 비용을 지불하는 방식이다. 다른 하나는 제3자(자연보전 NGO나 저감은행Mitigation Bank)가 상쇄 활동을 수행하고, 개발 사업자가 그 실적을 돈으로 구매하는 경우이다.

미국의 경우는 미국 수자원 보상형 감축 프로그램US Aquatic Resources Compensatory Mitigation programme을 2010년대부터 이행하고 있다. 이 프로그램은 습지, 하천과 다른 담수 생태계에 영향을 미치는 개발 사업을 하는 사업자가 상쇄 활동에서 만들어진 크레딧을 개발 사업 이전에 구매하도록 요구하는 제도이다. 이 프로그램에서 인정하는 상쇄 활동은 4가지로 복원Restoration, 신규 습지 조성Establishment, 습지 환경 개선Enhancement, 습지 보호지역 설정 관리Preservation 등이다. 운영 방식은 2가지가 있다. 개발 사업자가 상쇄 활동 수행기관과 직접 계약을 맺는 경우와 제3자의 상쇄 활동 실적 크레딧을 구매하는 경우이다. 후자의 경우는 저감은행을 활용한다. 상쇄 프로그램을 총괄하는 저감은행이 정해져서 토지를 직접 사거나 토지 소유자와 계약을 맺어 생태계 보전 활동을 계획한다. 보전 대상 지역의 규모, 생태계 종류, 보호되는 생물종의 종류에 따라 이 상쇄 활동의 크레딧 가격과 수량이 정해지고, 복원 활동이 시작되면 개발 사업자에게 팔 수 있다. 개발 사업자는 개발 사업 시행 전에 개발 사업에 의해 훼손될 습지나 담수 생태계의 양을 계산하고, 구입해야 할 크레딧을 규모를 정하며, 가격은 저감은행과 상호 협상으로 정한다. 구입 과정은 자발적인 것이 아니라 주 정부의 명령에 의해 이루어지며 주 정부가 개발 사업자와 저감은행 사이의 거래를 승인한다. 상쇄 활동이 현장에서 제대로 이루어지는지에 대한 관리, 감독을 저감은행이 책임져야 한다.

영국은 2021년 환경법Environment Act을 제정하여 생물다양성 순이익Biodiversity Net Gain 제도를 2023년부터 시행하고 있다.[127] 이 제도는 각종 개발 사업을 시작하기 전에 그로 인해 훼손되는 생물다양성의 수준을 생물다양성 점수biodiversity unit라는 계량적 수치로 환산하고, 완료된 후에는 이 점수를 사업 이전보다 10% 이상 높게 받도록 설계, 시행하는 것을 의무화한 제도이다. 영국 정부는 이를 위해 생물다양성의 정량적 평가 체계metric를 만들어 제공하고 있다. 이 평가 체계에 따르면 생물다양성 점수는 서식지의 특수성Habitat distinctiveness, 서식지 유지 상태Condition, 지역 생태계 차원의 중요성Strategic significance, 서식지의 면적Area 등을 종합적으로 고려하여 산정된다. 개발 사업 대상 지역이 이미 많이 교란된 목초지라면 점수가 낮고, 토종 나무가 많은 산림이라면 초기 점수가 높다. 목초지를 개발하면서 개발 구역 내에 나무를 새로 식재한 면적을 넓히거나 인공습지를 조성하면 개발 현장의 생물다양성 점수가 올라간다. 이런 접근에도 불구하고, 개발 사업 이전보다 10% 이상의 생물다양성 점수를 확보하지 못하면 개발 지역 주변에서 추가적인 훼손지 복원, 생태계 창출, 서식지 개선 사업 등을 실시하여 부족한 점수를 메꾸어야 한다. 또는 부족한 점수에 해당하는 만큼 제3자가 생태계를 보전한 실적을 구입해야 한다. 다만, 매우 독특하고 민감한 서식지에 대해서는 상쇄가 인정되지 않으며 상쇄를 하는 경우에도 유사한 형태의 서식지를 대상으로 해야 한다. 이 제도는 육상, 하천, 조간대에 대해서만 적용되는 제도이고, 현재 영국 정부는 해양에 적용하는 제도인 해양 순이익Marine Net Gain 제도를 설계하고 있다. 또한, 수질오염을 예방하기 위해 질소와 인과 같은 영양염류 오염물질 배출량에 대해 크레딧을 설정하여 개발 사업자가 의무적으로 크레딧을 구입하도록 하는 제도도 이미 시행하고 있다. 이와 같은 유형을 영국에서는 의무 이행형 자연 시장Compliance nature market이라고 부르며, 그 규모를 확대하려고 노력 중이다.[128]

위의 2가지 사례 외에도 여러 나라에서 생물다양성 상쇄 제도를 이미 시행하고 있다. 위 사례에서 확인한 것처럼, 생물다양성 상쇄는 각종 개발 사업에 의해 발생하는 생물다양성 훼손을 사업 현장에서 막기 어려운 경우에 적용된다. 다른 지역에서 자연보전 및 복원 활동을 직접 또는 계약을 맺어 시행하거나 제3자가 시행한 실적을 돈으로 구매하는 방식이다. 제3자가 시행한 실적을 구매하기 위해 형성된 시장이 생물다양성 크레딧 시장이다.

생물다양성 크레딧 사례

2018년 탄소배출권 개발회사인 사우스폴South Pole이 호주에서 시작한 자발적 생물다양성 크레딧 체계인 EcoAustralia™에 주목할 만하다. 이 인증은 골드 스탠더드Gold Standard가 발급한 자발적 탄소 크레딧에 사우스폴이 관리하는 생물다양성 크레딧ABU: Australian Biodiversity Unit을 묶어서 EcoAustralia™ 크레딧이라는 하나의 상품으로 판매한다. ABU는 호주의 토종 식물이나 동물을 보전하기 위해 보호지역을 관리하는 활동을 기반으로 만들어지는 크레딧으로 1.5m²의 보호지역이 1단위 ABU에 해당한다. 이 크레딧의 특징은 온실가스 감축과 자연보전 활동에 동시에 투자되도록 설계되어 있다는 것이다. 이 크레딧이 적용되는 사례로는 미야민 저지대Myamyn lowland 보호 프로젝트가 있다. 호주의 아니야(Annya)주 산림을 대상으로 하는데 10여 년 전에 불법으로 산림을 파괴한 이후 외래종으로 다시 식재를 한 지역이다. 이 프로젝트는 토종 식물을 식재하여 멸종위기종이 서식할 수 있는 환경을 만드는 것이다.

월라시 트러스트의 생물다양성 크레딧은 2021년에 세계은행, 국제통화기금IMF 등 국제 금융기관과 제약회사 글락소스미스클라인GlaxoSmithKline, 광업회사 앵글로 아메리칸Anglo American 등 국제 기업, 자연 관련 컨설팅 회사, 인증 회사Plan Vivo 등 60여 개 기관이 참여해 만드는 새로운 유형의 생물다양성 크레딧 인증이다.[129] 인증 대상 유형은 개선Uplift과 회피Avoided loss, 2가지이다. 개선 유형은 특정 지역에서 이루어진 생물다양성 보전 사업의 성과를 자연이 잘 보전된 지역과 비교하여 개선된 생물다양성 수준을 5단계 점수로 평가하고, 개선된 수준을 1% 단위로 나누어 크레딧 개수를 산정한다. 여기에 사업 지역 면적과 안전율buffer ratio(0.8)을 곱하면 전체 크레딧의 개수가 정해진다. 이 과정은 인증 회사의 평가를 받아 결정된다. 개별 사업의 크레딧 개수는 공개된 등록부에 입력되고 거래를 할 수 있다. 평가 대상 생물다양성 수준은 사업자가 선정하게 되며 특정 조류, 동물, 식물 등이 모두 포함될 수 있다. 회피 유형은 아무런 악영향 완화 조치를 하지 않을 경우 각종 원인으로 훼손될 가능성이 높은 산림, 습지, 맹그로브 등이 훼손되지 않도록 보전 활동을 해서 생물다양성 훼손을 방지하는 경우이다. 다만, 이 크레딧으로 인정받으려면 사업 기간이 최소 20년 이상 되어야 하고, 크레딧 거래 수입의 최소 60% 이상은 지역사회 이해관계자에게 도움이 되는 방식으로 사용되어야 한다. 왈라시 트러스트가 제시하는 방법론[130]만 따르면 사업의 종류는 매우 다양하게 만들어지는 개방형 방식인 것이 특징이며 영국, 터키, 루마니아, 베트남, 멕시코, 호주 등에서 여러 사업이 개발되고 있다.

생물다양성 상쇄와 크레딧에 대한 우려

생물다양성 상쇄와 크레딧은 대규모로 활성화되기 전부터 여러 가지 비판이 제기되고 있다. 가장 근본적인 비판은 생물다양성의 복잡한 특징과 가치를 단순화된 수치로 전환, 해석한 후 이에 맞추어 보전, 복원 사업을 한다는 비판이다. 이는 결과적으로 생물다양성의 훼손을 초래하는 것이며, 그린 워싱에 해당한다는 것이다. 그 외에도 다음과 같은 측면에서 비판이 있다.

- **방법론의 타당성**: 생물다양성에 대한 정량적 평가, 단일 지표로 변환, 크레딧 산정 방법 등이 타당한지, 실질적인 생물다양성 향상에 기여할 수 있는지이다. 탄소배출권의 경우 온실가스 배출량을 이산화탄소 기준으로 정량적으로 산정하는 방식이 체계적으로 발전되어서 온실가스 감축량 산정에 대한 신뢰성이 상대적으로 높다. 그러나 생물다양성 부문은 평가 대상이 더 다양하고 복잡하여 향후에도 많은 과학적 노력과 공감대 형성이 필요하다.

- **모니터링의 신뢰성**: 생물다양성 상쇄 사업을 한 이후 성과를 모니터링할 때 생물종의 개수, 서식지의 향상 수준 등을 과학적으로 주기적으로 할 수 있는지에 대한 문제 제기가 있다. 또한, 모니터링 기관이나 체계를 신뢰할 수 있는지에 대한 논란도 발생할 수 있다. 모니터링의 신뢰성을 높이기 위해 더 많은 전문가가 측정 횟수를 늘릴 수 있지만 이에 수반되는 비용과 시간이 증가하여 크레딧 시장 활성화에 걸림돌이 될 수 있다. 최근에는 인공위성 사진, 환경 DNA(eDNA)[i] 등 첨단 방법을 사용해 모니터링이 이전보다 더 수월해지고 있어 향후 기술 발전 수준을 기대해 볼 필요가 있다.

- **크레딧의 구조**: 보호 활동 시작 이후 향상된 생물다양성이 얼마나 오래 지속(20년, 30년 이상, 영구) 되도록 관리하는지 Permanence, 보호 활동이 법적으로 의무화되어 있는지 Legal additionality, 경제적 지원이 없이 보호 활동이 일어날 가능성이 없는지 Financial additionality, 크레딧 사업에 의해 다른 지역이 훼손되는 것은 아닌지 Leakage, 생물다양성이 여러 원인에 의해 다시 악화될 가능성 Risk of reversal 등의 이슈 측면에서 생물다양성 크레딧이 제대로 설계·운영될 수 있는지에 대한 의문 제기가 있다. 이런 요소에 대한 설계 수준에 따라 크레딧 사업을 하려는 사업자(공급자)와 더 가치가 높은 크레딧을 구매하려는 수요자 사이에서 논란이 발생할 수 있다.

[i] 자연에 존재하는 생물종은 서식지 토양, 물, 해수 등에 DNA를 방출한다. 이 DNA를 채취하여 분석해 특정 생물의 개체수, 분포 현황 등을 추산하는 방식을 eDNA(Environmental DNA)라고 부른다. 최근에는 분석 기술이 발달하고 DNA 정보 데이터가 축적되고 있어 생물종을 직접 채취하는 것보다 더 빠르고 비용도 적게 소요되는 장점이 있다. 멸종위기종 보호, 외래 생물 관리 등 다양한 생물다양성 보전 활동에 활용할 수 있다.

네이처 포지티브

- **사회적 형평성**: 전 세계에 남아있는 생물다양성의 약 80%를 지키고 있는 원주민과 지역사회IPLCs의 권리를 존중하고, 형평성 있게 이익 공유가 되는지에 대한 우려가 존재한다. 또한, 생물다양성이 훼손된 지역을 대상으로 크레딧 사업이 우선 진행되어, 현재 잘 관리되고 있는 지역에 필요한 재원의 투자가 오히려 줄어들 가능성에 대한 우려도 있다. 예를 들어, 아프리카 가봉은 전통적으로 산림이 잘 보존되는 지역이 많음에도 불구하고, 온실가스 흡수 탄소배출권을 목적으로 하는 투자에서는 외면 받는 문제가 있다고 한다.

생물다양성 크레딧 체계 논의 방향

자연에 대한 재정 투자를 높이는 것이 필요하다는 것에 대해서는 전 세계적으로 공감대를 형성되어 있다. 민간의 재정 투자 확대를 늘리기 위해 주목을 받는 것이 생물다양성 상쇄와 크레딧인 것도 분명하다. 이런 움직임은 의무적 또는 자발적 탄소배출권 시장의 성장에서 영감을 얻은 측면이 강하다. 또한, 생물다양성 상쇄와 크레딧 시장이 어떻게 설계되어야 하는지에 대한 논의도 탄소배출권 시장의 구성요소, 파생된 문제점 등에서 많은 교훈을 얻는 것이다.

이제부터는 현재 전 세계에서 제안되고 있는 다양한 생물다양성 크레딧 체계를 종합하여 향후 고려해야 할 사항을 설명하고자 한다.

생물다양성 크레딧을 만드는 흐름은 그림 4-3과 같이 설명할 수 있다.

그림 4-3. 생물다양성 크레딧 운영 흐름(Carbone 4와 the Muséum national d'Histoire naturelle, 2023에서 저자 재구성)

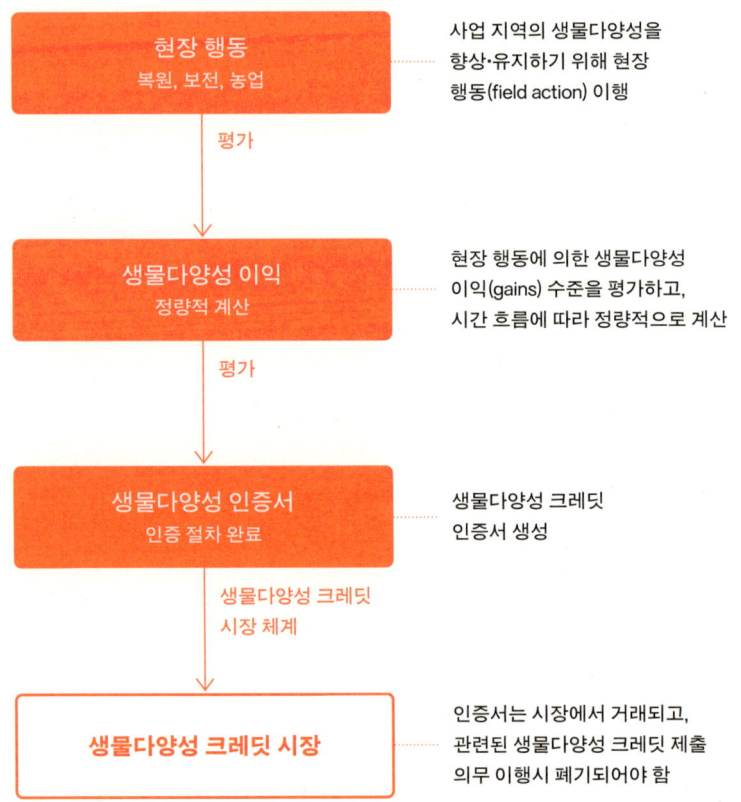

- **생물다양성 평가 대상**[131]: 생물다양성 크레딧에서는 생물다양성 중 어떤 요소를 대상으로 계량적 지표를 정하여 보호 활동 전후의 변화를 평가할 것인지에 대한 방법론이 핵심이다. 현재까지 제안된 방법론에서는 생태계, 서식지, 식물 등을 대상으로 하는 유형이 있다. 생태계가 대상인 경우는 여러 개의 계량적 지표들을 만들어 놓고, 사업 대상으로 하는 생태계의 종류에 맞추어 적합한 지표를 선택하도록 하는 유연한 방식이다. 서식지 대상인 경우는 특정 동물에 필요한 서식지의 유형을 정하고, 이 서식지를 설명할 지표를 선정한 이후 보호 사업 전후의 차이를 계량화하는 것이다. 식물을 대상으로 하는 방식은 관리 대상 생태계를 대표할 식물종을 정하고, 보호 활동 전후의 차이를 식물종 분포 지표를 활용하여 계량화하는 것이다.
- **생물다양성 향상 활동**[132]: 생물다양성 크레딧을 만들기 위해서는 생물다양성을 높이기 위한 활동이 필요하다. 이 활동은 생물다양성 크레딧 체계를 설계하는 사례에 따라 차이가 있지만, 표 4-9와 같은 활동 범주를 대상으로 하고 있다. 이는 TNFD 체계가 설명하는 AR3T 활동과 연계되어 있다.

표 4-9. 생물다양성 크레딧을 적용할 수 있는 활동 유형(HM Government, 2023; Pollination Group, 2023에서 저자 재구성)

활동	특징
복원(Restoration)	훼손된 생태계를 복원하거나 파편화된 생태계간 연결성을 높이기 위해 생태 통로를 만드는 활동
재생(Regeneration)	훼손된 생태계나 서식지의 상태를 훼손되지 않은 생태계, 서식지의 수준에 맞추어 개선하는 활동
관리(Stewardship)	인간의 영향이 미치지 않고 잘 관리된 산림, 목초지, 연안 생태계를 잘 관리하는 활동
보호(Protection)	생물다양성이 우수한 보호 지역의 훼손을 막는 활동
저감(Reduce)	자연으로 배출되는 농약, 수질오염물질 등을 감축하는 활동

- **시장의 완결성Integrity 원칙**: 영국 정부가 2023년 자국의 자연 시장을 활성화하는 전략을 발표하면서 포함한 원칙이다. 앞서 제시한 각종 우려 사항에 대비한 원칙이며, 탄소배출권 시장의 사례와 교훈을 반영한 것으로 판단된다.
- **사회적 측면의 원칙**: 영국 정부가 제시한 사회적 측면의 원칙과 더불어 국제적 차원의 자발적 생물다양성 크레딧을 제안하는 사례를 종합하면 표 4-11의 원칙을 고려할 필요가 있다.

표 4-10. 생물다양성 크레딧 시장 완결성 원칙 사례(HM Government, 2023에서 저자 재구성)

원칙	특징
추가성 (Additionality)	법적 추가성: 보호 활동이 법적으로 강제되지 않는 활동이어야 함 경제적 추가성: 크레딧 거래가 없다면 보호 활동이 시행될 가능성이 없어야 함
이중 계산 방지 (No double counting)	한번 발급된 크레딧이 시장에서 두 번 이상 사용되지 않아야 함. 다만, 스태킹(stacking), 번들링(bundling) 개념이 제시되고 있음을 고려해야 함. 영국은 스태킹, 분리된 번들링을 인정하고 있으나, 논란이 발생할 수 있는 원칙임 - 스태킹: '하나의 활동'에 두 가지 이상의 생태계 서비스 향상 효과(온실가스 흡수, 서식지 복원)가 있다면 각각의 효과를 다른 크레딧으로 발급하는 유형 - 번들링: '하나의 크레딧'이 두 가지 종류 이상의 생태계 서비스 효과를 포함하는 유형. 크레딧에 두 가지 효과가 명확하게 분리된 경우(explicit)와 혼재된 경우(implicit)로 나뉨
과학적 정량화 (Quantification)	크레딧을 정량적으로 산정하는 방법과 기준이 표준화되어야 하고, 투명하게 공개되어야 하며, 주기적으로 개선되어야 함. 다만, 시장이 원활하게 작동될 수 있는 수준인지 여부와 균형이 필요함
지속적인 활동 성과 유지 (Delivery of lasting benefits)	보호 활동은 산불, 질병 확산 등으로 성과가 감소될 수 있으므로 장기간 성과가 유지되어야 함. 보호 활동의 최소 유지 기간 설정, 주기적으로 확인된 성과에 기반하여 크레딧을 발급하는 체계, 크레딧의 일부 비율을 제하고 거래하도록 하는 완충 체계, 보험 가입 등을 고려할 수 있음. 다만, 최소 활동 유지 기간이 매우 장기적일 경우 사업을 할 인센티브가 없어지는 문제도 고려해야 함
투명성 (Transparency)	크레딧 등록부를 만들고 각 크레딧의 발급, 거래, 폐기 여부가 투명하게 공개, 관리되어야 함. 또한, 각 크레딧 사업의 방법론, 대상 지역, 활동 등의 정보가 공개되어야 함
객관적 평가와 인증 (Validation, Verification)	사업 시작 이전에는 해당 사업이 보호 활동으로 개선하려는 생태계, 생물종, 생태계 서비스의 향상 정도를 달성하도록 설계되어 있는지를 전문가에게 평가를 받아야 함. 사업 시행 이후에는 그 성과와 발급된 크레딧을 신뢰성 있는 제3자에게 검증을 받아야 함

표 4-11. 생물다양성 크레딧 시장의 사회적 측면 원칙 사례(HM Government, 2023; Pollination Group, 2023에서 저자 재구성)

원칙	특징
원주민과 지역사회 존중	활동에 영향을 받는 이해관계자의 권리, 인권을 존중하고 원주민의 전통적 자연 보호 활동이 유지되도록 설계되어야 함
수월한 접근성 (Ease of access)	시장의 완결성을 충족한다는 전제하에 시장의 작동을 단순화하여 구매자, 판매자, 투자자 등에게 접근이 수월해야 해야 시장 활성화가 가능함
다양한 생태계 서비스 창출에 기여 (Deliver multiple benefits)	복원, 재생 등의 활동은 여러가지 생태계 서비스의 향상을 가져올 수 있으므로, 다양한 생태계 서비스에 대해 거래가 가능하도록 설계하여 사업자, 원주민, 지역사회에 경제적으로 도움이 되고 많이 참여하도록 해야 함
혁신 추구 (Openness to innovation)	보호 활동, 사업 모델, 모니터링, 검증, 크레딧 거래 등 모든 부문에서 새로운 혁신을 추구할 필요가 있음
공공과 민간 재원의 융합적 접근	하나의 활동에 공공과 민간 재원이 같이 투입된 크레딧을 산정할 때 이를 반영하는 방식이 강구되어야 함. 또한, 활동 성과가 확인되어 크레딧이 거래될 때까지 장시간 소요되는 경우가 많으므로 사업 초기 비용에 대한 공공 재원 지원이 필요함

기업의 생물다양성 크레딧 접근 전략

기업이 TNFD 체계 이행을 위해 생물다양성 크레딧을 활용할 때는 나름의 접근 전략이 필요하다. 어떤 종류의 크레딧을 어떤 경우에 쓰는 것이 좋을지 판단할 필요가 있다. 앞서 설명한 것처럼 기업의 비즈니스가 자연에 미치는 악영향을 줄이려는 노력을 직접 하지 않고 생색만 내기 위해 크레딧을 구입한다는 그린 워싱 비판에 직면할 수 있기 때문이다. 이런 우려를 고려하여 세계경제포럼은 기업이 높은 완결성을 충족시키면서 생물다양성 크레딧을 사용하는 전략을 제시하였다.[133] 세계경제포럼은 우선 기업이 생물다양성 크레딧을 사용할 수 있는 경우 5가지를 소개한다.

생물다양성 회복을 융합한 탄소배출권 활용

생물다양성 크레딧이 연계된 자연기반해법 탄소배출권을 구입할 수 있다. 자연기반해법을 활용한 탄소배출권의 대표적인 유형이 산림복원, 재조림 활동을 통해 탄소배출권을 만드는 사례인데 이는 이미 자발적 탄소 시장에서 발급되는 탄소배출권의 약 40%를 차지하고 있다. 이런 유형 중에는 단일 품종의 나무나 식물을 식재하여 생태적 건강성이 훼손되는 경우가 있다. 이런 경우 대표적인 그린 워싱 비판 대상이 된다. 이에 대한 대안으로 생물다양성의 향상 수준을 객관적으로 인증하여 탄소배출권에 생물다양성 크레딧을 연결하여 거래하는 유형은 기후변화와 생물다양성 위기에 공동으로 대응할 수 있는 긍정적 효과가 있다. 또한 기업에는 경제적 비용, 토지의 희소성 측면에서 더 효과적으로 두 가지 위험에 대응할 수 있다는 장점이 있다. 기업이 이런 탄소배출권을 더 많이 사용한다면 예전보다 더 많은 재원이 자연보호 활동에 투자될 것이다.

이를 시장에서 거래하는 방식은 2가지가 있다. 하나는 생물다양성 크레딧을 탄소배출권에 내재된 방식으로 발급하는 경우(bundling)와 한 개 사업이 탄소배출권과 생물다양성 크레딧을 별개로 발급(stacking)하도록 설계할 수도 있다. 그러나 이런 유형에 대해서는 하나의 사업으로 두 가지 이익을 보려고 한다는 이중 계산 문제가 제기되어 기업에 위기가 될 수도 있다. 이런 방식은 아직 국제적으로 통용되는 가이드라인이 정해져 있지 않았으며 현재 개발 중이다. 앞서 설명한 영국의 경우는 자연에 대한 민간의 투자를 적극적으로 늘리기 위해 스태킹 유형을 적극적으로 권장한다. 세계경제포럼은 기업이 이런 위험 부담을 피하기 위해 탄소배출권에 묶인 생물다양성 크레딧을 구매는 하되, 국가가 온실가스 배출량을 규제하는 의무 준수용으로 사용하지 않는 것이 바람직하다고 제안한다.

기업 의존 생태계 서비스에 기반한 크레딧 활용

기업은 비즈니스를 위해 가치사슬에서 많은 생태계 서비스에 의존한다. 많은 업종이 물 공급, 광물 공급과 같은 환경자산 공급 기능에 크게 의존한다. 과일잼을 생산하는 식품 제조업체는 원활한 과일을 공급받기 위해 과일 생산지의 수분pollination 생태계 서비스에 의존한다. 세계경제포럼은 과일을 생산하는 지역의 수분 기능을 향상시키는 활동에 재정 지원을 하고, 이때 만들어진 생물다양성 크레딧을 구입하는 유형을 제안한다. 크레딧을 발급할 때 제3자 인증 절차를 거친다면, 수분 기능 향상 활동의 성과를 객관적으로 인정받을 수 있는 장점이 있다. 다만, 이런 유형의 사업에서 궁극적인 성과를 거두려면 기업이 의존하는 생태계 서비스는 무엇인지, 공급망이 위치한 자연은 어디인지 정확하게 분석해서 크레딧 사업이 이루어져야 한다.

공공 자연복원 활동에 기반한 크레딧 활용

기업이 직간접적으로 자연에 미치는 악영향을 줄이기 위한 활동을 넘어서 전 세계, 지역 차원의 생태계 복원, 생물종 보호 활동에 기반한 생물다양성 크레딧을 구입하는 것도 가능하다. 예를 들어, 자동차 기업이 전 세계 차원에서 멸종위기 위험이 있는 생물종이나 생태계의 복원 활동에서 만들어지는 크레딧을 구입하겠다고 공개적으로 선언을 하고 이에 맞추어 기업 전략을 세우고 실행하는 경우이다. 다만, 이런 활동을 기업이 직간접적으로 자연에 미치는 영향에 대한 대책으로 홍보하거나 기업의 고객, 근로자 등의 관심과 동떨어진 유형을 선택한다면 문제가 발생할 수 있다. 이런 문제를 고려하여 크레딧 구입 전략을 신중하게 구상해야 한다. 또한 일회성이 아닌 지속적인 활동으로 추진하는 것이 바람직하다.

자연 복원 활동과 연계된 상품 판매

자연 보호 활동 크레딧과 연계된 상품이나 서비스를 시장에서 판매하는 것도 가능하다. 예를 들어, 가정용품 생산업체라면 화분을 판매하면서 야생화 서식지 복원 활동에서 만들어지는 생물다양성 크레딧를 연결해 소비자가 제품을 구입할 때 이 활동에 간접적으로 기여할 수 있는 기회를 주는 것이다. 생물다양성 크레딧 구입 시 공연 표를 무료로 제공하는 것도 가능하다. 다만, 이런 활동은 소비자의 선호도를 잘 확인해야 하고 상품과 연결된 생물다양성 크레딧이 신뢰할 만하다는 점을 잘 설명해야 한다. 다만 이런 상품이 기업이 자연에 주는 악영향을 '직접적'으로 줄이는 활동이라는 오해를 주면 안 된다.

기업의 생물다양성 영향 감축 활동 중 미흡한 부분 대체

TNFD 체계에 따라 기업은 자연에 미치는 악영향을 분석하고 이를 줄이기 위한 활동을 해야 하는데 이 활동에는 AR3T가 제시하는 우선순위 활동이 있다. 기업이 이를 이행했음에도 아직 남아 있는 악영향에 대한 대응 수단으로 생물다양성 크레딧을 활용할 수 있다. 다만, 영국처럼 국가 차원에서 의무화하는 생물다양성 상쇄 시장이 형성되어 있다면 이를 활용하면 되지만 이런 상쇄 시장이 없는 조건에서 자발적 생물다양성 크레딧을 사용할지 여부가 관건이다. 이에 대해서는 아직 국제적으로 정해진 가이드라인은 없고 여러가지 논란이 지속되고 있다. 예를 들어, 기업 가치사슬의 영향이 제대로 평가되어 기업이 감축해야 할 영향 전체를 확인할 수 있는지, 사용하려는 생물다양성 크레딧이 어떤 사업 유형인지, 지리적 위치는 어디인지, 얼마큼의 양이 필요한지 등에 대해서도 정해지지 않은 상황이다. 또한, 기업 입장에서 충분한 크레딧을 시장에서 확보할 수 있는지도 명확하지 않다. 이런 상황에서 기업은 선택적으로 접근할 필요가 있다. 즉, 국내외적으로 알려진 멸종위기종이나 생태계, 이들의 서식지, 보호지역 등에 대해 기업이 직접 미치는 영향을 생물다양성 크레딧으로 대체해서는 안 된다. 또한, 생물다양성 크레딧을 구입하는 대신 다른 영향 유발요인 감축 수단에 투자하는 비용을 줄이는 것도 하지 말아야 한다. 기업이 구입한 생물다양성 크레딧 사업이 기업이 파괴한 서식지와 크기, 조건, 독특성 측면에서 유사하거나 더 향상된 수준이 되는지를 확인해서 결정해야 한다. 그 외에 앞서 설명한 크레딧의 완결성과 사회적 기여 부분도 동시에 고려하여 접근하는 것이 바람직하다.

생태계 서비스 지불제도

2022년 유엔환경계획의 보고서에 의하면 생태계 서비스 지불제도 PES: Payment for Ecosystem Services에 의해 자연기반해법에 투자된 재원은 전 세계적으로 30억 달러 수준이었다. 이 제도는 생태계 서비스 관리가 필요한 토지 소유자에게 재정 지원을 하여 지속적으로 생태계 서비스를 관리하도록 유도하는 수단이다. 이 제도에서 재정 지원을 하는 기관은 생태계 서비스를 직접 사용하는 기업, 자연보호 정책을 관리하는 국가나 지방 정부 등이 될 수 있다. 또는 자연보전 NGO나 비영리기관이 토지 소유자의 생태계 서비스 관리를 지원하는 경우도 있다. 글로벌 캐노피의 보고서(<The Little Book of Investing in Nature>)[134]에 따르면, 과거 20년 동안 전 세계 차원에서 약 550건의 프로젝트가 진행되었는데 유역 관리형, 생물다양성 및 서식처 관리형, 산림 및 토지 탄소 관리형 생태계 서비스 지불제도가 대부분을 차지하고 있다. 다만, 현재까지 국제적으로 일원화된 이행, 보고 지침은 없는 상황이다.

한국의 경우, 2020년 <생물다양성 보전 및 이용에 관한 법률>이 개정되어 철새 보호 등 생물다양성 보전 목적으로 시행되던 '생물다양성 관리 계약 제도'를 생태계 서비스 보전 목적까지 확대한 '생태계 서비스 지불제도'가 도입되었다. 이 사업에 재정을 지원할 수 있는 기관은 중앙정부, 지자체, 국립공원공단, 민간 비영리법인 등이다. 대상지역은 생태·경관 보전지역, 습지 보호지역, 자연공원, 야생생물 보호구역, 상수원 보호구역, 생물권 보전지역, 생태계·생물다양성 우수지역, 멸종위기종 보호가 필요한 지역, 생물다양성의 증진이 필요한 지역 등이다. 현재는 환경부가 이 제도를 운영하고 있다. 환경부가 발간한 사업 시행 가이드라인은 환경 조절 서비스, 문화 서비스, 지지 서비스 등 3개 분야에서 다양한 활동을 사례로 제시하고 있다. 아직은 이 제도에 민간기업이 토지 소유자와 직접 계약하는 유형은 인정하고 있지 않아 관련 제도를 개선할 필요가 있다고 판단된다. 민간기업의 TNFD 체계 이행을 지원하기 위해 한국 정부는 민간기업이 참여할 수 있는 정책을 강구할 필요가 있다.

표 4-12. 생태계 서비스 지불제 계약 활동 유형(환경부, 2022a)

서비스 유형	생태계 서비스 지불제 계약 활동 유형		세부 활동유형
환경 조절 서비스	대기질 개선 및 온실가스 저감	식생 군락 조성·관리	1. 기후변화 대응숲 조성·관리
	수질 개선	하천 관리	2. 하천 환경 정화
		수변 식생대 조성·관리	3. 수변 식생대 조성·관리
	자연재해 방지	저류지 조성·관리	4. 저류지 조성·관리
		토양 침식 방지	5. 나대지 녹화·관리
문화 서비스	자연경관 개선	경관숲 조성·관리	6. 경관숲 조성·관리
		산책로 조성·관리	7. 생태탐방로 조성·관리
	자연경관 조성	조망점·축 조성·관리	8. 자연경관 전망대 조성·관리
	자연자산 유지·관리	자연자산 유지·관리	9. 생태계 보전 관리 활동
지지 서비스	경작지	친환경적 경작	10. 휴경
			11. 친환경 작물 경작
		야생동물 먹이 제공	12. 벼 등 미수확
			13. 쉼터 조성 관리
			14. 볏짚 존치
			15. 보리·율무 등 재배
	야생생물 서식지	생태계 조성·관리	16. 숲(지역 자생수종) 조성·관리
			17. 습지 조성·관리
			18. 생태웅덩이 조성·관리
			19. 관목 덤불 조성·관리
			20. 초지 조성·관리
			21. 생태계 교란종 제거
		생물종 서식지 조성·관리	22. 멸종위기종 서식지 조성·관리

4장.
기업의 관리 체계 만들기

기업은 TNFD 자연 관련 공시 권고가 제시하는 바와 같이 지배구조, 전략, 위험과 영향 관리, 관리 지표와 목표 등 4개 주제 영역에 맞추어 관리 체계를 만들고 공개해야 한다. 기업이 만든 관리 체계가 무엇을 하고, 어떤 수준으로 활동을 해야 하는지 정량적으로 수립하는 과정을 관리 지표와 목표로 정하는 것이다. 투자자와 이해관계자 입장에서는 이를 동일한 산업 영역의 기업을 상호 비교하는 가장 중요한 잣대로 활용할 수 있다.

제3부에서 설명한 것처럼 TNFD 권고는 기업이 수립해야 할 지표를 중요도에 따라 핵심Core global, 업종별 핵심Core sector, 부속Additional, 일반N/A 등으로 세분화하여 제시한다.[135] 또한 지표 설정의 범주도 거버넌스, 전략, 위험과 기회 관리 등 전반을 포함하도록 권고한다. 기업은 관리 지표를 정하면 지표별로 이행해야 할 수준을 정하기 위해 목표를 설정해야 한다. 목표는 기업의 위치, 인근 자연 현황, 조달 가능한 재정과 인력 수준, 국제적으로 요구 등에 따라 다르게 만들어진다. 이번 장에서는 TNFD 권고에 대응하는 관리 체계를 어떻게 만드는 것이 좋은지에 대한 이해를 돕기 위해 TNFD 권고가 제시하는 관리 지표의 종류와 목표 설정 방식을 중심으로 설명한다.

1. 관리 지표 설정하기

TNFD 체계를 만드는 가장 중요한 목적에는 자연과 생물다양성의 위기에 대응하기 위해 수립한 세계생물다양성체계의 세부 목표를 달성하도록 기업이 적극적으로 나서게 하는데 있다. TNFD 권고는 이 목표를 달성하는데 필요한 활동을 관리 지표 설정의 가장 중요한 방향성으로 설정하고 있다. 이에 따라, TNFD 권고가 제시하는 관리 지표의 종류는 세계생물다양성체계 세부 목표와의 연관성, 지표의 중요성 등을 고려하여 핵심, 업종별 핵심, 부속, 일반 등 4가지로 나뉜다. '핵심' 지표는 모든 업종, 기업이 공통으로 포함시키고 반드시 공개해야 할 필요성이 있다고 권고하는 지표이며 '업종별 핵심'은 해당 업종이 반드시 공개해야 할 지표이다. 주로 영향 요인, 자연의 상태, 위험과 기회를 관리하는데 필요한 지표이다. '부속' 지표는 업체별로 영향 요인, 위험과 기회 대응, 전략 이행, 완화 활동을 설명하는 지표로 기업이 LEAP 분석을 통해 필요하다고 판단하여 채택하는 지표이다. '일반' 지표는 기업이 해당 업종의 특성에 맞추어 선택하는 지표로서 생태계 서비스, 위험, 기회, 전략 등에 관련된 지표가 다수이다.

이와 더불어, 관리 지표를 정할 때는 TNFD 권고의 4개 주제 영역 중 지배구조, 전략, 위험과 영향 관리 등의 주제에 대해 기업이 관리할 범주를 고려하여 지표를 정할 필요가 있다. 예를 들어 영향 유발

그림 4-4. TNFD 권고의 관리 지표 체계(TNFD, 2023b)

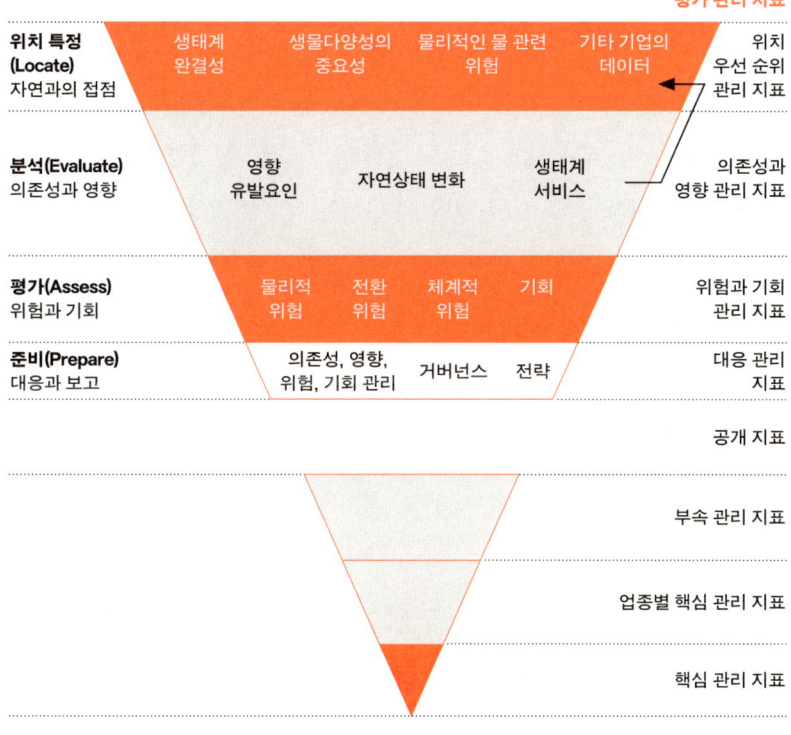

요인, 자연의 상태, 생태계 서비스, 위험, 기회, 거버넌스, 전략, 관리 활동 등으로 범주를 구분한다. 기업이 TNFD 체계에 맞추어 관리 체계를 수립·운영할 때는 각 범주가 빠지지 않고 포함되도록 하여야 체계적으로 대응할 수 있다.

Part 4. 자연을 위한 ESG 이행하기

세계생물다양성체계의 세부 목표 이해

세계생물다양성체계의 23개 세부 목표는 범주에 따라 생물종 관리, 육상과 해양 보전, 자연기반해법 이행, 지속가능한 생산과 소비, 유전자원의 관리, 이행과 주류화, 자연에 대한 재원 투자 확대, 인권과 거버넌스 등 8가지로 구분할 수 있다. 대부분의 세계생물다양성체계 목표는 TNFD 체계가 요구하는 자연에 미치는 악영향, 민감한 장소, 생태계 서비스 평가, 위험과 영향 관리 전략 수립 등에 직간접적으로 관련되어 있다. 따라서, 자연 관련 공시 관리 지표를 정하는데도 직간접적으로 반영된다고 할 수 있다.

표 4-13. 세계생물다양성체계의 세부 목표 현황(Oh, 2023)

구분	주요 목표
생물종 관리 (목표 4, 5, 6)	• 멸종위기종 보호. 생물종의 유전적 다양성 유지 • 생태계 교란 침입외래종의 영향을 줄임. 2030년까지 신규 침입외래종 유입을 최소 50% 감축 • 야생생물종의 지속가능한 활용, 수확, 거래를 이행하고 야생생물의 질병 확산 위험 감소
육상·해양 보전 (목표 1, 3)	• 2030년까지 생물다양성이 높은 지역의 손실을 0(zero) 수준으로 달성. 포용적인 공간 계획과 효과적인 관리 수단 활용 • 전 세계 면적의 30%를 보호지역이나 자연공존지역(OECMs)으로 보호하고 지속가능하게 관리
자연기반해법 이행 (목표 2, 8, 11, 12)	• 훼손된 생태계 면적의 최소 30% 복원 • 자연기반해법이나 생태계기반 접근법(EbA: Ecosystem-based Approach)을 활용하여 온실가스 감축, 기후변화 적응, 재난 위험 감소 등 이행 • 자연기반해법이나 생태계기반 접근법을 활용하여 생태계 서비스를 복원하고 유지 • 도시 지역의 녹색·청색 공간 면적을 늘리고, 주변 생태계와 연결성, 인간의 접근성 향상

구분	주요 목표
지속가능한 생산과 소비 (목표 7, 10, 16, 17)	• 2030년까지 영양염류, 농약, 고위험 화학물질이 자연에 배출될 위험을 최소 50% 줄이고, 플라스틱 오염 제거 • 농업, 양식업, 수산업, 임업에 생물다양성 향상 방식을 도입하여 지속가능하게 관리 • 지속가능한 소비 촉진 정책을 실행하여 2030년까지 소비 발자국을 감소시키고, 농산물·음식 폐기물을 50% 감축 • 생물안전성과 생물공학 안전성 확보 수단에 대한 능력 강화
유전 자원 관리 (목표 13)	• 유전자원, 염기서열 정보(DSI: Digital Sequence Information on genetic resources), 전통지식 등 활용에 의한 이익을 공평하게 공유(ABS: Access and Benefit Sharing)하도록 효과적인 수단 강구
이행과 주류화 (목표 14, 15, 20, 21)	• 국가 차원의 정책, 규제, 계획, 환경영향평가, 국가 회계, 재정 수단 등에 생물다양성 가치 반영 • 민간기업·금융 기관이 ① 자연에 미치는 영향, 위험, 대응 방안을 평가하고 발표하며, ② 지속가능한 소비를 촉진하고, ③ ABS 규정 이행 여부를 보고하도록 법적 제도 도입 권고 • 생물다양성 관련 기술을 개발, 접근, 이전하는 능력 향상 • 정책결정자, 전문가, 대중이 생물다양성 관련 정보, 데이터, 지식에 접근이 가능하도록 기반 향상
자연에 재정 투자 확대 (목표 18, 19)	• 2030년까지 매년 5천억 달러 규모로 생물다양성에 해로운 정부 보조금을 폐지, 감축, 조정 • 2030년까지 매년 2천억 달러 규모로 모든 부문에서 자연을 위한 재정 투자 확대 • 재원은 공공개발원조(2025년까지 200억 달러, 2030년까지 300억 달러 달성), 국가 정부의 예산, 민관 공동 투자, 혁신적 재정 투자(생태계 서비스 지불, 녹색 채권, 생물다양성 상쇄와 크레딧), 기후·생물다양성 위기 공동 대응 재원 등의 확대 추진
인권과 거버넌스 (목표 22, 23)	• 모든 단위의 의사결정, 이해관계자 협력, 정보 접근 등에서 원주민과 지역사회, 여성, 청년 등의 권리 존중 • 환경 관련 인권이 취약한 이해관계자 보호

관리 지표 범주의 이해

TNFD 체계가 권고하는 LEAP 접근법은 자연과의 접점 위치 확인, 영향 유발요인과 생태계 서비스 의존도 분석, 위험과 기회의 평가, 관리 전략·체계 수립 및 공개 등으로 구성된다. LEAP 접근법(176쪽)을 활용하여 TNFD 체계에 대응하는 과정에서 단계별로 관리 지표가 필요한 분야를 확인할 수 있다. 기업이 관리 지표를 세울 때 고려해야 할 범주는 8가지로 나눌 수 있다. 영향 유발요인, 자연의 상태, 생태계 서비스 의존, 위험과 기회, 거버넌스 운영, 전략 수립과 이행, 위험에 대응하는 저감 활동 등이다. 이번 장에서는 범주별로 어떤 지표를 설정해야 하는지에 대해서 설명하고자 한다.

표 4-14. 관리 지표 설정 범주(TNFD, 2023a에서 저자 재구성)

범주	특징
영향 유발요인	온실가스 배출, 토지·하천·해양의 전환, 자연자산 활용, 오염물질 배출, 침입외래종 등 5대 영향 유발요인을 측정 및 관리하는 지표
자연의 상태	기업의 활동에 영향을 받는 지역의 생태계 상태, 연결성, 생물종 멸종 위험 등 모니터링하는 지표
생태계 서비스 의존	기업의 활동에서 의존도가 높은 생태계 서비스 종류와 의존 정도를 관리할 지표
위험	기업이 부딪히게 될 물리적 위험, 전환 위험, 규제 벌칙 관리 지표
기회	기업의 새로운 시장, 재원 조달, 생산공정 효율화 등 추진 지표
거버넌스 운영	이사회 보고와 논의 등 조직 내 의사결정 관리 지표
전략 수립과 이행	기업의 비전, 정책, 대외 약속, 이해관계자 관계, 재정 투자 등 관리 지표
완화 활동	가치사슬 관리, 완화 활동 이행, 자발적 자연보전 활동 등 관리 지표

영향 유발요인

TNFD 체계의 가장 핵심적인 목적은 기업이 자연에 가하는 악영향을 줄이는 것이므로 영향 유발요인에 대한 관리 지표를 설정하는 것은 가장 중요한 사항이다. 그래서 TNFD 권고의 핵심 관리 지표에는 이 범주가 가장 많다. 다만, 기후변화 영향 유발요인은 이미 TCFD 체계, 국제지속가능성기준위원회의 기후 관련 공시(IFRS S2) 가이드라인에 의해 관리되고 있으므로 TNFD 체계에서는 제외되어 있다. 영향 유발요인 관리 지표는 표 4-14와 같이 정리할 수 있다. 각 지표를 만들고 계량화 할 때는 기업이 직접 운영하는 사업장뿐만 아니라 핵심 원재료를 공급하는 가치사슬까지 포함하여 계산하는 것이 필요하다.

    핵심 지표는 모든 업종이 지표를 설정, 공개하는 것을 원칙으로 하므로 신뢰성을 높이려면 업종만이 가지고 있는 특징을 고려하여 지표를 설정해야 한다. 예를 들어, 석유와 가스 생산업을 직접 운영하는 사업장은 현재 시추하는 곳뿐만 아니라 탐사, 시추 후 설비 해체 지역, 해체 후 복원 지역을 모두 포함하도록 하고 있다. 광업의 경우, 원주민 보호 지역 내 운영 사업장도 민감한 장소로 관리해야 한다. 이와 같이 5가지 영향 유발요인의 핵심 지표에 대해서는 업종별 추가 고려사항을 염두에 두고 지표를 설정해야 한다.

표 4-15. 영향 유발요인 관리 지표 사례(TNFD, 2023a, d, e, f, g, h, I, j, k, l에서 저자 재구성)

영향 요인	지표	중요성
육상·담수·해양의 전환	• 총 공간 발자국(km²): 아래의 총합 　- 기업에 의해 관리되는 총 공간 면적 　- 기업의 영향을 받는 총 공간 면적 　- 회복, 복원한 공간 면적 • 육상·담수·해양 생태계 사용 변화(km²): 생태계 및 기업 활동 유형으로 세분화 　(일부 업종 추가 고려사항) 　- 기업의 위치에 따라서 육상, 담수, 해양 생태계를 선택적 포함 　- 기업과 관계 측면에서 소유, 리스, 직접 운영, 재원 투자, 원료 공급 등을 포함 　- 자연 습지 중 특정 연도 이후 변형된 생태계 　- 1차 산림(Primary forest)과 자연형으로 재생된 2차 산림, 생물다양성 가치와 탄소 축적량이 높은 산림 중 특정 연도 이후 변형된 생태계 　- 맹그로브 숲, 해초대, 염습지, 갯벌, 산호 중 특정 연도 이후 변형된 생태계 　- 수력발전: 전체 유량 중 환경 유량(하천유지 유량) 비율, 댐 내 퇴적물의 양 포함 　- 농업: 경작지 1km² 당 자연 식생이 최소 10% 이상인 경작지의 비율 포함 　- 광업: 법적 보호지역에 인접한 사업장 수와 면적, 원주민 보호지역에 소유, 임대, 운영하는 사업장 비율 　- 석유와 가스 생산: 탐사, 시추 및 수압 파쇄, 시추 및 수압 파쇄 설비 해체 지역, 해체 후 복원 지역 등 포함. 보호지역, 멸종위기종 서식 지역, 원주민 지역 등 민감한 장소 내에 있거나, 인접 지역에 있는 탐사·시추·시추 설비 해체 지역·유전·가스전 등은 별도로 구분하여 명시 　- 건설 자재: 탐사, 개발 및 생산, 채석, 폐광 이후 관리 단계 등 포괄 • 보전, 복원한 육상·담수·해양 생태계 면적(km²): 자발적, 의무적 유형으로 구분 　(일부 업종 추가 고려사항) 　- 산림업: 산불 방지, 수계 유역의 수질 환경 관리, 생물다양성과 생태계 서비스 향상 활동 등 경관 차원 접근법 고려 　- 광업: 복원 활동 단계별로 구분 필요 • 지속가능하게 관리되는 육상·담수·해양 생태계 면적 (km²): 생태계 및 기업 활동 유형으로 세분화	핵심
	• 토지 이용 집약도(생산품의 톤 또는 ℓ/km²): 단위는 업종에 따라 다양	부속

영향 요인	지표	중요성

오염물질 관리	• 토양에 유출된 오염물질(톤): 농약, 질소, 인 등
	  (일부 업종 추가 고려사항)
	  - 공통: 농약은 세계보건기구(WHO) 위험 수준(Ia, Ib, II, III, U)에
	    따라 구분하여 표시
	  - 양식업: 해저의 환경 수용량(carrying capacity) 평가 점수
	  - 제지업: 유기불소화합물(PFAS: Per- and polyfluoroalkyl
	    substances), 잔류성유기오염물질(POPs: Persistent Organic
	    Pollutants) 유출량
	  - 광업: 영향이 큰 기름, 연료, 폐기물, 화학물질 누출량
	  - 건축 자재 생산업: 디젤, 페인트, 솔벤트, 독성 화학물질 유출량
		핵심

	• 기업 사업장 주변 토양 관련 환경오염 사고 횟수
	  (일부 업종 추가 고려사항)
	  - 석유 및 가스생산업: 탄화수소 유출 횟수 및 유출량 포함,
	    석유와 가스 이송 파이프라인의 중대한 유출 사고 횟수
	  - 화학업: 토양오염 관련 법적 규정 위반 사고 횟수
		업종별 핵심

	• 폐수 배출량(m^3): 수계 유형별(담수, 지하수, 해양 등)로 구분.
	  오염물질 농도(질소, 인, 농약, 유기물, 병원균 등), 폐수 온도 등 포함
	  (일부 업종 추가 고려사항)
	  - 양식업, 목축업: 항생제, 호르몬제 등 포함
	  - 제약업: 의약품 활성 원료(API: Active Pharmaceutical Ingredient)
	    및 항균제 내성(antimicrobial resistance) 물질 종류, 사용량, 배출량
	  - 발전업: 냉각수 배출량 포함
	  - 농업: 경작지 비점오염원의 질소, 인 배출량
	  - 제지업: 흡착형 유기할로겐 화합물(AOX: Adsorbable Organic
	    Halogens) 배출량
	  - 석유 및 가스 생산업: 시추 후 폐수(지하수 발생량, 반환수,
	    수압 파쇄 폐수)를 대상으로 하며 배출수, 시추 시 주입수,
	    재활용 등으로 구분. 폐수 내 탄화수소, 화학물질 첨가제, 중금속,
	    자연 발생 방사선물질 농도, 염분 등의 농도 포함
	  - 건설 자재 생산업: 부유물질(TSS), 총 탄화수소(TPH),
	    생화학적 산소 요구량(BOD), 수은 등
		핵심

	• 처리 후 재사용, 활용되는 폐수의 양(m^3) • 공정 개선으로 감소된 폐수 발생량(m^3)	부속

	• 기업 사업장 주변 토양 관련 환경오염 사고 횟수
	  (일부 업종 추가 고려사항)
	  - 화학업: 수질오염 관련 법적 규정 위반 사고 횟수
		업종별 핵심

영향 요인	지표	중요성
오염물질 관리	• 폐기물 발생(톤): 유해 폐기물, 비유해 폐기물로 구분 (일부 업종 추가 고려사항) 　- 공통: 유해 폐기물은 바젤 협약(Basel Convention), 국내 폐기물 　　법령 기준 준수 　- 양식업: 유해 폐기물을 화학, 가연성, 윤활유 등으로 구분 　- 식품업: 가치사슬 단계별로 발생하는 음식 폐기물, 식품 손실량 　- 광업: 광물 폐기물(채광 잔재물, 슬러지, 침출수 발생하는 　　암석 폐기물, 방사성 물질, 석면 포함 광물), 비광물 폐기물로 구분 　- 발전업: 석탄 연소 잔재물(CCR: Coal Combustion Residuals) 　　발생량과 재활용 비율 포함 　- 석유와 가스 생산업: 시추 폐기물(진흙, 암설물), 슬러지, 　　채광 잔재물 포함. 지하 저장 탱크의 수, 청소가 필요한 지하 저장 　　탱크의 수 등 포함 　- 패션과 섬유: 패션 제품 폐기물 포함. 유해 폐기물 유형은 　　지속가능패션연합 Higg 지수의 시설 환경 모듈(FEM: Facility 　　Environmental Module) 참고 　- 건설 자재 생산업: 슬래그, 슬러지, 사용 기름, 기타 고체 폐기물 등 • 폐기물 처리량(톤): 소각(에너지 활용 여부 구분), 매립, 기타 처리로 　구분 (일부 업종 추가 고려사항) 　- 식품업: 음식 폐기물은 매립, 퇴비화, 소각, 재사용, 가스화 등 구분 • 폐기물 재활용(톤): 재사용, 재활용, 기타 재활용으로 구분 (일부 업종 추가 고려사항) 　- 공통: 재활용 폐기물은 생산 공정 폐기물, 다운스트림 사용 후 　　폐기물로 구분 　- 화학업: 제조 과정 유해 폐기물 재활용 비율, 다운스트림에서 　　유해 폐기물 재활용 비율 • 플라스틱 사용, 판매 발자국(톤): 원료, 상품, 포장재로 구분 (일부 업종 추가 고려사항) 　- 화학업: 발자국 계산 시에는 공정에서 누출되는 플라스틱 펠릿, 　　조각, 분말 등 포함. 플라스틱 수지 중 일회용 플라스틱 제품으로 　　사용되는 비율 • 포상 플라스틱 처리 현황: 재사용, 분해, 기술적 재활용 방식, 　재활용 실적	핵심

영향 요인	지표	중요성
오염물질 관리	• 대기오염물질(온실가스 제외) 배출(톤): 미세먼지, 휘발성 유기 화합물질(VOCs: Volatile Organic Compounds), 질소 산화물, 황산화물, 암모니아, 유해 대기 화합물(HAPs: Hazardous Air Pollutants) 등 (일부 업종 추가 고려사항) - 금속, 광업: 황화수소, 수은, 납, 시안화수소 등 추가 - 석유 및 가스 생산업: 시추, 가공, 정제, 저장, 소각, 증발 손실, 누출, 다운스트림에서 연료 연소 등에서 배출되는 대기 오염물질 포함 - 패션과 섬유: Higg 지수 시설 환경 모듈(FEM: Facility Environmental Module)의 대기 오염물질을 참고하여 추가 - 건설 자재 생산업: 다이옥신류 화합물, 중금속류	핵심
	• 오염된 토양, 하천, 해양에서 제거된 오염물질의 양(톤)	부속
	• 화학업: 화학물질 생산 목록과 생산량(톤) (일부 업종 추가 고려사항) - 한국 화학물질 등록 평가제도, 화학물질 관리법, 화학제품 안전법, 잔류성 유기 오염물질 등의 구분에 따라 화학물질 목록과 생산량 - EU 화학물질 등록 평가제도(REACH) Annex 14와 고위험성 우려물질(SVHCs: Substances of Very High Concerns), 잔류 유기 오염물질(POPs), 사전통보승인 관리 유해물질(PIC: Prior Informed Consent chemicals) 구분에 따른 화학물질 목록과 생산량 • 화학업: 건강 및 환경 유해 화학물질을 포함한 제품 생산에 의한 수익 비중 (일부 업종 추가 고려사항) - 화학물질의 분류와 표지에 대한 세계 조화 시스템(GHS: Globally Harmonized System) 분류 기준 1, 2의 건강 및 환경 유해물질을 포함한 제품 • 화학업: 농약 제품 생산에 의한 수익 비중 (일부 업종 추가 고려사항) - 세계보건기구 농약 독성 수준 분류에 따라 별도 산정 • 화학업: 유기불소화합물(PFAS) 생산 및 사용량의 증감 비율	업종별 핵심

영향 요인	지표	중요성

환경자산 활용	• 물 스트레스 지역에서 물 취수량과 소비량(m³)
	  (일부 업종 추가 고려사항)
	  - 농업, 식품업: 물 부족 지역에서 생산된 농산물, 육류의 생산 비율
	  - 건설 자재 생산업: 총 용존고형물(TDS) 1,000ppm 이하 담수, TDS 1,000ppm 이상 담수, 빗물 집수, 지하수(충전, 미충전으로 구분)
		핵심

	• 물 부족 지역에 위치한 사업장의 수 • 재사용, 재활용된 물의 총량(m³) 또는 비율(%) • 물 누출 감소량(m³)	부속
	• 물 다소비 업종: 지하수 충전 프로그램에 의한 물 충전량(m³)	업종별 핵심

	• 자연 영향 큰 원자재 사용량(톤), 전체 원자재에서 비율(%)
	  (일부 업종 추가 고려사항)
	  - 양식업: 콩, 팜유, 어분, 어유 등 포함
	  - 농·식품업: 소와 우유, 코코아, 커피, 팜유, 대두 등
	  - 화학업: 전체 원자재 중 바이오 원자재의 비율
	  - 건축 자재 생산업: 석회석, 이회토, 실리카, 모래, 알루미나, 산화철, 자연 석고, 석탄, 포졸란 등 포함
	• 자연 영향 큰 원자재 중 지속가능한 관리, 인증을 받은 원자재량(톤)과 비율(%)
	  (일부 업종 추가 고려사항)
	  - 화학업, 제약업: 재생 농법으로 생산된 바이오 원료 비율
	  - 농·식품업: 산림 벌채 없는 지역에서 생산된 바이오 원료 비율
	  - 임업: 국제산림관리협의회(FSC), 산림인증승인프로그램(PEFC), 지속가능한임업 이니셔티브(SFI) 등에서 인증 받은 목재, 섬유 사용 비율
	  - 패션 및 섬유업: 자연형 원재료(목화, 가죽, 양모 등)에 대해서는 섬유변화 이니셔티브(Textile Exchange)의 책임양모기준(RWS: Responsible Wool Standard, 양모), 책임다운기준(RDS: Responsible Down Standard, 오리털), 책임모헤어기순(RMS: Responsible Mohair Standard, 앙고라염소털), 책임알파카기준(RAS: Responsible Alpaca Standard, 알파카털) 등의 인증을 받은 원재료 활용
	  - 패션 및 섬유업: 산림 벌채 없는 지역에서 생산된 원료 비율
	    재생 농법을 적용하는 공급업체의 경작지 비율
	    물 스트레스가 높은 지역에서 생산된 원료 비율
	    유해화학물질 무배출 인증 원료 사용(ZDHC MRSL, 4S CHEM)
		핵심

영향 요인	지표	중요성
환경자산 활용	• 화학업: 전 생애 평가(LCA: Life Cycle Assessment)를 받은 제품의 비율	업종별 핵심
	• 기업의 바이오 원자재 생산에 사용하는 지역 면적(km^2): 생태계 유형별 분류 • 상업적 목적으로 자연 서식지에서 채취된 야생종의 양(톤, 숫자): 야생종 유형별 분류	부속
	• 양식업: 양식 어획량 대비 사료(어분, 어유 등) 공급량 기준(FFDRm, FFDRo)	업종별 핵심
침입외래종	• 비의도적 유입 방지 대책을 받는 고위험 침입외래종의 비율	핵심
	• 기업이 소유, 관리, 운영, 투자한 지역에 비의도적으로 유입된 침입외래종 수	부속
	• 양식업: 외래생물 유출사고 횟수	업종별 핵심
빛, 소음 및 기타	• 60W 이하의 빛 밝기로 관리되는 조명 기구의 비율(%) • 야외 조명 밝기(루멘/ha) • 낮 시간 중 가장 시끄러운 시점의 평균 소음 크기(dB) • 소음원부터 가장 가까운 서식지까지 거리(m)	부속
	• 발전업: 풍력 발전기에 의한 새와 박쥐의 충돌 사망 수	업종별 핵심

자연의 상태

TNFD 체계가 추구하는 궁극적인 목적은 자연과 생물다양성 훼손 방지이다. 이런 목적을 제대로 달성하고 있는지를 판단하기 위한 관리 지표가 필요하다. 이때 자연의 상태에 대한 지표가 사용된다. TNFD 체계가 기업이 모니터링·보고하도록 권고하는 지표는 생태계의 상태(Ecosystem condition)와 생물종의 멸종 가능성(Species extinction risk)이다. TNFD 권고는 아직 이 두 가지 지표를 정량적 핵심 지표로 공식 채택하지 못했다. 다만, 현재까지 개발된 관리 지표 사례를 설명하는 상황이다.

생태계의 상태는 비생물학적, 생물학적 특징에 의해 정해지는 생태계의 질을 의미한다. 이는 구조(식생 구조, 물리적·화학적 특징, 경관 연결성), 구성(생물종의 다양성과 풍부함), 기능(생태적 과정과 흐름, 주요 생산성) 등을 활용하여 해석할 수 있다. 생태계 상태의 변화를 모니터링하려면 한 가지 지표만으로 설명하기에는 한계가 있으므로 평가의 신뢰성, 생태계 관련성, 자료 접근 가능성 등을 종합적으로 판단하여 선택하되, 여러 지표를 같이 활용하는 것이 필요하다.

인간의 간섭이 적은 생태계와 비교해서 생태계 상태를 평가하게 된다. 현재 생물다양성 모니터링 기술이 급격히 발전하고 있어서 향후에는 생태계 상태 평가에 필요한 자료를 더 쉽게 획득하고, 평가 과정이 수월해질 가능성이 높다. 예를 들어, 인공위성 이미지를 활용하여 생태계의 변화를 해석하거나, 환경 DNA를 분석하여 생물종의 종류와 풍부도를 더 쉽게 확인할 수 있다. 영상과 음향을 분석하는 인공지능 기능을 활용하여 멸종위기종 분포 상황을 더 쉽게 분석하는 기술도 발전하고 있다. 업종의 운영 특성을 고려하여 생태계 상태를 추가로 모니터링할 관리 지표를 설정할 수도 있다. 예를 들어, 담수나 해양 의존이 큰 업종은 부영양화 지수를, 토지에 대한 의존이 높은 농업은 토양의 건강성에 대한 지표를 추가하는 것이 바람직하다.

생물종은 생태계를 구성하는 요소 중의 하나이므로 생태계 상태를 평가할 때 부수적인 지표로 사용될 수 있으나, 어떤 업종에서는 부적합할 때도 있다. 재생에너지 설치, 전력망 설치, 수력발전, 어업, 목재 산업 등은 특정 생물종의 멸종 가능성을 분석하는 것이 부수적인 지표로 의미가 있는 경우이다. 생물종 멸종 가능성에 연관된 지표로는 세계자연보전연맹의 위기종 적색 목록과 이를 활용한 지표가 가장 대표적이다.

생태계 서비스 의존

기업이 생태계 서비스에 의존하는 정도를 판단하는 관리 지표는 생태계 서비스 유형에 따라 여러 가지가 필요하다. 물·수분·홍수·대기 등에 대한 조절 기능, 생물자원과 광물 등 환경자원 공급 기능, 문화적 서비스 기능 등 다양한 생태계 서비스 중에서 기업의 의존도가 높은 생태계 서비스 종류에 맞추어 관리 지표를 선택할 필요가 있다. 주의할 사항은 기업이 악영향을 미치는 생태계 서비스와 기업이 의존하는 생태계 서비스를 분리해서 고려해야 한다는 점이다.

표 4-16. 자연의 상태 관리 지표 사례(TNFD, 2023a, d, e, f, g, h, I, j, k, l에서 저자 재구성)

구분	지표	중요성
생태계의 상태	• 국제사회에 알려진 다양한 지표 중에서 선택 　- 산림경관완전성지수(FLII*), 산림구조지수(FSCI**) 　- 평균생물종풍부도(MSA***), 멸종가능성비율(PDF•) 　- 생태계건강지수 (EHI••), 생태계완결성지수(EII•••)	핵심
	(일부 업종 추가 고려사항) 　- 양식업: 담수 부영양화 상태, 저서 환경 포함 　- 농업: 토양 침식, 토양 비옥도 하락, 염해 토지 등의 비율 　　토양의 유기탄소 축적 수준 변화 포함 가능 　- 농지 주변 하천, 해안가: 부영양화(녹조류 농도) 정도, 　　플라스틱 쓰레기 농도 포함 가능 　- 임업: 탄소 흡수량 포함 가능 　- 석유 및 가스 생산업: 시추나 시추 폐수에 의해 영향을 받는 수체와 　　담수 생태계 서식지의 위치, 크기, 보호 관리 상태 등 포함 　- 물 다소비 업종: 주변 수계의 수질오염물질 농도	업종별 핵심
생물종의 멸종 가능성	• 국제사회에 알려진 멸종위기종 지표 중에서 선택 　- 세계자연보전연맹의 STAR(Species Threat Abatement and 　　Restoration) 　- 생물종 전체 개체 수 대비 증가·감소 개체 수를 의미하는 BIC 　　(Biodiversity Impact Credits) 　(일부 업종 추가 고려사항) 　- 제약업: 생명공학, 의약품 제조에 사용되는 멸종위기종 목록 　　멸종위기종을 합성물질로 대체한 실적, 비율 　- 농업: 생물체 개체 수 지표, 수분매개체의 다양성, 　　해충의 자연포식자 다양성	핵심

* FLII(Forest Landscape Integrity Index): 산림의 면적, 산림 생태계에 영향을 미치는 요소(기반시설 존재 여부, 농업, 서식지 파괴, 산림 연결성 훼손 등)의 데이터에 기반하여 산림의 생태계 상황을 지도에 표시하여 제공하는 지표
** FSCI(Forest Structural Condition Index): 산림의 면적, 산림의 구조(나무 윗부분의 높이), 과거 산림의 훼손 등에 대한 데이터로 만든 지표. 이 자료에 인간의 영향에 대한 정보를 추가하여 분석 대상 열대림의 상태 평가
*** MSA(Mean Species Abundance): 생물종의 평균 개체수(abundance)를 활용하여 자연 상태의 생태계와 평가 대상 생태계를 상호 비교하는 지표. 인간의 영향에 대한 정보를 추가하여 생태계의 변화 모델링

• PDF(Potentially Disappeared Fraction): 연구 대상 지역 생물종의 풍부함(richness)이 인간의 영향에 의해 어떻게 변하는지에 대한 자료를 토대로 만든 지표. 생물종의 멸종 위기를 판단하는 데 활용
•• EHI(Ecosystem Health Index): 생태계의 생물학적, 비생물학적 환경을 설명할 수 있는 특정 변수, 생태계 면적 등의 자료를 사용하여 생태계의 훼손 정도를 분석하는 지표. 기준이 되는 생태계와 비교하면서 분석 대상 생태계의 수준을 판단. IUCN의 생태계 적색 목록(Red list of Ecosystem) 자료를 활용
••• EII(Ecosystem Integrity Index): 생태계의 구조(structural), 조성(compositional), 기능(functional) 정보를 자연적 상태와 비교하여 0~1 범위에서 정량화한 점수를 산정하고, 3가지 중 가장 낮은 점수를 대표 점수로 정하는 방식. 전 세계 육상 생물군계를 대상으로 1km 수준의 해상도로 정보를 EII 점수로 제공함

표 4-17. 생태계 서비스 관리 지표 사례(TNFD, 2023a, d, e, f, g, h, I, j, k, l에서 저자 재구성)

구분	지표	중요성
일반	• 기업이 악영향을 미치는 생태계 서비스: 생태계 서비스의 공급량, 질의 변화를 평가하는 지표 • 기업이 의존하는 생태계 서비스: 생태계 서비스의 공급량, 질의 변화를 평가하는 지표	부속
유량 조절	• 기업이 의존하는 저수지나 대체 수원의 규모(m^3) • 안정적 물 공급을 받는 사람 수, 기업, 토지 면적 수준	일반
홍수 조절	• 감소된 홍수 발생 위험 수준 • 홍수 피해 비용의 변화 • 하천 범람, 연안 침식에 의한 토지 손실 면적 변화(km^2) • 홍수에 의한 질병 피해를 받는 사람 수 변화	일반
기후 조절	• 기업의 직접 운영 사업장 및 공급망의 온실가스 흡수량(톤) • 산불 발생 횟수 감소 • 기후변화에 의한 피해, 이주 인구수의 변화 • 폭염 시 주택 주변 대기 온도가 5°C 이상 하락한 주택가의 수	일반
대기 질 조절	• 도시 생태계의 대기 오염물질 흡수량	일반
토양 관리	• 산사태 위험이 감소한 지역의 주택 수 • 정화 처리한 오염 토양(톤)	일반
수질 정화	• 수질오염물질 종류 별로 제거된 오염 물질량(톤) • 물 정화 기능을 제공하는 서식지 면적(km^2) • 식생대에 의해 정화된 수량(m^3)	일반
수분 기능	• 작물 종류별로 자연 수분되는 농지 면적(km^2)	일반
서식지 유지	• 관리 대상 서식지에 의존하는 생물량	일반
생물 공급	• 목초지에서 자연적으로 생산된 사료의 양 • 목재 벌목량 • 양식 물고기 수확량 • 곡물 종류별로 재배 지역의 면적과 생산량	일반
담수 공급	• 수원별 담수 공급량(m^3)	일반
문화 서비스	• 자연 관련 관광객 수 또는 관광 시간 • 자연경관 조망, 도시녹지 주변 주택 수 • 교육, 연구 목적의 방문자 수 • 종교적, 예술적 목적의 방문자 수	일반

표 4-18. 위험에 대한 관리 지표 사례(TNFD, 2023a에서 저자 재구성)

구분	지표	중요성
일반 위험	• 자연 관련 위험에 의한 감가상각, 조기 좌초자산 가치 • 자연 관련 위험 대응에 소요되는 비용, 투자 규모	부속
물리적 위험	• 물리적 위험에 취약하다고 평가된 자산, 부채, 수입, 비용 규모와 비율	핵심
	• 물리적 위험에 노출된 자산, 부채, 수입, 비용 규모와 비율 • 물리적 위험에 의해 영향을 받는 지역에 의존하는 자산과 수입에 대한 설명과 규모 • 물리적 위험에 노출된 사업장, 사업 분야 수 • 물리적 위험에 의해 수리나 대체가 필요한 인프라 자산에 대한 비용 • 물리적 위험에 대비한 보험료 증가율 • 물리적 위험에 의해 발생한 사업장 이전, 공급망 변경 관련 비용 • 물리적 위험 지역 복원 사업 비용	부속
	• 물리적 위험에 노출된 제품, 서비스 대체 비용 • 감소된 원자재 공급에 의해 증가된 비용	일반
전환 위험	• 전환 위험에 취약하다고 평가된 자산, 부채, 수입, 비용 규모와 비율	핵심
	• 전환 위험에 노출된 자산, 부채, 수입, 비용 규모와 비율	부속
전환 위험: 정책	• 기업의 사업 지역 손실에 관련된 설명과 비용	부속
	• 정책 준비 비용 증가 • 기업 사업장의 감소, 허가 취소, 운영 지연에 관한 손실 • 자산의 감가상각과 조기 좌초자산화 • 공시 보고 의무 등에 대한 비용	일반
전환 위험: 규제 준수	• 자연에 대한 악영향에 따른 벌칙, 소송에 대한 설명과 비용	핵심
	• 자연에 대한 악영향 처리 비용 설명과 규모	부속
	• 자연 관련 활동에 대한 추가 인력과 모니터링 비용	일반
전환 위험: 시장	• 시장 접근 손실과 관련한 설명과 비용 • 원재료 가격 상승에 따른 비용 증가 설명 및 손실 규모	부속
	• 현재 생산 제품과 서비스에 대한 수요 하락에 따른 수익 감소 • 좌초 자산에 의한 자산 가치 하락 • 이해관계자와 분쟁에 의한 비용의 증가 • 시장 점유율 및 투자자 감소에 따른 손실	일반
전환 위험: 평판	• 평판 위험에 따른 수입 감소, 운영 비용 증가	부속
	• 제품과 서비스 수요 하락에 따른 수입 감소 • 평판 하락으로 인한 고용자 이직 증가에 따른 비용 • 공급업자와 이해관계자의 충성도 감소로 인한 운영 비용 증가	일반
전환 위험: 기술	• 자연 관련 위험에 대응하기 위한 대체기술 개발 비용 증가	부속
	• 새로운 모니터링 기술 사용을 위한 비용 증가	일반

위험

위험과 관련된 관리 지표는 위험의 종류에 따라 달리 설정할 수 있다. 생물다양성에 대한 악영향을 의미하는 물리적 위험, 제도, 시장, 평판과 관련된 위험인 전환 위험 등을 종합적으로 고려할 필요가 있다. 위험에 대한 관리 지표도 중요도, 공개 필요성에 따라 핵심, 부속, 일반 지표로 나눌 수 있다. 핵심 지표에는 각종 위험에 취약하거나 노출된 재정적 상황, 소송 여부를 나타내는 지표이다. 재정적 상황에는 자산, 부채, 수입, 비용 등을 포함한다.

기회

기업이 가질 수 있는 기회는 주로 자원 활용을 효율화하여 비용을 절감하고, 친자연 제품과 서비스를 만들어 수익을 늘리는 것이 핵심이다. 핵심 지표에는 녹색분류체계에 포함된 친자연 관련 사업에 투자 자본을 유치하여 기업의 수익을 늘리는 것도 있다. 기업의 ESG 평가 점수를 높여 투자 자본 확보에 유리한 것도 부수적인 기회라고 할 수 있다.

표 4-19. 기회에 대한 관리 지표 사례(TNFD, 2023a에서 저자 재구성)

사업 성과	지표	중요성
일반	• 녹색분류체계 등에 연계한 투자, 자본 증가량: 기회 유형별로 분석	핵심
자원 효율화	• 환경 자원 활용 효율 향상, 순환경제 활동 등에 의한 운영 비용 절감	부속
	• 운영, 규제 준수 비용 감소 • 기업의 시장 가치 증가 • 원재료, 자연자원 가격의 변동에 대한 노출 정도 감소 • 자연자원의 감소에 대비한 회복력 향상 • 자원 효율 기술 향상, 생태계 서비스 의존도 저감에 따른 비용 절약 • 친자연 인증 사업 등에 대한 면세	일반
제품·서비스	• 친자연 상품과 서비스 제공으로 증가한 수익	핵심
	• 사업 다각화에 따른 기업의 회복력 향상 • 원재료에 대한 비용 감축 • 자연 관련 투자상품 개발로 수익 증가	일반
시장	• ESG 평가 점수 향상	부속
자본 흐름	• 녹색 채권, 지속가능성 채권 등 녹색 투자상품 증가	부속
	• 새로운 투자 재원 확보 • 공급망 업체에 대한 재정 인센티브 증가 • 친자연 인증 사업 등에 대한 면세 • 공공 부문 인센티브에 의한 수익 증가	일반
평판 자본	• 자연 관련 이슈에 의한 평판 향상으로 기업 가치 증가 • 고용자 이직률 감소로 인한 비용 절감	일반

표 4-20. 거버넌스 운영에 대한 관리 지표 사례(TNFD, 2023a에서 저자 재구성)

거버넌스	지표	중요성
일반	• 자연 관련 기업 정책, 약속, 목표 등에 대한 책임 이행 • TNFD 체계 주요 권고사항의 이행 성과에 대한 소통 실적 • 자연 관련 이슈가 이사회에서 논의된 실적 • 자연 관련 이슈 담당 이사의 수 • 자연 관련 전략 이행 성과에 대한 직원 인센티브 지급 실적	일반

거버넌스 운영

기업의 ESG에 관한 여러 사항 중 자연과 관련된 이슈는 이사회와 기업 고위 운영자의 관심을 받기 어려운 것이 현실이다. 관심을 받지 못한다는 것은 흉내 내기 정도의 수준에서 대응할 가능성이 높다는 것을 의미한다. 거버넌스에 대한 운영 지표는 개별 기업 차원의 지표라서 TNFD 권고에서는 일반 지표에 해당하지만, 현실에서는 개별 기업이 더 적극적으로 움직이게 하는 중요한 지표라고 할 수 있다.

전략 수립과 이행

TNFD 체계에 대응하는 전략에서 중요한 방향은 크게 4가지라고 할 수 있다. 우선 기업 내 자연 관련 대응 전략을 기후변화 대응, 순환경제 분야 전략과 연계하여 수립하고, 상호 시너지를 추구해야 한다는 점이다. 이 방향은 TNFD 체계가 기후변화에 대한 TCFD 체계와 공존하도록 설계되어 있다는 점에서도 확인된다. 두 번째는 기업의 정책과 대외적 약속이 국제적 흐름에 부합해야 하며 중장기적으로 꾸준히 이행되도록 운영되어야 한다는 것이다. 세 번째는 원주민과 지역사회, 소비자, 중앙정부와 지방정부, 시민사회, 기업 구성원 등 다양한 이해관계자를 염두에 두고 의사소통과 협업 관계를 만들어야 한다는 점이다. 네 번째는 친자연적인 방향으로 기술, 상품, 서비스, 투자 등에 대한 기준을 정립하고 투자를 늘리도록 해야 하는 것이다.

표 4-21. 전략 수립과 이행에 대한 관리 지표 사례(TNFD, 2023a에서 저자 재구성)

전략	지표	중요성
일반	• 자연 관련 이슈를 순환경제, 기후변화 위기관리 등에 연계한 정도	일반
정책, 약속, 목표	• 정량화, 시간 계획이 설정된 목표의 비율 • 단기, 중기, 장기 위험과 기회를 반영한 목표의 비율 • 설정한 목표로 관리되는 지역 또는 민감한 장소의 비율	부속

	• 기업 비즈니스에 중요한 생물군계를 위한 전략, 정책, 약속 수립 여부
	• 기업의 정책, 약속, 목표에 주요 원칙, 접근법 반영 현황:
	  zero-생태계 전환 선언, 순환경제, 원자재와 공급망 관리
	• 자연 관련 정책, 약속, 목표에 AR3T 저감 활동 우선순위 적용 여부
	• 자연 관련 기업의 약속에 의해 관리되는 생산, 소비 비율
	• 기업 활동이 자연 관련 정책, 약속, 목표와 일관되는지 확인하는
	  절차 운영 여부
	• 2050년 네이처 포지티브 목표가 되도록 정책, 약속을 수립하는지 여부
	• 목표가 지속가능발전 원칙, 세계생물다양성체계 등 국제 이니셔티브에
	  연관되어 있는지 여부
	• 기업의 영향 유발요인, 생태계 서비스 의존성이 유발할 수 있는 사회적
	  문제에 대한 정책, 약속 설정 여부
		일반

이해 관계자 협력	• 자연 관련 이슈에 대해 지역 이해관계자와 협업하는 지역의 비율 • 업종별 이니셔티브, 이해관계자 협력 이니셔티브 등에 참여 수	부속
	• 기업에 관련성이 높은 자연 관련 이니셔티브에 참여 또는 승인 여부 • TNFD 체계 이행 시 NGO와 협업 여부 • 자연에 관한 공공정책에 영향을 주는 활동에 참여 여부 • 자연 관련 이슈에 대해 직원 교육에 투자 정도 • 기업의 순환경제 활동에 참여하는 소비자, 공급업자의 범위 • 가치사슬의 업스트림 공급업자에 대한 관리 활동(설문조사, 회의, 감사, 교육 등) 시행 여부 • TNFD 체계 이행 시 원주민, 지역사회 이해관계자 협업 여부	일반

자본 투자	• AR3T 활동 중 회피, 감축, 재생·복원에 투자한 수준
	  (일부 업종 추가 고려사항)
	  - 광업: 광산 폐쇄 후 회복 사업, 사후 모니터링, 사후 관리에 재원
	    투자 규모
	• 녹색분류체계에 포함된 자연 관련 활동에 투자한 수준
	• 친자연적 투자 기준 수립
	• 과학기반목표 네트워크 등을 선언한 기업에 대한 투자 수준
	• 자연 관련 상품, 서비스 분야에 투자 수준
	• 자연 관련 기술 개발에 투자 수준
		부속

대응 활동

대응 활동 관리에서 중요한 방향성은 AR3T의 우선순위에 부합하도록 대응 활동 순서를 정하고 활동하는 것이다. 즉 회피, 저감, 재생·복원 등의 순서대로 대응 활동 우선순위를 가져가야 한다. 이런 우선순위에 맞추어 대응 활동을 하는 사업장을 확대하는 것이 매우 중요하다.

자발적 생물다양성 상쇄나 크레딧을 구입하는 행동은 우선순위의 마지막에 있다는 점을 주의할 필요가 있다. 또한 가치사슬에 있는 관련 기업의 행동이 바뀌도록 해야 한다. 당연하게도 대부분의 기업은 가치사슬에서 공급업자 위치에 있게 되므로 상품이나 서비스를 사는 기업의 요구를 받게 될 가능성도 염두에 두어야 한다. 가치사슬 차원의 관리 지표에 따르면 업스트림 공급업체들은 TNFD 체계에 맞추어 영향 유발요인, 생태계 서비스, 가치사슬을 조사하고, 지속가능성에 대한 제3자 인증을 받아야 하며, 상품 구매기업에 관련 정보를 제공할 준비를 하지 않으면 큰 위기에 직면할 수 있다는 것을 보여준다.

표 4-22. 대응 활동에 대한 관리 지표 사례(TNFD, 2023a에서 저자 재구성)

대응 활동	지표	중요성
가치사슬	• 투명한 제3자 인증을 받은 상품, 원자재 구매 실적 등의 비율	핵심
	• 자연 이슈 관련 사전 조사를 거친 공급업자 비율(거래 규모 등) • 기업이 대응할 자연 관련 이슈에 관련된 공급업자 비율(거래 규모 등) • 상품, 원재료 중 생산지를 정확히 추적할 수 있는 비율 • 지속가능한 생산을 약속, 이행하는 공급업자 비율	부속

저감 활동 우선순위	• AR3T의 우선순위에 맞추어 대응 활동을 하는 사업장의 비율
	(일부 업종 추가 고려사항)
	  - 광업: 생물다양성 관리 계획 이행 지역의 수와 비율
	    No net loss, Net gain 전략 이행 지역의 수와 비율
	    석유 및 가스생산업: 점검을 받는 천연가스와 석유 파이프라인의 비율
		핵심

	• 폐기물, 폐수, 재료 등 재사용, 재활용 비율(%) • 정부 의무 규제에 대응한 생물다양성 상쇄 시장에서 거래한 실적 • 피해 큰 생물종, 생태계 복원 실적(km²): 의무 이행, 자발적 이행 등으로 구분 (일부 업종 추가 고려사항) - 광업: 광산에 의해 교란된 지역 면적, 복원 활동이 가능한 면적, 복원 활동 이행 지역 면적, 상쇄로 대응 면적 등 각 명시	업종별 핵심
	• 재료 순환 사용률(%) • AR3T 단계별 재원 투입 규모	부속
	• AR3T 중 변화 행동에 참여하는 현황 • 각 주요 영향 요인에 대한 관리 전략 수립 현황 • 생물다양성 보존 교육에 참여한 근로자 수 • 생물다양성 상쇄에 대한 기준 수립 여부 • 생태계 상태가 향상된 지역에서 생산, 소비, 공급되는 원재료 비율 • 인간-야생생물종 공존 수단 이행 수	일반
자발적 기여	• 자발적 생태계, 생물종 복원 활동 투자 실적: 활동 유형, 생태계, 생물종별로 분류 • 자발적 생태계 또는 생물종 복원 사업의 규모(km²), 기간(년), 모니터링 주기(회/년) • 원주민과 지역사회의 삶의 질 향상 투자 실적 • 자발적 생물다양성 상쇄, 크레딧 거래 실적	부속
의존성, 영향, 위기, 기회 등의 평가 활동	• 기업, 민감한 장소, 서비스 분야별로 평가한 정도 • 평가가 이루어진 직접 사업장 비율 • 업스트림, 다운스트림의 평가를 실시한 사업장 비율 • 신뢰성 높은 TNFD 공시 관련 데이터를 생산하는 공급업자 비율	부속
	• TNFD 공시 관련 데이터 측정 지점 검증 수준	일반

금융 업종의 관리 지표 설정[136]

금융 업종의 자연에 대한 영향과 생태계 서비스 의존은 금융기관의 직접 활동에 의한 것이 아닌 금융 상품, 투자의 구성에 의해 결정된다. 이런 특징을 고려하여 TCFD 체계도 스코프 3차원의 온실가스 배출량에 기반하여 대응 활동을 설계할 것을 권고하고 있다. TCFD 체계에서 기업의 온실가스 배출에 대한 정량적 모니터링과 원인에 대한 평가는 수십 년의 경험을 통해 서로 합의된 방식이 만들어져 왔다. 하지만 TNFD 체계에서는 아직 합의된 방식이 만들어지지 않은 한계가 있다. 이런 상황에서 금융기관의 TNFD 공시는 금융기관에서 대출과 투자를 받고, 보험에 가입한 행위자, 금융 상품 소비자 등이 얼마나 정확한 TNFD 공시 관련 정보를 제공하는지에 따라 그 정확성과 신뢰성이 결정된다. 금융기관이 충분한 정보를 가지고 공시를 하기까지는 준비기간이 필요하다. 이와 더불어, 금융 업종은 피투자자의 비밀 정보를 대외적으로 공개할 수 없는 제약도 있다. 따라서 현 TNFD 체계에 따르면 금융 업종도 우선은 국제사회에서 범용적으로 제공하는 유사 데이터를 활용하거나 취합 가능한 데이터에 근거하여 예측을 하는 수준에서 관리 지표를 발표하도록 권고하고 있다. 예측을 한 경우에는 이에 활용된 방법론과 가정을 명시하도록 하고 있다.

핵심 지표

모든 금융 업종 기업이 설정할 필요가 있는 핵심 지표는 위험과 기회, 생태계 서비스 의존과 영향 유발요인 부문이다. 생태계 서비스 의존과 영향 유발요인에 대한 관리 지표는 금융 기업이 직업 운영하는 사업장에 대한 것과 대출, 투자에 의한 것을 모두 포함해야 한다. 후자에 관해서 TNFD 권고는 각각 생태계 서비스 의존 금융 관리 지표 Financed nature dependency metrics, 자연 영향 금융 관리 지표 Financed nature impact metrics라고 부른다.

위험 관리 지표는 금융 기업의 대출, 각종 투자, 보험 계약 등에서 손실 발생 가능성을 고려한 지표를 말하며, 기회 관리 지표는 새로운 이익을 발생시킬 가능성이 있는 지표이다. 이 두 가지 지표는 TNFD 권고가 추천하는 히트맵heatmap 분석, 자산 태깅Asset tagging, 시나리오 기반 평가Scenario based risk assessment 등을 사용하여 분석할 수 있다.[137] 히트맵 분석은 앙코르ENCORE나 세계자연기금의 생물다양성 위기 필터가  제공하는 업종별 영향 요인과 강도 데이터를 활용하여 업종별로 위험 노출 수준을 그리는 방식이다. 개별 기업의 상품, 사업장 위치까지 고려하여 위험을 평가할 때는 자산 태깅 방법을 사용하여 정량적, 정성적으로 위험을 판단할 수 있다. 이보다 더 상세하게 접근하는 방식이 시나리오 기반 위험 평가이다. 이 방식은 히트맵 분석, 자산 태깅 자료에 기반하여 각종 자연 관련 위험의 비용 자료를 투입하고, 미래 시나리오를 가정하고, 비용 수준을 고려하여 위험을 평가한다.

그림 4-5. 업종별 자연 관련 위험에 노출된 수준 히트맵 예시(TNFD, 2023a)

지속가능성 회계기준위원회 (SASB) 업종 분류	생태계 의존 서비스		영향						총운용자산 (AUM) (전체 중의 %)
					오염				
	토양	물	토지 이용	물 이용	대기 오염	고형 폐기물 오염	토양 오염	수질 오염	
1. 농산물과 담배	높음	높음	높음	높음	낮음	낮음	높음	높음	2%
2. 소비재	낮음	낮음	낮음	높음	중간	낮음	중간	중간	5%
3. 채굴과 광물 가공	낮음	중간	높음	높음	높음	높음	중간	높음	14%
4. 금융	낮음	낮음	낮음	낮음	낮음	낮음	낮음	낮음	16%
5. 식음료(1번 제외)	낮음	중간	낮음	높음	낮음	중간	낮음	낮음	11%
6. 보건 의료	낮음	높음	낮음	높음	낮음	중간	높음	높음	6%
7. 인프라 건설 (13번 제외)	낮음	높음	높음	낮음	낮음	높음	낮음	낮음	2%
8. 재생자원과 대체에너지	낮음	높음	낮음	높음	낮음	낮음	높음	높음	3%
9. 자원 변환	낮음	낮음	낮음	높음	중간	높음	높음	높음	6%
10. 서비스	낮음	낮음	낮음	중간	낮음	낮음	중간	높음	12%
11. 기술과 통신	낮음	낮음	낮음	낮음	낮음	낮음	높음	높음	15%
12. 교통	낮음	낮음	중간	높음	중간	중간	높음	높음	5%
13. 수도, 가스, 발전	높음	높음	높음	높음	높음	높음	높음	높음	3%

표 4-23. 금융 부문의 핵심 지표 사례(TNFD, 2023a, m에서 저자 재구성)

구분	지표 사례

생태계 서비스 의존	• 생태계 서비스에 의존도가 중대한 업종이나 기업에 노출된 수준(히트맵 활용)
	  - 자연 의존도가 중·상인 업종 또는 기업에 노출 정도(총액)
	  - 총 포트폴리오 규모(총액, 가치) 중 노출 비율
	  - 생태계 서비스 의존도가 중·상인 포트폴리오의 상위 X개 기업에 노출 정도

영향 유발요인	• 자연에 미치는 영향이 중·상 수준이거나 민감한 업종에 노출된 수준(히트맵 활용)
	  - 자연에 미치는 영향이 중·상인 업종 또는 기업에 노출 정도(총액)
	  - 총 포트폴리오 규모(총액, 가치) 중 노출 비율
	  - 자연에 미치는 영향이 중·상인 포트폴리오의 상위 X개 기업에 노출 정도
	• 민감한 장소에서 기업 활동을 하는 업체에 노출된 수준(히트맵 활용)
	  - 생물다양성 중요 지역·서식지 주변에서 운영 중인 기업에 노출 정도(총액)
	  - 멸종위기종 서식지 또는 가까운 지역에서 운영하는 기업의 노출 정도(총액)
	  - 총 포트폴리오 규모(총액, 가치) 중 노출 비율
	• 생물다양성 발자국 지표(MSA 또는 PDF)에 기반한 평가
	  - 금융 기업의 투자에 의한 생물다양성 발자국 총규모(MSA 또는 PDF)
	  - 투입된 자본당 생물다양성 발자국 강도(MSA 또는 PDF/달러)

위험: 물리적	• 물리적 위험에 대한 재정적 노출 정도 - 중대한 물리적 위험에 노출된 자산(관리, 대출, 투자, 보험 등의 대상이 되는 자산)의 규모 또는 비율

위험: 전환	• 전환 위험에 대한 재정적 노출 정도
	  - 중대한 전환 위험에 노출된 자산(관리, 대출, 투자, 보험 등의 대상이 되는 자산)의 규모 또는 비율
	  - 환경 관련 논란, 평판 위험이 있는 기업에 연결된 자산(관리, 대출, 투자, 보험 등의 대상이 되는 자산)의 규모 또는 비율

위험: 위험 관리 수단	• 금융기관 위험 관련 변수에 대한 영향 - 현재 보유한 포트폴리오에서 예상 부도율(PD: Probability of Default), 부도 시 손실률(LGD: Loss Given Default), 예상 손실(EL: Expected Loss) 등의 변동
기회: 재정적 기회	• 자연 관련 중대한 기회(녹색채권 발생, 녹색경제활동에 투자)에 맞추어 활동하는 업종이나 기업과 관련된 재정 흐름(투자, 대출, 보험 등) 규모
기회: 자연 위험 완화	• 자연 관련 위험을 완화하는 중요 활동(이해관계자 협업, 실사, 지속가능 성과지표)에 관련된 재정 흐름(투자, 대출, 보험) 규모
기회: 자연 회복 기여	• 자연에 순이익이 되는 활동을 목적으로 하는 재정 흐름(투자, 대출, 보험)의 규모

업종별 핵심 지표

TNFD 공시 권고는 업종별 핵심 지표로 2가지를 제시한다. 하나는 생태계 서비스 의존과 영향 유발요인이 중대한 업종에 노출된 정도를 관리하는 지표이다. 다른 하나는 민감한 장소에서 비즈니스를 하는 업체에 노출되어 있는 수준을 관리하는 지표이다. 업종별 핵심 지표도 피투자자가 보고하거나 공개하는 자료의 수준에 의존하므로 기본적인 한계가 있다는 점은 주의할 필요가 있고 이런 한계점을 명시해야 한다. 또한, 금융 기업의 포트폴리오에서 누락되는 것 없이 전체를 대상으로 하도록 노력해야 한다.

표 4-24. 금융 부문의 업종별 핵심 지표 사례(TNFD, 2023a에서 저자 재구성)

구분	지표 사례
자연에 미치는 영향이 중대한 업종에 노출	• 은행: 중대한 업종에 대한 대출 규모(또는 전체 대출 중 비중) • 자산 소유자 및 관리자: 동 업종에 대한 투자 자산 또는 소유 자산 규모 (또는 전체 자산 중 비중) • 보험: 동 업종에 대한 순보험료 또는 보험 보장액 규모 (또는 전체 보험 중 비중)
민감한 장소에서 활동하는 업체에 노출	• 은행: 민감한 장소에서 활동하는 업체에 대한 대출 규모 (또는 전체 대출 중 비중) • 자산 소유자 및 관리자: 동 업체에 대한 투자 자산 또는 소유 자산 규모 (또는 전체 자산 중 비중) • 보험: 동 업체에 대한 순보험료 또는 보험 보장액의 규모 (또는 전체 보험 중 비중)

부속 지표

금융기관의 특정 관심 분야를 고려하거나, 금융기관의 TNFD 공시 보고서를 활용하는 이해관계자의 입장에 맞추어 추가적인 관리 지표를 설정할 수 있으며, 부속 지표라고 구분한다. 유럽연합의 지속가능 재무 공시 규정SFDR: Sustainable Finance Disclosure Regulation은 다양한 부속 지표를 제시하고 있어 참고할 필요가 있다.

표 4-25. 금융 부문의 부속 지표 사례(TNFD, 2023a에서 저자 재구성)

구분	지표 사례
육지·담수·해양의 전환	• 토지 황폐화, 불투수 포장을 유발하는 활동에 연관된 기업에 투자 규모 • 산림 벌채 대응 정책이 없는 기업에 투자한 규모
오염물질 관리	• 투자액 대비 토양오염물질 배출량(가중 평균) • 피투자자 기업의 투자액 대비 폐수 배출량(가중 평균) • 피투자자 기업의 투자액 대비 유해폐기물 발생량(가중 평균) • 피투자자 기업의 투자액 대비 비재활용 폐기물 발생량(가중 평균) • 폐기물 분리수거 설비 미설치, 재활용 계약을 맺지 않은 부동산 자산의 규모 • 투자액 대비 관심 대상 대기 오염물질 배출량(가중 평균)
환경자산 활용	• 피투자자 기업의 수익 대비 평균 물 사용량 • 물 관리 정책이 없는 피투자자 기업에 투자 규모 • 피투자자 기업 중 물 스트레스가 높은 지역에서 물 관리 정책 없이 활동하는 기업에 투자한 규모 • 지속가능한 토지·농업·해양 정책이 없는 피투자지 기업에 투자한 규모
자연의 상태	• 멸종위기종에 악영향을 주는 사업장을 보유한 피투자자 기업에 투자한 규모 • 민감한 장소 또는 주변 지역에 소재한 사업장(소유, 리스, 관리)에 대해 생물다양성 보호 정책이 없는 피투자자 기업에 투자한 규모

2. 목표 설정 이해하기[138]

기업이 관리 지표를 설정하면, 각 지표별로 목표Target를 정해야 한다. 목표를 정할 때 가장 근본에 두어야 하는 것은 세계생물다양성체계의 목표이다. 예를 들어 기업은 목표 설정에 2030년까지 생물다양성이 중요한 지역의 훼손을 zero로 하는 목표, 영양염류, 농약 등의 유출을 50% 감축하는 목표, 농업/음식물 쓰레기의 배출을 50% 이상 감축하겠다는 목표 등을 기업이 고려할 수 있다. 기후변화 대응을 위해 기업들이 2050년까지 탄소중립을 달성하겠다는 목표를 수립하는 것과 같은 전략이다. 이와 더불어, 자연에 대한 영향 유발요인 중 오염물질 관리와 관련된 관리 지표는 이미 국가가 정한 수질오염물질, 토양오염물질, 대기 오염물질, 폐기물 등의 배출 기준, 재활용 기준 등이 설정되어 있으므로 이를 준수하는 것을 목표로 설정할 수 있다. 더 의욕적인 기업은 현행 기준보다 더 강한 수준의 목표를 설정하는 것도 필요하다. 그 외에 기업의 전략 수립과 이행에 대한 관리 지표에 대해서는 기업 내부적으로 현재까지 달성한 수준을 먼저 확인하고, 기업 내부 논의와 이해관계자 협의 등을 거쳐 2030년까지 새로운 목표를 정할 필요가 있다.

　이 과정에서 고려해야 할 주요 사항은 성과를 주기적으로 측정할 수 있는 관리 지표를 정하고, 이 관리 지표의 기준점을 잡는 것이다.

또한 가능하다면 시나리오 분석을 통해 미래를 전망하여 시기별 목표를 잡는 노력이 필요하다. 마지막으로 중요한 것이 주기적으로 모니터링하고, 제3자의 검증을 거쳐, 공개적으로 목표 달성 수준을 보고하는 것이다.

관리 지표 선택 시 고려 사항

관리 지표를 선택할 때는 기업이 추구하는 목적과 연결성relevant이 있어야 한다. 예를 들어, 기업이 2025년까지 공급망 차원에서 산림파괴를 제로화하겠다는 목표를 세운다면 산림파괴를 유발하는 원자재 구입량 또는 산림파괴가 없다는 제3자 인증을 받은 원자재 구입량을 상세 관리 지표로 설정할 수 있다. 추가로 고려할 사항은 객관적 검증이 가능transparent한 지표를 선정하는 것이다. 기후변화 대응을 위한 온실가스 배출량은 성과를 측정하고 대외 공개하기 이전에 제3자의 검증을 받도록 하고 있다. 이와 유사하게 TNFD 공시에서 중요한 관리 지표도 검증을 받아서 투명성과 신뢰성을 높이는 과정이 필요하다. 세 번째로 중요한 것은 기업이 이행한 성과를 매년 확인할 수 있는responsive 관리 지표를 선택해야 한다는 점이다. 성과를 1~2년 안에 측정할 수 없고, 성과 확인에 몇 년이 소요되는 관리 지표는 지속적인 관심을 가지고 이행하기 어려워진다.

목표의 비교 기준 확인하기[139]

목표를 설정할 때는 성과의 비교 대상이 되는 기준점이 필요하다. 이때 고려해야 하는 개념에는 기준치baseline와 기준 상태reference state가 있는데 이 둘 사이의 차이점을 알아야 한다. 기준치는 목표 시작 또는 비교 대상 연도에 관리 지표의 수치를 말하며, 기준 상태는 목표치와 비교하는 자연의 상태를 말한다. 예를 들어, 기업이 관리 대상으로 하는 지역의 순 생물다양성 감소가 없다는 목표no net loss를 수립했다면 이때 비교 대상으로 직전 연도의 생태계 수준을 기준치로 설정하는 것이 가능하다. 이와 달리 오염되지 않은 생태계를 기준 상태로 정하여 비교할 수도 있다. 유사하게 한 기업이 사업장 주변의 훼손된 생태계를 복원할 계획이 있다면 직전 연도의 생태계 수준을 목표로 할지(기준치 방식), 국립공원 내 유사 생태계 수준을 목표로 할지(기준 상태 방식)에 따라 전혀 다른 수준의 복원 활동을 요구하게 된다. 따라서, 기업은 사회적 요구, 목표 달성 시점, 가용 재원의 규모 등을 고려하여 두 가지 개념 중에 선택해야 한다.

시간 기준 설정하기

목표를 설정할 때는 목표와 관련된 시간 개념을 반드시 고려해야 한다. 시간 개념에는 기준 시점baseline time, 목표 달성 기간time horizon, 중간 목표interim target 등이 있다. 기준 시점은 목표 달성 수준을 비교할 대상 시점으로 모든 목표에 필요한 것이다. 목표 달성 기간은 단기, 중기, 장기로 나누어 정해야 하며 기업의 목표 전반에 일관성을 유지해야 한다. 중간 목표는 목표 달성 연도가 장기간인 경우 중간 평가를 하고 필요시 계획을 수정하기 위한 목적으로 설정하는 목표이다. 기업이 장기간 목표를 설정한 경우, 중간 목표를 반드시 설정하여야 체계적인 목표 이행이 가능해진다.

목표에 대한 이해도 높이기

자연에 관한 관리 지표나 목표는 아직 이해하기 어렵고 과학적으로 정립되지 않은 사항을 많이 포함하고 있다. 따라서 관리 지표나 목표 설정의 한계점, 주의사항에 대해 명확히 설명해야 한다. 목표를 공개할 때는 기업의 경계, 방법론, 뒷받침하는 데이터와 가정 등에 대해 종합적이고 자세한 설명이 필요한 경우가 많다.

주기적으로 목표 재검토하기

목표는 사회적 요구의 강화, 기업 비전 상향, 기술의 발전 등에 따라 의미가 없는 수준이 될 가능성이 높다. 예를 들어 5년마다 목표 수준의 타당성을 재검토하는 것이 필요하다. 재검토는 기업의 대응 전략을 주기적으로 재검토, 수정하는 과정에서 같이 하는 것이 효과적이다. 그래야 기업 전략과 목표의 관련성을 유지할 수 있다.

나가는 글:
기꺼이 감내해야 할 도전

세계는 급격한 변화를 겪고 있으며 전 세계적인 지구 위기에 긴급히 대응해야 한다. 인구 증가, 소비 증가, 지속적인 불평등, 더 자주 발생하는 갈등 및 기후변화의 영향은 지구와 인류에 전례 없는 위기를 초래하고 있다. 인간의 활동으로 인해 전 세계 생물종의 1/4이 멸종 위기에 처해 있다. 우리가 가진 유일한 집인 지구의 미래를 보호하기 위해 우리는 사람들이 자연에 미치는 영향과 의존성을 모두 고려해야 한다. 사람은 자연의 일부이며, 비즈니스는 결국 사람에 관한 것이다.

이 책은 생물다양성 감소와 기후위기가 동전의 양면이라는 점을 명확하게 보여준다. 이는 경제 모델과 밀접하게 연관되어 있으며 현재에도, 미래에도 인간의 웰빙에 대한 근본적인 위협 요인이 될 것이다. 대기 평균온도가 머지않아 산업화 이전에 비해 1.5℃를 초과하게 되고, 돌이킬 수 없는 피해의 위험이 크게 증가할 것으로 예상되는 상황에서 온도 상승을 멈추고 부정적인 결과를 통제하기 위한 행동이 더욱 필요하다. 자연은 이런 위기를 해결해 줄 최선의 희망이자 해결책이다.

이를 위해서 세계적인 사회, 경제 및 금융 시스템을 자연과 조화롭게 맞추어야 한다. 이런 움직임을 성공으로 만들려면 자연을 우리가 원하는 자원 공급처로만 여기면 안 된다. 사회, 경제, 금융 시스템이 자연에 내재되어 있고 궁극적으로 완전히 의존하고 있다는 것을 인식해야만 한다. 결과적으로 우리는 비즈니스 업종에서 자연 손실의 주요 원인을 확인하고 그 원인을 획기적으로 줄여야만 한다.

이는 우리의 사고방식뿐만 아니라 비즈니스 접근 방식에서 큰 변화를 요구하는 것이다. 정책, 재무, 그리고 기업 행동 세 가지 수준에서 변혁적인 노력이 필요하다. 정책 및 규제 체계는 자연자본을 국가 또는 기업의 회계 산정 시 반영하도록 해야 하며, 기업이 자연에 미치는 부정적인 영향을 인식하고 보고하며 해결하도록 요구해야 한다. 금융 시스템과 시장은 자연에 해를 끼칠 수 있는 자본의 흐름을 줄이면서, 네이처 포지티브 활동에 대한 투자 우선순위를 높여야 한다. 모든 부문의 기업은 자연에 대한 영향을 평가하고 최소화하기 위해 신뢰할 수 있는 방법을 사용해야 하며, 궁극적으로는 네이처 포지티브 비즈니스를 개발하고, 실천해야 한다.

저자들은 자연의 위기를 극복하자는 전 세계적인 공감대가 형성되는 시기에 이 책을 쓰기 시작했다. 세계생물다양성체계가 확정되고, TNFD가 자연 관련 공시 권고를 공개한 시점이었다. 같은 시기에 네이처 포지티브 개념이 다양한 국제회의에서 주요 주제로 떠오르기 시작했으며, 자연기반해법이 기후변화와 생물다양성 손실을 동시에 해결할 대안으로 인정받았다. 그래서 이 책에서 네이처 포지티브 개념을 자연의 손실을 멈추고 되돌리는 목표로 설명하며 기업이 자연 관련 영향, 의존성, 위험과 기회를 어떻게 평가·대응하고 시장에 공개해야 하는지에 대해 상세히 설명하고자 했다. 또한 기업이 ESG 전략을 구축하기 위해 알아야 할 글로벌 모멘텀과 ESG 체계의 변화를 정리했다.

자연 분야에 관한 과학적 데이터, 일관된 기준, 네이처 포지티브 전략 등을 기업의 비즈니스 활동에 통합하는 것은 기업에게 큰 도전일 것이다. 특히 기후변화 대비, 수질오염 방지, 폐기물 관리 등 다른 환경 분야와 비교할 때 그렇다. 기업이 네이처 포지티브 여정을 시작하는 데 이 책이 도움이 되는 통찰과 지식을 제공하기를 바란다.

이 책이 네이처 포지티브를 위해 필수적인 측면을 다루고 있지만 고려해야 할 중요한 분야는 더 있다. 그중 하나는 신속한 기술 발전의 영향이다. 인공지능, 빅데이터 모델, 인공위성 모니터링, 생명공학 등 무수하다. 기업은 이런 기술을 활용하여 네이처 포지티브 비즈니스로 전환 능력을 높여야 한다. 다른 하나로 기업은 지역사회, 주민, 사회 NGO 및 정치적 리더 등과 종합적이고 협력적 관계를 지속하면서 네이처 포지티브 미래를 실현해 나가는 것이 중요하다.

여러 전문가가 국내외 기업의 TNFD 체계 이행 노하우, 축적된 과학적 데이터, 네이처 포지티브 전략과 행동 우수사례, 신기술 적용 방식 등을 계속 연구하여 이 책에서 제시한 네이처 포지티브 전략과 실행안을 더 발전시킬 수 있기를 기대한다.

2024년 6월

이성아

미주

Part 1. 네이처 포지티브 전략

1 World Economic Forum (WEF). (2020). New Nature Economy Report II: The Future of Nature and Business.
2 IPBES. (2022). Summary for policymakers of the methodological assessment of the diverse values and valuation of nature of the Intergovernmental Science-Policy Platform on Biodiversity and Ecosystem Services. U. Pascual, P. Balvanera, M. Christie, B. Baptiste, D. González-Jiménez, C.B. Anderson, S. Athayde, R. Chaplin-Kramer, S. Jacobs, E. Kelemen, R. Kumar, E. Lazos, A. Martin, T.H. Mwampamba, B. Nakangu, P. O'Farrell, C.M. Raymond, S.M. Subramanian, M. Termansen, M. Van Noordwijk, A. Vatn (eds.). IPBES secretariat, Bonn, Germany. 37 pages. https://doi.org/10.5281/zenodo.6522392
 Nature Action Agenda. (2023). World Economic Forum. https://www.weforum.org/projects/nature-action-agenda/
 World Wide Fund for Nature (WWF). (2020) Living Planet Report 2020 -Bending the curve of biodiversity loss. Almond, R.E.A., Grooten M. and Petersen, T. (Eds). WWF, Gland, Switzerland.
3 Coscieme, L., Mortensen, L.F., Anderson, S., Ward, J., Donohue, I. and Sutton, P.C. (2020). Going beyond Gross domestic Product as an indicator to bring coherence to the sustainable development goals. J. Clean. Prod., 248, p. 119232.
4 Locke, H., Rockström, J., Bakker, P., Bapna, M., Gough, M., Hilty, J., Lambertini, M., Morris, J., Polman, P. and Rodriguez, C.M. (2021). A Nature-Positive World: the Global Goal for Nature. WBCSD.
5 The Definition of Nature Positive. (2023, November 27). Nature Positive Initiative. https://www.naturepositive.org/app/uploads/2024/02/The-Definition-of-Nature-Positive.pdf
6 UBET. (2022). UEBT BIODIVERSITY BAROMETER: The Biodiversity Reckoning.
7 The Deloitte Global. (2022). Gen Z and Millennial Survey: Striving for balance, advocating for change.
8 PricewaterhouseCoopers (PwC). (2021). Preparing for tomorrow's consumers today: The future of consumer markets.
9 About the Pledge. (2024). Finance for Biodiversity Foundation. https://www.financeforbiodiversity.org/about-the-pledge/

10 Supporting greater corporate ambition and action on tackling nature and biodiversity loss. (2024). Nature Action 100. https://www.natureaction100.org/
11 New funding will boost efforts towards a greener economy. (2022, March 31). Stockholm Resilience Centre. https://www.stockholmresilience.org/research/research-news/2022-03-31-new-funding-will-boost-efforts-towards-a-greener-economy.html
12 About Business for Nature. (N.D.). Business for Nature (BfN). https://www.businessfornature.org/about
13 The Nature Positive Initiative. (2024). Nature Positive Initiative (NPI). https://www.naturepositive.org/about/the-initiative/
14 The Biological Diversity Protocol (BD Protocol). (2022). Biodiversity Disclosure Project (BDP). https://nbbnbdp.org/bd-protocol/
15 Topic Standard Project for Biodiversity. (2024). Global Reporting Initiative (GRI). https://www.globalreporting.org/standards/standards-development/topic-standard-project-for-biodiversity/
16 Finance for Biodiversity. (2024). Guide on biodiversity measurement approaches: 3rd Ed. https://www.financeforbiodiversity.org/wp-content/uploads/Finance-for-Biodiversity_Guide-on-biodiversity-measurement-approaches.pdf
17 Our mission. (2024). Science Based Targets Network (SBTN). https://sciencebasedtargetsnetwork.org/
18 Roadmaps to Nature Positive. (2024). World Business Council for Sustainable Development (WBCSD). https://www.wbcsd.org/Imperatives/Nature-Action/Nature-Positive/Roadmaps-to-Nature-Positive
19 What is the TNFD? (N.D.). Taskforce on Nature-related Financial Disclosures (TNFD). https://tnfd.global/
20 Around 2.5 billion more people will be living in cities by 2050, projects new UN report. (2018). United Nations Department of Economic and Social Affairs. https://www.un.org/en/desa/around-25-billion-more-people-will-be-living-cities-2050-projects-new-un-report#:~:text=Calendar-,Around%202.5%20billion%20more%20people%20will%20be%20living%20in%20cities,urban%20planning%20and%20public%20services.
21 World Health Organisation (WHO). (2021). Drawing light from the pandemic: A New Strategy for Health and Sustainable Development. Report of the Pan-European Commission on Health and Sustainable Development.
22 Climate Crisis and Malnutrition - A case for acting now. (2021, September 20). World Food Programme (WFP). https://www.wfp.org/publications/climate-crisis-and-malnutrition-case-acting-now
23 Dasgupta, P. (2021). The Economics of Biodiversity: The Dasgupta Review. London: HM Treasury.
24 International Labour Organization (ILO), United Nations Environment Programme (UNEP) and International Union for Conservation of Nature (IUCN). (2022). Decent Work in Nature-based Solutions 2022. Geneva: ILO.
25 이우균, 황석태, 오일영, 류필무, 강부영. (2023). 자연기반해법: 위기에서 살아남는 현명한 방법. 서울: 지을.

26　United Nations Environment Programme (UNEP). (2021). State of Finance for Nature 2021.
27　IPBES. (2019). Global assessment report on biodiversity and ecosystem services of the Intergovernmental Science-Policy Platform on Biodiversity and Ecosystem Services. E. S. Brondizio, J. Settele, S. Díaz, and H. T. Ngo (editors). IPBES secretariat, Bonn, Germany. 1148 pages. https://doi.org/10.5281/zenodo.3831673
28　Food and Agriculture Organization (FAO). (2022). The State of World Fisheries and Aquaculture 2022. Towards Blue Transformation. Rome: FAO. https://doi.org/10.4060/cc0461en
29　Venice Afable, M. (2019). Building Green – Minimizing the Environmental Impact of Construction. BOLD Insights.
30　G20 Principles for Quality Infrastructure Investment. (N.D.). Asian Development Bank (ADB). https://www.adb.org/sites/default/files/linked-documents/reg-54036-001-tar-ld-02.pdf
31　International Energy Agency (IEA). (2022). World Energy Outlook 2022. Paris: IEA.
32　Climate-Smart Mining: Minerals for Climate Action. (2019, May 26). The World Bank. https://www.worldbank.org/en/topic/extractiveindustries/brief/climate-smart-mining-minerals-for-climate-action
33　Global Tailings Review. (N.D.). International Council on Mining and Metals (ICMM), United Nations Environment Programme (UNEP), the Principles for Responsible Investment (PRI). https://globaltailingsreview.org/

Part 2. 자연 관련 ESG의 흐름

34　Herweijer, C., Evison, W., Mariam, S., Khatri, A., Albani, M., Semov, A., & Long, E. (2020). Nature risk rising: Why the crisis engulfing nature matters for business and the economy. In World Economic Forum and PwC.
35　Convention on Biological Diversity (CBD), Convention of Parties Decision. (2022, December 19). CBD/COP/DEC/15/4, Kunming-Montreal Global Biodiversity Framework.
36　Intergovernmental Panel on Climate Change (IPCC). (2018). Summary for Policymakers. In: Global Warming of 1.5°C. An IPCC Special Report on the Impacts of Global Warming of 1.5°C above Pre-Industrial Levels and Related Global Greenhouse Gas Emission Pathways, in the Context of Strengthening the Global Response to the Threat of Climate Change, Sustainable Development and Efforts to Eradicate Poverty.
37　About TCFD. (2024). Taskforce on Climate-related Financial Disclosure (TCFD). https://www.fsb-tcfd.org/about/#our-work
38　G7 backs new Taskforce on Nature-related Financial Disclosures. (2021, June 5). Taskforce on Nature-related Financial Disclosure (TNFD). https://tnfd.global/g7-backs-new-taskforce-on-nature-related-financial-disclosures

39 Our mission and history. (2024). Global Reporting Initiative (GRI). https://www.globalreporting.org/about-gri/mission-history
40 Global Reporting Initiative (GRI). (2023b). GRI Annual Sustainability Report 2022.
41 Global Reporting Initiative (GRI). (2021). A Short Introduction to the GRI Standards. https://www.globalreporting.org/media/wtaf14tw/a-short-introduction-to-the-gri-standards.pdf
42 Global Reporting Initiative (GRI). (2023a). Consolidated Set of the GRI Standard.
43 문진영, 윤상하, 박지원, 나승권, 이성희. (2022). 국제사회의 ESG 대응과 한국의 과제. 연구보고서 22-05. 세종: 대외경제정책연구원.
44 ISSB issues inaugural global sustainability disclosure standards. (2023, June 26). International Financial Reporting Standards (IFRS) Foundation. https://www.ifrs.org/news-and-events/news/2023/06/issb-issues-ifrs-s1-ifrs-s2/
45 IFRS S2 Climate-related Disclosures. (2023). International Financial Reporting Standards (IFRS) Foundation. https://www.ifrs.org/issued-standards/ifrs-sustainability-standards-navigator/ifrs-s2-climate-related-disclosures/#about
46 International Financial Reporting Standards (IFRS) Foundation. (2023). IFRS S2 Climate-related Disclosures. International Sustainability Standards Board (ISSB).
47 Regulator and asset owners split on next priority topic for ISSB. (2023, September 1). Responsible Investor. https://www.responsible-investor.com/regulators-and-asset-owners-split-on-next-priority-topic-for-issb
48 ISSB to commence research projects about risks and opportunities related to nature and human capital. (2024, April 23). International Financial Reporting Standards (IFRS) Foundation. https://www.ifrs.org/news-and-events/news/2024/04/issb-commence-research-projects-risks-opportunities-nature-human-capital/
49 Strengthened collaboration between GRI and TNFD. (2024, April 12). Taskforce on Nature-related Financial Disclosure (TNFD). https://tnfd.global/strengthened-collaboration-between-gri-and-tnfd/
50 Sustainable finance: Commission's Action Plan for a greener and cleaner economy (Press Release). (2018, March 18). European Commission. https://ec.europa.eu/commission/presscorner/detail/en/IP_18_1404

European Commission. (2018). Communication from the Commission to the European Parliament, the European Council, the Council, the European Central Bank, the European Economic and Social Committee and the Committee of the Regions Action Plan: Financing Sustainable Growth. COM (2018) 97 final.
51 EU Taxonomy: Commission presents Complementary Climate Delegated Act to accelerate decarbonization (Press Release). (2022, February 2). European Commission. https://ec.europa.eu/commission/presscorner/detail/en/ip_22_711
52 Sustainable Finance: Commission takes further steps to boost investment for a sustainable future (Press Release). (2023, June 13). European Commission. https://ec.europa.eu/commission/presscorner/detail/en/ip_23_3192
53 U.K. Government. (2021). G7 2030 Nature Compact. https://www.consilium.europa.eu/media/50363/g7-2030-nature-compact-pdf-120kb-4-pages-1.pdf

54 G7 Germany. (2022, June 28). G7 Leaders' Communiqué. https://www.g7germany.de/resource/blob/974340/2062292/fbdb2c7e996205aee402386aae057c5e/2022-07-14-leaders-communique-data.pdf
55 G7 Ministers' Meeting on Climate, Energy and Environment. (2023). Terms of Reference for the G7-Alliance on Nature Positive Economies. https://www.meti.go.jp/information/g7hirosima/energy/Annex001a.pdf
56 G20 2023 India. (2023). G20 Sustainable Finance Report. Volume I. https://g20sfwg.org/wp-content/uploads/2023/10/Volume-I-G20-India-Final-VF.pdf

Part 3. TNFD 자연 관련 공시 권고의 이해

57 리베카 헨더슨. (2021). 하버드 ESG 경영수업, 자본주의 대전환. (임상훈 역). 서울: 어크로스. (원본 출판 2020년)
58 강한들. (2023.4.12). HD현대건설기계가 아마존에 중장비를 팔지 않는 이유. 경향신문. https://www.khan.co.kr/print.html?art_id=202304281533001
59 김종국. (2023.4.28). 아마존 환경 파괴 이슈에 현대건설기계 '중장비 판매 중단' 발표. 한국뉴스. https://www.24news.kr/news/articleView.html?idxno=208654
60 여밀림. (2023). 자연 관련 재무정보 공개 태스크포스(TNFD)의 주요내용과 향후 전망. 자본시장포커스. 2023-05호. https://www.kcmi.re.kr/publications/pub_detail_view?syear=2023&zcd=002001016&zno=1709&cno=6077
61 Taskforce on Nature-related Financial Disclosure (TNFD). (2022c). The TNFD Nature-related Risk & Opportunity Management and Framework: (Beta v0.1 Release).
62 Taskforce on Nature-related Financial Disclosure (TNFD). (2023a). Guidance on the identification and assessment of nature-related issues: The LEAP approach.
63 Taskforce on Nature-related Financial Disclosure (TNFD). (2023n). Nautre-related Risk and Opportunity Management and Disclosure Framework Final Draft: Beta v0.4.
64 Taskforce on Nature-related Financial Disclosure (TNFD). (2023b). Recommendations of the Taskforce on Nature-related Financial Disclosures.
65 제이컵 솔. (2016). 회계는 어떻게 역사를 지배해 왔는가. (정해영 역). 서울: 메멘토. (원본 출판 2014년)

Part 4. 자연을 위한 ESG 이행하기

66 A Global Typology for Earth's Ecosystems. (2023). Global Ecosystem Typology. https://global-ecosystems.org/
67 Taskforce on Nature-related Financial Disclosure (TNFD). (2023c). Guidance on Biomes Version 1.0.
68 Burslem, D.F.R.P. (2004). Biodiversity: Plant Diversity in Forest. Encyclopedia of Forest Sciences. P. 40-44. https://doi.org/10.1016/B0-12-145160-7/00021-1

69 Scope and structure of the IUCN Urban Nature Index (UNI). (2023). IUCN Urban Nature Index. https://www.iucnurbannatureindexes.org/en
70 Díaz, S., Pascua,l U., Stenseke, M., Martín-López, B., Watson, R.T., Molnár, Z., Hill, R., Chan, K.M.A., Baste, I.A., Brauman, K. A., Polasky, S., Church, A., Lonsdale, M., Larigauderie, A., Leadley, P.W., van Oudenhoven, A.P.E., van der Plaat, F., Schröter, M., Lavorel, S., ... Shirayama, Y. (2018). Assessing nature's contributions to people, Science Vol 359, Issue 6373, 270-272. DOI:10.1126/science.aap8826
71 Sector Actions Towards a Nature-Positive Future. (2022). Business for Nature. https://www.businessfornature.org/sector-actions
72 About ENCORE (Exploring Natural Capital Opportunities, Risks and Exposure). (2024). UNEP-WCMC, UNEP-Finance Initiative and Global Canopy. https://encorenature.org/en/about/about-encore
73 Burhenne-Guilmin, F. (2011). Guidelines for Protected Areas Legislation. IUCN. ISBN 9782831712451.
74 About Protected Planet. (2024). International Union for Conservation of Nature (IUCN), UNEP-WCMC. https://www.protectedplanet.net/en/about
75 한국보호지역 통합 DB 관리 시스템. (2024). 환경부. http://kdpa.kr/
76 환경부. (2023). 환경백서 2022. 세종: 환경부.
77 The IUCN Red list of Threatened Species. (2023). International Union for Conservation of Nature (IUCN). https://www.iucnredlist.org/
78 Species Threat Abatement and Restoration Metric (STAR). (2023). International Union for Conservation of Nature (IUCN). https://www.iucnredlist.org/assessment/star
79 Red list of Ecosystems. (2023). International Union for Conservation of Nature (IUCN). https://iucnrle.org/
80 환경부. (2023). 환경백서 2022. 세종: 환경부.
81 KBA Data. (2023, November). Key Biodiversity Area (KBA). https://www.keybiodiversityareas.org/kba-data
82 Ecologically or Biologically Significant Marine Areas; Special places in the world's oceans. (2023. November). Convention on Biological Diversity. https://www.cbd.int/ebsa/ebsas
83 UNEP-WCMC. (2021). Mapping global hotspots of natural capital depletion: Using ENCORE to identify natural capital risks and opportunities and focus investor engagement, Cambridge, UK.
    Hotspots. (2023, November). UNEP-WCMC, UNEP-Finance Initiative and Global Canopy. https://www.encorenature.org/en/map?id=18
84 Integrated Biodiversity Assessment Tool. (2023). UNEP-WCMC. https://www.ibat-alliance.org/
85 환경공간정보서비스. (2023). 환경부. https://egis.me.go.kr/intro/intro.do
86 자연환경보전법. (2023.4.19). 국가법령정보센터. https://www.law.go.kr/lsSc.do?section=&menuId=1&subMenuId=15&tabMenuId=81&eventGubun=060101&query=%EC%9E%90%EC%97%B0%ED%99%98%EA%B2%BD%EB%B3%B4%EC%A0%84%EB%B2%95#

87　국토환경성평가지도. (2023). 환경부. https://ecvam.neins.go.kr/contents/contents02.do
88　Aqueduct Water Risk Atlas. (2023). World Resources Institute (WRI). https://www.wri.org/applications/aqueduct/water-risk-atlas/
89　Territories and areas conserved by indigenous peoples and local communities (ICCAs). (2023). International Union for Conservation of Nature (IUCN), UNEP-WCMC. https://www.protectedplanet.net/en/thematic-areas/indigenous-and-community-conserved-areas
90　Taskforce on Nature-related Financial Disclosure (TNFD). (2023a). Guidance on the identification and assessment of nature-related issues: The LEAP approach.
91　International Financial Reporting Standards (IFRS) Foundation. (2023). IFRS S1 General Requirements for Disclosure of Sustainability-related Financial Information.
92　Global Reporting Initiative (GRI). (2024). GRI 1: Foundation 2021: Universal Standard.
93　World Resources Institute (WRI) & World Business Council for Sustainable Development (WBCSD). (2011). Corporate Value Chain (Scope 3) Accounting and Reporting Standard: Supplement to the GHG Protocol Corporate Accounting and Reporting Standard.
94　Global Reporting Initiative (GRI). (2024b). GRI 3: Material Topics 2021: Universal Standard.
95　Science Based Targets Network (SBTN). (2023b). High Impact Commodity List v1.
96　Sector Actions Towards a Nature-Positive Future. (2022). Business for Nature. https://www.businessfornature.org/sector-actions
97　Science Based Targets Network (SBTN). (2023c). SBTN Materiality Screening Tool (Version 1).
98　Science Based Targets Network (SBTN). (2023b). High Impact Commodity List v1.
99　Science Based Targets Network (SBTN). (2020). SCIENCE-BASED TARGETS for NATURE: Initial Guidance for Business.
100　Science Based Targets Network (SBTN). (2020). SCIENCE-BASED TARGETS for NATURE: Initial Guidance for Business.
101　The Principles for Responsible Banking introduce industry-first guidance on nature target setting. (2023, November 22). UNEP-FI. https://www.unepfi.org/industries/banking/the-principles-for-responsible-banking-introduce-industry-first-guidance-on-nature-target-setting/
102　국제산림권리협의회(FSC), 산림인증 승인프로그램(PEFC: Program the Endorsement of Forest Certification), 지속가능한 임업 이니셔티브(SFI: Sustainable Forestry Initiative)
103　ABOUT THE ALLIANCE FOR WATER STEWARDSHIP (AWS). (2023) AWS (retrieved on 4 Dec). https://a4ws.org/about/
104　About Textile Exchange. (2024). Textile Exchange. https://textileexchange.org/
105　Product Safety Guidance: Restricted Substances List (RSL). (2024). the American Apparel & Footwear Association. https://www.aafaglobal.org/AAFA/Solutions_Pages/Restricted_Substance_List.aspx

ZDHC Manufacturing Restricted Substance List. (2023). ZDHC Foundation. https://mrsl.roadmaptozero.com/
106 United Nations Framework on Climate Change (UNFCCC), Convention of Parties Decision. (2022, November 20). -/CP.27, Sharm el-Sheikh Implementation Plan (Advance unedited version).
107 Convention on Biological Diversity (CBD), Convention of Parties Decision. (2022, December 19). CBD/COP/DEC/15/4, Kunming-Montreal Global Biodiversity Framework.
108 United Nations Environmental Programme (UNEP). (2022a). Nature-based Solutions for Supporting Sustainable Development (English Version)-Resolution Adopted by the United Nations Environment Assembly on 2 March 2022 [UNEP/EA.5/RES.5]. https://wedocs.unep.org/handle/20.500.11822/39864?show=full
109 International Union for Conservation of Nature (IUCN). (2020). Global Standard for Nature-based Solutions. A user-friendly framework for the verification, design and scaling up of NbS. First edition.
110 국립생태원. (2022). 한국의 생태계교란 외래생물. 서천: 국립생태원.
111 IPBES. (2023). Summary for Policymakers of the Thematic Assessment Report on Invasive Alien Species and their Control of the Intergovernmental Science-Policy Platform on Biodiversity and Ecosystem Services. Roy, H. E., Pauchard, A., Stoett, P., Renard Truong, T., Bacher, S., Galil, B. S., Hulme, P. E., Ikeda, T., Sankaran, K. V., McGeoch, M. A., Meyerson, L. A., Nuñez, M. A., Ordonez, A., Rahlao, S. J., Schwindt, E., Seebens, H., Sheppard, A. W., and Vandvik, V. (eds.). IPBES secretariat, Bonn, Germany. https://doi.org/10.5281/zenodo.7430692
112 International Union for Conservation of Nature (IUCN). (2018). Invasive Alien Species and Sustainable Development : Issue Brief. https://iucn.org/resources/issues-brief/invasive-alien-species-and-sustainable-development
113 IPBES. (2023). Summary for Policymakers of the Thematic Assessment Report on Invasive Alien Species and their Control of the Intergovernmental Science-Policy Platform on Biodiversity and Ecosystem Services. Roy, H. E., Pauchard, A., Stoett, P., Renard Truong, T., Bacher, S., Galil, B. S., Hulme, P. E., Ikeda, T., Sankaran, K. V., McGeoch, M. A., Meyerson, L. A., Nuñez, M. A., Ordonez, A., Rahlao, S. J., Schwindt, E., Seebens, H., Sheppard, A. W., and Vandvik, V. (eds.). IPBES secretariat, Bonn, Germany. https://doi.org/10.5281/zenodo.7430692
114 환경부. (2022b). 한국형 녹색분류체계(K-Taxonomy) 가이드라인. 세종: 환경부.
115 European Union (EU). (2023, November 21). Commission Delegated Regulation (EU) 2023/2486. Official Journal of the European Union.
116 환경부. (2022b). 한국형 녹색분류체계(K-Taxonomy) 가이드라인. 세종: 환경부.
117 환경부. (2022b). 한국형 녹색분류체계(K-Taxonomy) 가이드라인. 세종: 환경부.
118 European Union (EU). (2023, November 21). Commission Delegated Regulation (EU) 2023/2486. Official Journal of the European Union.
119 United Nations Environment Programme (UNEP). (2021). State of Finance for Nature 2021.

120 Convention on Biological Diversity (CBD), Convention of Parties Decision. (2022, December 19). CBD/COP/DEC/15/4, Kunming-Montreal Global Biodiversity Framework.
121 PricewaterhouseCoopers (PwC) Australia. (2022). The value of an Australian biodiversity market.
United Nations Environment Programme (UNEP). (2022b). State of Finance for Nature. Time to act: Doubling investment by 2025 and eliminating nature-negative finance flows. Nairobi. https://wedocs.unep.org/20.500.11822/41333
122 Chandrasekhar, A. (2023, September 27) In-depth Q&A: What are 'biodiversity offsets'? in CarbonBrief: https://interactive.carbonbrief.org/carbon-offsets-2023/biodiversity.html
123 Pollination Group. (2023). State of voluntary Biodiversity Credit Markets: A Global Review of Biodiversity Credit Schemes.
124 HM Government. (2023). Nature markets: A framework for scaling up private investment in nature recovery and sustainable farming.
125 Pollination Group. (2023). State of voluntary Biodiversity Credit Markets: A Global Review of Biodiversity Credit Schemes.
126 World Economic Forum (WEF). (2022). Biodiversity Credits: Unlocking Financial Markets for Nature-Positive Outcomes Briefing Paper.
127 Natural England. (2023). The Biodiversity Metric 4.0 User Guide: Natural England Joint Publication JP039.
128 HM Government. (2023). Nature markets: A framework for scaling up private investment in nature recovery and sustainable farming.
129 Developing a Biodiversity Credit. (2023). The Wallacea Trust. https://wallaceatrust.org/projects/creating-a-biodiversity-credit/
130 Wallacea Trust. (2023). Methodology for Quantifying Units of Biodiversity Gain ver.3.
131 Pollination Group. (2023). State of voluntary Biodiversity Credit Markets: A Global Review of Biodiversity Credit Schemes.
132 Pollination Group. (2023). State of voluntary Biodiversity Credit Markets: A Global Review of Biodiversity Credit Schemes.
Carbone 4 & The Muséum national d'Histoire naturelle. (2023). Towards biodiversity certificates: proposal for a methodological framework.
HM Government. (2023). Nature markets: A framework for scaling up private investment in nature recovery and sustainable farming.
133 World Economic Forum (WEF). (2023). Biodiversity Credits: A Guide to Support Early Use with High Integrity.
134 Global Canopy. (2021). The Little Book of Investing in Nature: A Simple guide to financing life on Earth.
135 Taskforce on Nature-related Financial Disclosure (TNFD). (2023a). Guidance on the identification and assessment of nature-related issues: The LEAP approach.
136 Taskforce on Nature-related Financial Disclosure (TNFD). (2023m). Sector guidance: Additional guidance for financial institutions Version 1.0.

137 Taskforce on Nature-related Financial Disclosure (TNFD). (2023a). Guidance on the identification and assessment of nature-related issues: The LEAP approach.
138 Taskforce on Nature-related Financial Disclosure (TNFD). (2023a). Guidance on the identification and assessment of nature-related issues: The LEAP approach.
139 Science Based Targets Network (SBTN). (2020). SCIENCE-BASED TARGETS for NATURE: Initial Guidance for Business.

참고 문헌

국내 문헌

경제인문사회연구회. (2022). 탄소중립 정책연구. 2장 1절 국제분석(문진영 외).
    협동연구총서 22-40-01. 세종: 경제인문사회연구회.
국립생태원. (2022). 한국의 생태계교란 외래생물. 서천: 국립생태원.
대한민국 정부. (2023). 제1차 국가물관리 기본계획(2021-2023) (변경). 세종: 환경부.
리베카 헨더슨. (2021). 하버드 ESG 경영수업, 자본주의 대전환. (임상훈 역). 서울:
    어크로스(원본 출판 2020년).
문진영, 윤상하, 박지원, 나승권, 이성희. (2022). 국제사회의 ESG 대응과 한국의 과제.
    연구보고서 22-05. 세종: 대외경제정책연구원.
여밀림. (2023). 자연 관련 재무정보 공개 태스크포스(TNFD)의 주요내용과 향후
    전망. 자본시장포커스. 2023-05호. https://www.kcmi.re.kr/publications/pub_detail_
    view?syear=2023&zcd=002001016&zno=1709&cno=6077
오일영. (2023). 자연 관련 ESG 가이드라인(TNFD)과 기업의 대응 방향. 기업의
    생물다양성 이슈 대응능력 제고를 위한 세미나(2023.6.1) 자료집. 서울: KBCSD.
이우균, 황석태, 오일영, 류필무, 강부영. (2023). 자연기반해법: 위기에서 살아남는
    현명한 방법. 서울: 지을.
제이컵 솔. (2016). 회계는 어떻게 역사를 지배해 왔는가. (정해영 역). 서울:
    메멘토(원본 출판 2014년)
환경부. (2022a). 생태계서비스지불제계약 사업시행 가이드라인. 세종: 환경부.
환경부. (2022b). 한국형 녹색분류체계(K-Taxonomy) 가이드라인. 세종: 환경부.
환경부. (2023). 환경백서 2022. 세종: 환경부.
Oh, I.Y. (2023). International Organization's Support for the 2030 Global Biodiversity
    Framework Implementation: A case study of the IUCN. Global Environment Issue, 1,
    18-37.

국외 문헌

Burhenne-Guilmin, F. (2011). Guidelines for Protected Areas Legislation. IUCN. ISBN
    9782831712451.
Burslem, D.F.R.P. (2004). Biodiversity: Plant Diversity in Forest. Encyclopedia of Forest
    Sciences. P. 40-44. https://doi.org/10.1016/B0-12-145160-7/00021-1

Carbone 4 & The Muséum national d'Histoire naturelle. (2023). Towards biodiversity certificates: proposal for a methodological framework.

Chandrasekhar, A. (2023, September 27) In-depth Q&A: What are 'biodiversity offsets'? in CarbonBrief: https://interactive.carbonbrief.org/carbon-offsets-2023/biodiversity.html

Convention on Biological Diversity (CBD), Convention of Parties Decision. (2022, December 19). CBD/COP/DEC/15/4, Kunming-Montreal Global Biodiversity Framework.

Coscieme, L., Mortensen, L.F., Anderson, S., Ward, J., Donohue, I. and Sutton, P.C. (2020). Going beyond Gross domestic Product as an indicator to bring coherence to the sustainable development goals. J. Clean. Prod., 248, p. 119232.

Council of European Union. (2019). "Proposal for a REGULATION OF THE EUROPEAN PARLIAMENT AND OF THE COUNCIL on the establishment of a framework to facilitate sustainable investment - Approval of the final compromise text, https://data.consilium.europa.eu/doc/document/ST-14970-2019-ADD-1/en/pdf

Dasgupta, P. (2021). The Economics of Biodiversity: The Dasgupta Review. London: HM Treasury.

Díaz, S., Pascua,l U., Stenseke, M., Martín-López, B., Watson, R.T., Molnár, Z., Hill, R., Chan, K.M.A., Baste, I.A., Brauman, K. A., Polasky, S., Church, A., Lonsdale, M., Larigauderie, A., Leadley, P.W., van Oudenhoven, A.P.E., van der Plaat, F., Schröter, M., Lavorel, S., Shirayama, Y. (2018). Assessing nature's contributions to people, Science Vol 359, Issue 6373, 270-272. DOI:10.1126/science.aap8826.

European Commission. (2018). Communication from the Commission to the European Parliament, the European Council, the Council, the European Central Bank, the European Economic and Social Committee and the Committee of the Regions Action Plan: Financing Sustainable Growth. COM (2018) 97 final.

European Union (EU). (2023, November 21). Commission Delegated Regulation (EU) 2023/2486. Official Journal of the European Union.

Finance for Biodiversity. (2024). Guide on biodiversity measurement approaches (3rd Ed.). https://www.financeforbiodiversity.org/wp-content/uploads/Finance-for-Biodiversity_Guide-on-biodiversity-measurement-approaches.pdf

Food and Agriculture Organization. (FAO) (2022). The State of World Fisheries and Aquaculture 2022. Towards Blue Transformation. Rome: FAO. https://doi.org/10.4060/cc0461en

G20 Italia. (2021). G20 Sustainable Finance Roadmap. https://g20sfwg.org/wp-content/uploads/2022/01/RoadMap_Final14_12.pdf

G20 2023 India. (2023). G20 Sustainable Finance Report. Volume I. https://g20sfwg.org/wp-content/uploads/2023/10/Volume-I-G20-India-Final-VF.pdf

G7 Ministers' Meeting on Climate, Energy and Environment. (2023, April 16). G7 Climate, Energy and Environment Ministers' Communiqué. G7 Hirosima Summit 2023. https://www.env.go.jp/content/000128270.pdf

G7 Ministers' Meeting on Climate, Energy and Environment. (2023). Terms of Reference for the G7-Alliance on Nature Positive Economies. https://www.meti.go.jp/information/g7hirosima/energy/Annex001a.pdf

G7 Germany. (2022, June 28). G7 Leaders' Communiqué. https://www.g7germany.de/resource/blob/974430/2062292/fbdb2c7e996205aee402386aae057c5e/2022-07-14-leaders-communique-data.pdf

Global Canopy. (2021). The Little Book of Investing in Nature: A Simple guide to financing life on Earth.

Global Reporting Initiative (GRI). (2023a). Consolidated Set of the GRI Standard.

Global Reporting Initiative (GRI). (2023b). GRI Annual Sustainability Report 2022.

Global Reporting Initiative (GRI). (2024a). GRI 1: Foundation 2021: Universal Standard.

Global Reporting Initiative (GRI). (2024b). GRI 3: Material Topics 2021: Universal Standard.

Herweijer, C., Evison, W., Mariam, S., Khatri, A., Albani, M., Semov, A., and Long, E. (2020). Nature risk rising: Why the crisis engulfing nature matters for business and the economy. In World Economic Forum and PwC.

HM Government. (2023). Nature markets: A framework for scaling up private investment in nature recovery and sustainable farming.

Intergovernmental Panel on Climate Change (IPCC). (2018). Summary for Policymakers. In: Global Warming of 1.5°C. An IPCC Special Report on the Impacts of Global Warming of 1.5°C above Pre-Industrial Levels and Related Global Greenhouse Gas Emission Pathways, in the Context of Strengthening the Global Response to the Threat of Climate Change, Sustainable Development and Efforts to Eradicate Poverty.

International Energy Agency (IEA). (2022). World Energy Outlook 2022. Paris: IEA.

International Financial Reporting Standards. (IFRS) Foundation (2023). IFRS S1 General Requirements for Disclosure of Sustainability-related Financial Information.

International Financial Reporting Standards (IFRS) Foundation. (2023). IFRS S2 Climate-related Disclosures. International Sustainability Standards Board (ISSB).

International Labour Organization (ILO), United Nations Environment Programme (UNEP) and International Union for Conservation of Nature (IUCN). (2022). Decent Work in Nature-based Solutions 2022. Geneva: ILO.

International Union for Conservation of Nature (IUCN). (2018). Invasive Alien Species and Sustainable Development: Issue Brief. https://iucn.org/resources/issues-brief/invasive-alien-species-and-sustainable-development.

International Union for Conservation of Nature (IUCN). (2020). Global Standard for Nature-based Solutions. A user-friendly framework for the verification, design and scaling up of NbS. First edition.

IPBES. (2019). Global assessment report on biodiversity and ecosystem services of the Intergovernmental Science-Policy Platform on Biodiversity and Ecosystem Services. E. S. Brondizio, J. Settele, S. Díaz, and H. T. Ngo (editors). IPBES secretariat, Bonn, Germany. 1148 pages. https://doi.org/10.5281/zenodo.3831673

IPBES. (2022). Summary for policymakers of the methodological assessment of the diverse values and valuation of nature of the Intergovernmental Science-Policy Platform on Biodiversity and Ecosystem Services. U. Pascual, P. Balvanera, M. Christie, B. Baptiste, D. González-Jiménez, C.B. Anderson, S. Athayde, R. Chaplin-Kramer, S. Jacobs, E.

Kelemen, R. Kumar, E. Lazos, A. Martin, T.H. Mwampamba, B. Nakangu, P. O'Farrell, C.M. Raymond, S.M. Subramanian, M. Termansen, M. Van Noordwijk, A. Vatn (eds.). IPBES secretariat, Bonn, Germany. 37 pages. https://doi.org/10.5281/zenodo.6522392

IPBES. (2023). Summary for Policymakers of the Thematic Assessment Report on Invasive Alien Species and their Control of the Intergovernmental Science-Policy Platform on Biodiversity and Ecosystem Services. Roy, H. E., Pauchard, A., Stoett, P., Renard Truong, T., Bacher, S., Galil, B. S., Hulme, P. E., Ikeda, T., Sankaran, K. V., McGeoch, M. A., Meyerson, L. A., Nuñez, M. A., Ordonez, A., Rahlao, S. J., Schwindt, E., Seebens, H., Sheppard, A. W., and Vandvik, V. (eds.). IPBES secretariat, Bonn, Germany. https://doi.org/10.5281/zenodo.7430692

Locke, H., Rockström, J., Bakker, P., Bapna, M., Gough, M., Hilty, J., Lambertini, M., Morris, J., Polman, P. and Rodriguez, C.M. (2021). A Nature-Positive World: the Global Goal for Nature. WBCSD.

MSCI ESG Research LLC. (2023). Sustainability and Climate Trends to Watch for 2024.

Natural England. (2023). The Biodiversity Metric 4.0 User Guide: Natural England Joint Publication JP039.

Pollination Group. (2023). State of voluntary Biodiversity Credit Markets: A Global Review of Biodiversity Credit Schemes.

PricewaterhouseCoopers (PwC). (2021). Preparing for tomorrow's consumers today: The future of consumer markets.

PricewaterhouseCoopers (PwC) Australia. (2022). The value of an Australian biodiversity market.

Science Based Targets Network (SBTN). (2020). SCIENCE-BASED TARGETS for NATURE: Initial Guidance for Business.

Science Based Targets Network (SBTN). (2023a). Company Response options for the first release of SBTs for Nature.

Science Based Targets Network (SBTN). (2023b). High Impact Commodity List v1.

Science Based Targets Network (SBTN). (2023c). SBTN Materiality Screening Tool (Version 1).

Taskforce on Climate-related Financial Disclosure (TCFD). (2022). TCFD 2022 Status Report.

Taskforce on Climate-related Financial Disclosure (TCFD). (2023). TCFD 2023 Status Report.

Taskforce on Nature-related Financial Disclosure (TNFD). (2022a). The TNFD Nature-related Risk & Opportunity Management and Framework: (Beta v0.1 Release).

Taskforce on Nature-related Financial Disclosure (TNFD). (2022b). TNFD Nature-related Risk and Opportunity Registers.

Taskforce on Nature-related Financial Disclosure (TNFD). (2023a). Guidance on the identification and assessment of nature-related issues: The LEAP approach.

Taskforce on Nature-related Financial Disclosure (TNFD). (2023b). Recommendations of the Taskforce on Nature-related Financial Disclosures.

Taskforce on Nature-related Financial Disclosure (TNFD). (2023c). Guidance on Biomes Version 1.0.
Taskforce on Nature-related Financial Disclosure (TNFD). (2023d) Discussion paper on Proposed sector disclosure metrics: Draft for market consultation.
Taskforce on Nature-related Financial Disclosure (TNFD). (2023e) Draft sector guidance: Biotechnology and pharmaceuticals: For market consultation and feedback.
Taskforce on Nature-related Financial Disclosure (TNFD). (2023f) Draft sector guidance: Aquaculture: For market consultation and feedback.
Taskforce on Nature-related Financial Disclosure (TNFD). (2023g) Draft sector guidance: Electric utilities and power generators: For market consultation and feedback.
Taskforce on Nature-related Financial Disclosure (TNFD). (2023h) Draft sector guidance: Food and agriculture: For market consultation and feedback.
Taskforce on Nature-related Financial Disclosure (TNFD). (2023i) Draft sector guidance: Forestry and paper: For market consultation and feedback.
Taskforce on Nature-related Financial Disclosure (TNFD). (2023j) Draft sector guidance: Metals and mining: For market consultation and feedback.
Taskforce on Nature-related Financial Disclosure (TNFD). (2023k) Draft sector guidance: Oil and gas: For market consultation and feedback.
Taskforce on Nature-related Financial Disclosure (TNFD). (2023l) Draft sector guidance: Chemicals: For market consultation and feedback.
Taskforce on Nature-related Financial Disclosure (TNFD). (2023m). Sector guidance: Additional guidance for financial institutions Version 1.0.
Taskforce on Nature-related Financial Disclosure (TNFD). (2023n). Nautre-related Risk and Opportunity Management and Disclosure Framework Final Draft: Beta v0.4.
Taskforce on Nature-related Financial Disclosure (TNFD). (2023o). Discussion paper on proposed approach to value chains Version 1.0.
The Deloitte Global. (2022). Gen Z and Millennial Survey: Striving for balance, advocating for change.
UBET. (2022). UEBT BIODIVERSITY BAROMETER: The Biodiversity Reckoning.
U.K. Government. (2021). G7 2030 Nature Compact. https://www.consilium.europa.eu/media/50363/g7-2030-nature-compact-pdf-120kb-4-pages-1.pdf
UNEP-WCMC. (2021). Mapping global hotspots of natural capital depletion: Using ENCORE to identify natural capital risks and opportunities and focus investor engagement, Cambridge, UK.
United Nations Environment Programme (UNEP). (2021). State of Finance for Nature 2021.
United Nations Environmental Programme (UNEP). (2022a). Nature-based Solutions for Supporting Sustainable Development (English Version)-Resolution Adopted by the United Nations Environment Assembly on 2 March 2022 [UNEP/EA.5/RES.5]. https://wedocs.unep.org/handle/20.500.11822/39864?show=full
United Nations Environment Programme (UNEP). (2022b). State of Finance for Nature.

Time to act: Doubling investment by 2025 and eliminating nature-negative finance flows. Nairobi. https://wedocs.unep.org/20.500.11822/41333

United Nations Framework on Climate Change (UNFCCC), Convention of Parties Decision. (2022, November 20). -/CP.27, Sharm el-Sheikh Implementation Plan (Advance unedited version).

Venice Afable, M. (2019). Building Green – Minimizing the Environmental Impact of Construction. BOLD Insights.

Wallacea Trust. (2023). Methodology for Quantifying Units of Biodiversity Gain ver.3.

World Business Council for Sustainable Development (WBCSD). (2023a). Agri-food: Priority actions towards a nature-positive future (Overview).

World Business Council for Sustainable Development (WBCSD). (2023b). Built environment: Priority actions towards a nature-positive future (Overview).

World Business Council for Sustainable Development (WBCSD). (2023c). Cement and concrete: Priority actions towards a nature-positive future (Overview).

World Business Council for Sustainable Development (WBCSD). (2023d). Chemicals: Priority actions towards a nature-positive future (Overview).

World Business Council for Sustainable Development (WBCSD). (2023e). Energy: Priority actions towards a nature-positive future (Overview).

World Business Council for Sustainable Development (WBCSD). (2023f). Fashion and apparel: Priority actions towards a nature-positive future (Overview).

World Business Council for Sustainable Development (WBCSD). (2023g). Financial services: Priority actions towards a nature-positive future (Overview).

World Business Council for Sustainable Development (WBCSD). (2023h). Forest products: Priority actions towards a nature-positive future (Overview).

World Business Council for Sustainable Development (WBCSD). (2023i). Household and personal care products: Priority actions towards a nature-positive future (Overview).

World Business Council for Sustainable Development (WBCSD). (2023j). Travel and tourism: Priority actions towards a nature-positive future (Overview).

World Business Council for Sustainable Development (WBCSD). (2023k). Waste management: Priority actions towards a nature-positive future (Overview).

World Business Council for Sustainable Development (WBCSD). (2023l). Water utilities and services: Priority actions towards a nature-positive future (Overview).

World Economic Forum (WEF). (2020). New Nature Economy Report II: The Future of Nature and Business.

World Economic Forum (WEF). (2022). Biodiversity Credits: Unlocking Financial Markets for Nature-Positive Outcomes Briefing Paper.

World Economic Forum (WEF). (2023a). Biodiversity Credits: A Guide to Support Early Use with High Integrity.

World Economic Forum (WEF). (2023b). The Global Risks Report 2023: 18th Edition.

World Health Organisation (WHO). (2021). Drawing light from the pandemic A NEW STRATEGY FOR HEALTH AND SUSTAINABLE DEVELOPMENT: Report of the Pan-European Commission on Health and Sustainable Development.

World Resources Institute (WRI) & World Business Council for Sustainable Development (WBCSD). (2011). Corporate Value Chain (Scope 3) Accounting and Reporting Standard: Supplement to the GHG Protocol Corporate Accounting and Reporting Standard.

World Wide Fund for Nature (WWF). (2020) Living Planet Report 2020 -Bending the curve of biodiversity loss. Almond, R.E.A., Grooten M. and Petersen, T. (Eds). WWF, Gland, Switzerland.

온라인

강한들. (2023.4.12). HD현대건설기계가 아마존에 중장비를 팔지 않는 이유. 경향신문. https://www.khan.co.kr/print.html?art_id=202304281533001

국토환경성평가지도. (2023). 환경부. https://ecvam.neins.go.kr/contents/contents02.do

김종국. (2023.4.28). 아마존 환경 파괴 이슈에 현대건설기계 '중장비 판매 중단' 발표. 한국뉴스. https://www.24news.kr/news/articleView.html?idxno=208654

자연환경보전법. (2023.4.19). 국가법령정보센터. https://www.law.go.kr/lsSc.do?section=&menuId=1&subMenuId=15&tabMenuId=81&eventGubun=060101&query=%EC%9E%90%EC%97%B0%ED%99%98%EA%B2%BD%EB%B3%B4%EC%A0%84%EB%B2%95#

환경공간정보서비스. (2024). 환경부. https://egis.me.go.kr/intro/intro.do

한국보호지역 통합 DB 관리 시스템. (2024). 환경부. http://kdpa.kr/

About Business for Nature. (N.D.). Business for Nature (BfN). https://www.businessfornature.org/about

About ENCORE (Exploring Natural Capital Opportunities, Risks and Exposure). (2024). UNEP-WCMC, UNEP-Finance Initiative and Global Canopy. https://encorenature.org/en/about/about-encore

About Protected Planet. (2024). International Union for Conservation of Nature (IUCN), UNEP-WCMC. https://www.protectedplanet.net/en/about

About TCFD. (2024). Taskforce on Climate-related Financial Disclosure (TCFD). https://www.fsb-tcfd.org/about/#our-work

About Textile Exchange. (2024). Textile Exchange. https://textileexchange.org/

About the Alliance for Water Stewardship. (2023). Alliance for Water Stewardship (AWS). https://a4ws.org/about/

About the Pledge. (2024). Finance for Biodiversity Foundation. https://www.financeforbiodiversity.org/about-the-pledge/

A Global Typology for Earth's Ecosystems. (2023). Global Ecosystem Typology. https://global-ecosystems.org/

Aqueduct Water Risk Atlas. (2023). World Resources Institute (WRI). https://www.wri.org/applications/aqueduct/water-risk-atlas/

Around 2.5 billion more people will be living in cities by 2050, projects new UN report. (2018). United Nations Department of Economic and Social Affairs. https://www.

un.org/en/desa/around-25-billion-more-people-will-be-living-cities-2050-projects-new-un-report#:~:text=Calendar-,Around%202.5%20billion%20more%20people%20will%20be%20living%20in%20cities,urban%20planning%20and%20public%20services.

Climate Crisis and Malnutrition - A case for acting now. (2021, September 20). World Food Programme (WFP). https://www.wfp.org/publications/climate-crisis-and-malnutrition-case-acting-now

Climate-Smart Mining: Minerals for Climate Action. (2019, May 26). The World Bank. https://www.worldbank.org/en/topic/extractiveindustries/brief/climate-smart-mining-minerals-for-climate-action

Corporate sustainability reporting. (2024). European Commission. https://finance.ec.europa.eu/capital-markets-union-and-financial-markets/company-reporting-and-auditing/company-reporting/corporate-sustainability-reporting_en

Developing a Biodiversity Credit. (2023). The Wallacea Trust. https://wallaceatrust.org/projects/creating-a-biodiversity-credit/

Discover the world's protected and conserved areas. (2023, November). International Union for Conservation of Nature (IUCN), UNEP-WCMC. https://www.protectedplanet.net/en

Ecologically or Biologically Significant Marine Areas; Special places in the world's oceans. (2023. November). Convention on Biological Diversity. https://www.cbd.int/ebsa/ebsas

Ecosystem Accounting. (2021). UN System of Environmental Economic Accounting (UN SEEA). https://seea.un.org/ecosystem-accounting

EU Taxonomy: Commission presents Complementary Climate Delegated Act to accelerate decarbonization (Press Release). (2022, February 2). European Commission. https://ec.europa.eu/commission/presscorner/detail/en/ip_22_711

Factsheet: How does the EU taxonomy fit within the sustainable finance framework? (2023). European Commission. https://finance.ec.europa.eu/system/files/2021-04/sustainable-finance-taxonomy-factsheet_en.pdf

G20 Principles for Quality Infrastructure Investment. (N.D.). Asian Development Bank (ADB). https://www.adb.org/sites/default/files/linked-documents/reg-54036-001-tar-ld-02.pdf

G7 backs new Taskforce on Nature-related Financial Disclosures. (2021, June 5). Taskforce on Nature-related Financial Disclosure (TNFD). https://tnfd.global/g7-backs-new-taskforce-on-nature-related-financial-disclosures

Global Reporting Initiative (GRI). (2021). A Short Introduction to the GRI Standards. https://www.globalreporting.org/media/wtaf14tw/a-short-introduction-to-the-gri-standards.pdf

Global Tailings Review. (N.D.). International Council on Mining and Metals (ICMM), United Nations Environment Programme (UNEP), the Principles for Responsible Investment (PRI). https://globaltailingsreview.org/

Government sets out commitments to biodiversity and sustainability in G7 Nature Compact.

(2021, June 13 June 2021). U.K. Government. https://www.gov.uk/government/news/government-sets-out-commitments-to-biodiversity-and-sustainability-in-g7-nature-compact

Hotspots. (2023, November). UNEP-WCMC, UNEP-Finance Initiative and Global Canopy. https://www.encorenature.org/en/map?id=18

IFRS S2 Climate-related Disclosures. (2023). International Financial Reporting Standards (IFRS) Foundation. https://www.ifrs.org/issued-standards/ifrs-sustainability-standards-navigator/ifrs-s2-climate-related-disclosures/#about

Integrated Biodiversity Assessment Tool. (2023). UNEP-WCMC. https://www.ibat-alliance.org/

ISSB issues inaugural global sustainability disclosure standards. (2023, June 26). International Financial Reporting Standards (IFRS) Foundation. https://www.ifrs.org/news-and-events/news/2023/06/issb-issues-ifrs-s1-ifrs-s2/

ISSB to commence research projects about risks and opportunities related to nature and human capital. (2024, April 23). International Financial Reporting Standards (IFRS) Foundation. https://www.ifrs.org/news-and-events/news/2024/04/issb-commence-research-projects-risks-opportunities-nature-human-capital/

KBA Data. (2023, November). Key Biodiversity Area (KBA). https://www.keybiodiversityareas.org/kba-data

Nature Action Agenda. (2023). World Economic Forum. https://www.weforum.org/projects/nature-action-agenda/

New funding will boost efforts towards a greener economy. (2022, March 31). Stockholm Resilience Centre. https://www.stockholmresilience.org/research/research-news/2022-03-31-new-funding-will-boost-efforts-towards-a-greener-economy.html

Our mission. (2024). Science Based Targets Network (SBTN). https://sciencebasedtargetsnetwork.org/

Our mission and history. (2024). Global Reporting Initiative (GRI). https://www.globalreporting.org/about-gri/mission-history

Planetary boundaries. (2023). Stockholm Resilience Centre and Stockholm University. https://www.stockholmresilience.org/research/planetary-boundaries.html

Product Safety Guidance: Restricted Substances List (RSL). (2024). the American Apparel & Footwear Association. https://www.aafaglobal.org/AAFA/Solutions_Pages/Restricted_Substance_List.aspx

Questions and Answers on the Adoption of European Sustainability Reporting Standards (Press Release). (2023, June 13). European Commission. https://ec.europa.eu/commission/presscorner/detail/en/qanda_23_4043

Red list of Ecosystems. (2023). International Union for Conservation of Nature (IUCN). https://iucnrle.org/

Regulator and asset owners split on next priority topic for ISSB. (2023, September 1). Responsible Investor. https://www.responsible-investor.com/regulators-and-asset-owners-split-on-next-priority-topic-for-issb

Roadmaps to Nature Positive. (2024). World Business Council for Sustainable Development (WBCSD). https://www.wbcsd.org/Imperatives/Nature-Action/Nature-Positive/Roadmaps-to-Nature-Positive

Scope and structure of the IUCN Urban Nature Index (UNI). (2023). IUCN Urban Nature Index. https://www.iucnurbannatureindexes.org/en

Sector Actions Towards a Nature-Positive Future. (2022). Business for Nature. https://www.businessfornature.org/sector-actions

Species Threat Abatement and Restoration Metric (STAR). (2023). International Union for Conservation of Nature (IUCN). https://www.iucnredlist.org/assessment/star

Strengthened collaboration between GRI and TNFD. (2024, April 12). Taskforce on Nature-related Financial Disclosure (TNFD). https://tnfd.global/strengthened-collaboration-between-gri-and-tnfd/

Supporting greater corporate ambition and action on tackling nature and biodiversity loss. (2024). Nature Action 100. https://www.natureaction100.org/

Sustainable finance: Commission's Action Plan for a greener and cleaner economy (Press Release). (2018, March 18). European Commission. https://ec.europa.eu/commission/presscorner/detail/en/IP_18_1404

Sustainable Finance: Commission takes further steps to boost investment for a sustainable future (Press Release). (2023, June 13). European Commission. https://ec.europa.eu/commission/presscorner/detail/en/ip_23_3192

Territories and areas conserved by indigenous peoples and local communities (ICCAs). (2023). International Union for Conservation of Nature (IUCN), UNEP-WCMC. https://www.protectedplanet.net/en/thematic-areas/indigenous-and-community-conserved-areas

The Biological Diversity Protocol (BD Protocol). (2022). Biodiversity Disclosure Project (BDP). https://nbbnbdp.org/bd-protocol/

The Definition of Nature Positive. (2023, November 27). NATURE POSITIVE INITIATIVE. https://www.naturepositive.org/app/uploads/2024/02/The-Definition-of-Nature-Positive.pdf

The Enhancement and Standardization of Climate-Related Disclosures for Investors. (2024, March 6). U.S. Securities and Exchange Commission. https://www.sec.gov/rules/2022/03/enhancement-and-standardization-climate-related-disclosures-investors

The IUCN Red list of Threatened Species. (2023). International Union for Conservation of Nature (IUCN). https://www.iucnredlist.org/

The Nature Positive Initiative. (2024). Nature Positive Initiative (NPI). https://www.naturepositive.org/about/the-initiative/

The Principles for Responsible Banking introduce industry-first guidance on nature target setting. (2023, November. 22). UNEP-FI. https://www.unepfi.org/industries/banking/the-principles-for-responsible-banking-introduce-industry-first-guidance-on-nature-target-setting/

The revised draft European Sustainability Reporting Standards have been released for feedback. (2023, June 13). PwC. https://viewpoint.pwc.com/dt/gx/en/pwc/in_briefs/in_briefs_INT/in_briefs_INT/the-revised-draft-european-sustainability-reporting-standards-have-been-released-for-feedback.html#pwc-topic.dita_b547c1fa-4d07-45c4-97f6-77cc530cfcaf

Topic Standard Project for Biodiversity. (2024). Global Reporting Initiative (GRI). https://www.globalreporting.org/standards/standards-development/topic-standard-project-for-biodiversity/

What is the TNFD? (N.D.). Taskforce on Nature-related Financial Disclosures (TNFD). https://tnfd.global/

ZDHC Manufacturing Restricted Substance List. (2023). ZDHC Foundation. https://mrsl.roadmaptozero.com/

주요 용어

AAFA(American Apparel and Footwear Association)
미국패션신발협회

ABS(Access and Benefit Sharing)
나고야의정서에 따른 유전자원의 접근 및 이익 공유

ABU(Australian Biodiversity Unit)
호주의 자발적 생물다양성 크레딧

Action plan: Financing Sustainable Growth
지속가능금융에 관한 행동 계획

Acute physical risk
급성 물리적 위험

Additional metrics
부속 관리 지표

AOX(Adsorbable Organic Halogens)
흡착형 유기할로겐 화합물

API(Active Pharmaceutical Ingredient)
의약품 활성 원료

Aqueduct Water Risk Atlas
세계자원연구소(WRI)의 물 위험 지도

AR3T(Avoid, Reduce, Restore, Regenerate, Transformative action)
자연에 대한 영향 완화 5단계

Asset tagging
자산 태깅 분석

AWS(Alliance for Water Stewardship)
국제수자원관리동맹

AWS International Water Stewardship
국제수자원관리동맹 국제 물관리 기준

BBOP(Business and Biodiversity Offset Programme)
비즈니스와 생물다양성 상쇄 프로그램

BfN(Business For Nature)
자연을 위한 비즈니스 연합

BIC(Biodiversity Impact Credits)
생물종 전체 개체 수 대비 증가·감소 개체 수

Biodiversity
생물다양성

Biodiversity Credit
생물다양성 크레딧

Biodiversity Credit Alliance
유엔환경계획과 유엔개발계획의 생물다양성 크레딧 동맹

Biodiversity Credit System
뉴질랜드의 생물다양성 크레딧 체계

Biodiversity Credits Working Group
세계경제포럼의 생물다양성 크레딧 작업반

Biodiversity Net Gain
생물다양성 순이익

Biodiversity Offset
생물다양성 상쇄

Biological Diversity Protocol
생물학적 다양성 프로토콜.
기업의 생물다양성 영향 공개

Biome
생물군계

Capital flow and financing opportunity
자본 흐름과 조달 기회

Carbon Credits
탄소배출권

Carbon neutrality
탄소중립

Carbon Offset
온실가스 감축 상쇄

CBAM(Carbon border adjustment mechanism)
탄소국경조정 메커니즘

CBD(Convention on Biological Diversity)
생물다양성협약

CCR(Coal Combustion Residuals)
석탄 연소 잔재물

CCUS(Carbon capture, utilization and storage)
탄소 포집·활용·저장

CDM(Clean Development Mechanism)
청정개발체제

CDP(Carbon Disclosure Project)
탄소정보 공개 프로젝트

CDP Forest(Carbon Disclosure Project Forest)
탄소정보공개 프로젝트 산림 부문

Chronic physical risk
만성 물리적 위험

CITES(Convention on International Trade in Endangered Species of Wild Fauna and Flora)
멸종위기 동식물 국제 거래에 관한 협약

CMS(Convention on the Conservation of Migratory Species of Wild Animals)
국제 이동생물종 보호에 관한 협약

Cooperative Approach
파리협정 협력적 접근법

Core global disclosure metrics
핵심 관리지표

Core sector disclosure metrics
업종별 핵심 관리 지표

CSR(Corporate Social Responsibility)
사회적 책임 활동

CSRD(Corporate Sustainability Reporting Directive)
유럽연합 기업 지속가능성 보고 지침

DCF(Deforestation and Conversion Free)
산림훼손·전환 제로

Dependencies
기업의 생태계 서비스 의존

Dependency pathway
의존성 경로

DNSH(Do No Significant Harm)
중대한 위해 금지

DSI(Digital Sequence Information on genetic resources)
유전자원 염기서열 정보

EbA(Ecosystem-based Approach)
생태계기반 접근법

EBSA(Ecologically or Biologically Significant Marin Areas)
생태학적 또는 생물학적으로 중요한 해양 지역

Ecosystem
생태계

Ecosystem connectivity
생태계 연결성

Ecosystem services
생태계 서비스

eDNA(Environmental DNA)
환경 DNA

EFRAG(European Financial Reporting Advisory Group)
유럽 재무보고 자문 그룹

EHI(Ecosystem Health Index)
생태계 건강지수

EII(Ecosystem Integrity Index)
생태계 완결성지수

EL(Expected Loss)
예상 손실

Environmental assets
환경 자산

Equator Principle
적도 원칙

ESRS(European Sustainability Reporting Standards)
유럽연합 지속가능성 보고 기준

EU Deforestation Law
유럽연합 산림파괴방지법

EU Green Bond Standard
유럽연합 녹색채권기준

EU Taxonomy
유럽연합 녹색분류체계

F4B(Finance for Biodiversity)
생물다양성을 위한 금융 연합

FEM(Facility Environmental Module)
Higg 지수의 시설 환경 모듈

FFDR(Forage Fish Dependency Ratio)
수산양식관리협의회(ASC)의 양식 어획량 대비 사료 공급량 기준

Finance for Biodiversity Pledge
생물다양성을 위한 금융 서약

Financed nature dependency metrics
생태계 서비스 의존 금융 관리 지표

Financed nature impact metrics
자연 영향 금융 관리 지표

FLII(Forest Landscape Integrity Index)
산림경관 완전성지수

FPIC(Free Prior and Informed Consent)
원주민에 대한 사전통보 승인

FSB(Financial Stability Board)
금융안정위원회

FSC(Forest Stewardship Council)
국제산림관리협의회

FSCI(Forest Structural Condition Index)
산림구조지수

G20 Principles for Quality Infrastructure Investment
G20의 양질의 인프라 투자 원칙

G20 SFWG(G20 Sustainable Finance Working Group)
G20 지속가능금융 작업반

G7 ANPE(G7 Alliance on Nature Positive Economies)
G7 네이처 포지티브 경제 동맹

GBF(Kunming-Montreal Global Biodiversity Framework)
쿤밍-몬트리올 세계생물다양성체계

GHG Protocol
온실가스 프로토콜. 기업의 온실가스 배출량 산정 체계

GHS(Globally Harmonized System)
화학물질의 분류와 표지에 대한 세계 조화 시스템

Global ecosystem typology
생태계 분류체계

Global Industry Standard on Tailings Management
채광잔재물 관리에 관한 국제 글로벌 산업 표준

Governance
지배구조

GRI(Global Reporting Initiative)
글로벌 보고 이니셔티브

GRI Biodiversity Standard (Global Reporting Initiative Biodiversity Standard)
글로벌 보고 이니셔티브 생물다양성 기준

GST(Global Stocktake)
기후변화 대응에 대한 전 지구적 이행점검

HAPs(Hazardous Air Pollutants)
유해 대기오염 물질

High-risk natural commodities
자연에 영향이 큰 원자재

High Sea Treaty/BBNJ(High Sea Treaty/Biodiversity Beyond National Jurisdiction treaty)
공해상 해양생물다양성을 위한 협정

IAS(Invasive Alien Species)
침입외래종

IBAT(Integrated Biodiversity Assessment Tool)
통합 생물다양성 평가 도구

ICAO(International Civil Aviation Organization)
국제민간항공기구

ICCAs(Indigenous Peoples and Local Communities Conserved Territories and Areas)
원주민 및 지역사회에 의한 보호지역

ICMM(International Council on Mining and Metals)
국제광업금속협의회

IFRS(International Financial Reporting Standards)
국제회계기준재단

IFRS S1(International Financial Reporting Standards S1)
국제회계기준재단 지속가능성 관련 일반 요구사항

IFRS S2(International Financial Reporting Standards S2)
국제회계기준재단 기후 관련 공시 기준

ILO(International Labour Organization)
국제노동기구

IMO(International Maritime Organization)
국제해사기구

Impact drivers
영향 유발요인

Impact pathway
영향 경로

International Water Stewardship
국제 물 관리 기준

IPBES(Intergovernmental Science-Policy Platform on Biodiversity and Ecosystem Services)
생물다양성 과학기구

IPCC(Intergovernmental Panel on Climate Change)
기후변화에 관한 정부간 협의체

IPLCs(Indigenous People and Local Communities)
원주민 및 지역 사회

ISA(International Seabed Authority)
국제해저관리기구

ISIC(International Standard Industrial Classification of All Economic Activities)
국제산업분류표준

ISO(International Organization for Standardization)
국제표준기구

ISSB(International Sustainability Standards Board)
국제지속가능성기준위원회

ITMOs(Internationally Transferred Mitigation Outcomes)
국가간 온실가스 감축 실적 이전

IUCN(International Union for Conservation of Nature)
세계자연보전연맹

JI(Joint Implementation)
공동이행제도

KBAs(Key Biodiversity Areas)
중요생물다양성권역

KPIs(Key Performance Indicators)
성과 지표

K-Taxonomy
한국 녹색분류체계

LEAP(Locate, Evaluate, Assess, Prepare)
TNFD의 LEAP 접근법

LGD(Loss Given Default)
부도시 손실율

Liability risk
법적 책임 위험

Market opportunity
시장 기회

Market risk
시장 위험

Materiality
중대성

Metrics & targets
관리 지표와 목표

Mitigation hierarchy
영향 완화 단계

MSA(Mean Species Abundance)
평균 생물종 풍부도

Natural Capital
자연자본

Nature
자연

Nature Action 100
자연을 위한 행동 100

Nature positive
네이처 포지티브

Nature positive economy
네이처 포지티브 경제

Nature Repair Market
호주의 생물다양성 크레딧 체계

Nature's Contribution to people
자연의 사람에 대한 기여

Nature-related physical risks
자연 관련 물리적 위험

Nature-related systemic risks
자연 관련 체계적 위험

Nature-related transition risks
자연 관련 전환 위험

NbS (Nature based Solution)
자연기반해법

Net-zero
넷제로

NFRD(Non-financial Reporting Directive)
유럽연합 비재무정보 보고 지침

NPI(Nature Positive Initiative)
네이처 포지티브 이니셔티브

OCS(Organic Cotton Standard)
유기농목화표준

ODA(Official Development Assistance)
공적개발원조

OECD Guidelines for Multinational Enterprises on Responsible Business Conduct
다국적기업의 책임경영을 위한 OECD 가이드라인

PACM(Paris Agreement Crediting Mechanism)
파리협정 크레딧 체계

Paris Agreement
파리기후변화협정

PCAF(Partnership for Carbon Accounting Financials)
탄소회계금융연합체

PD(Probability of Default)
예상 부도율

PDF(Potentially Disappeared Fraction)
멸종 가능성 비율

PEFC(Program the Endorsement of Forest Certification)
산림인증 승인프로그램

PES(Payment for Ecosystem Services)
생태계 서비스 지불 제도

PFAS(Per-and polyfluoroalkyl substances)
유기불소화합물

PIC(Prior Informed Consent Regulation)
유럽연합 사전통보승인 관리 유해물질

Policy risk
정책 위험

POPs(Persistent Organic Pollutants)
잔류성 유기오염물질

PRB(Principles for Responsible Banking)
책임은행원칙

PRB Nature Target Setting Guidance
책임은행원칙 자연 관련 목표 설정 가이드

PRI(Principles for Responsible Investment)
책임투자원칙

Products and services opportunity
생산과 서비스 기회

RAS(Responsible Alpaca Standard)
섬유변화 이니셔티브(Textile Exchange)의 책임알파카기준(알파카털)

RDS(Responsible Down Standard)
섬유변화 이니셔티브(Textile Exchange)의 책임다운기준(오리털)

RE-100
재생에너지-100 이니셔티브

REACH(Registration Evaluation Authorization and of Chemicals)
유럽연합 화학물질 등록 평가 제도

Realm of nature
자연의 영역

REDD+(Reducing Emissions from Deforestation and forest Degradation Plus)
산림파괴 방지를 통한 온실가스 감축

Ramsar Convention
The Convention on Wetlands of International Importance Especially As Waterfowl Habitat
국제습지협약

Recommendations of the TCFD
TCFD 기후 관련 공시 권고

Recommendations of the TNFD
TNFD 자연 관련 공시 권고

Red List of Ecosystems
세계자연보전연맹 생태계 적색 목록

Red list of Threatened Species™
세계자연보전연맹 위기종 적색 목록

Reputation risk
평판 위험

Reputational capital opportunity
평판 자본 기회

Resource efficiency opportunity
자원 효율화 기회

Restoration
복원

Risk & impact management
위험과 영향 관리

RMS(Responsible Mohair Standard)
섬유변화 이니셔티브(Textile Exchange)의 책임모헤어기준
(앙고라염소털)

RSL(Restricted Substance List)
제한물질 목록

RSPO(Roundtable on Sustainable Palm Oil)
지속가능한 팜유산업협의체

RWS(Responsible Wool Standard)
섬유변화 이니셔티브(Textile Exchange)의 책임양모기준

SASB(Sustainability Accounting Standards Board)
지속가능회계기준위원회

SBTi(Science-based Target initiative)
과학기반목표 이니셔티브

SBTi Forest(Science-based Target Initiative Forest)
과학기반목표 이니셔티브 산림 부문

SBTN(Science-based Target Network)
과학기반목표 네트워크(자연 분야)

Scenario based risk assessment
시나리오 기반 평가

SFDR(Sustainable Finance Disclosure Regulation)
유럽연합 지속가능금융 공시 규정

SFI(Sustainable Forestry Initiative)
지속가능한 임업 이니셔티브

Species
생물종

SRC(Stockholm Resilience Centre)
스톡홀름 회복력 센터

STAR Metric(The Species Threat Abatement and Restoration Metric)
생물종 위험 저감 및 복원 지표

State of nature
자연의 상태

Strategy
전략

Sustainability performance opportunity
지속가능한 성과 기회

SVHCs(Substances of Very High Concerns)
유럽연합 고위험성 우려 물질

TCFD(Task Force on Climate-related Financial Disclosures)
기후 관련 재무정보공개협의체

Technology risk
기술 위험

TNFD(Task Force on Nature-related Financial Disclosures)
자연 관련 재무정보공개협의체

UN Declaration on Rights of Indigenous Peoples
원주민 권리에 관한 UN 선언

UN Guiding Principles on Business and Human Rights
비즈니스 및 인권에 관한 UN 원칙

UN SEEA EA(United Nations System of Environmental-Economic Accounting - Ecosystem Accounting)
유엔 환경경제계정-생태계 계정

UNEP(United Nations Environment Programme)
유엔환경계획

UNEP FI(UNEP Finance Initiative)
유엔환경계획 금융 이니셔티브

UNEP-WCMC(UNEP-World Conservation Monitoring Centre)
유엔환경계획 세계보전모니터링 센터

UNFCCC(United Nations Framework Convention on Climate Change)
기후변화협약

UNI(Urban Nature Indexes)
도시자연지수

US Aquatic Resources Compensatory Mitigation programme
미국 수자원 보상형 감축 프로그램

Value chain Upstream, Downstream
가치사슬 업스트림, 다운스트림

VCM(Voluntary Carbon Market)
자발적 탄소 시장

VOCs(Volatile Organic Compounds)
휘발성 유기화합물질

WBCSD(World Business Council for Sustainable Development)
세계지속가능발전기업협의회

WCED(World Commission on Environment and Development)
세계환경개발위원회

WDPA(World Database on Protected Area)
세계 보호지역 데이터베이스

WEF(World Economic Forum)
세계경제포럼

WFP(World Food Programme)
세계식량계획

WMO(World Meteorological Organization)
세계기상기구

WRI(World Resource Institute)
세계자원연구소

ZDHC MRSL(ZDHC Manufacturing Restricted Substance List)
ZDHC 재단의 제조업 사용 제한 목록

저자 소개

오일영 (환경부 국장, 전 세계자연보전연맹 고위 한국협력관)
기후변화, 자연과 생물다양성 분야의 국제 정책을 분석해 한국 사회의 대응 방법을 찾는 환경행정가

서울대학교에서 자원공학을 전공하고, 영국 서레이대학교 지속가능성환경센터에서 수학하였다. 충남대학교 국가정책대학원에서 탄소중립을 주제로 정책학 박사 학위를 받았다. 1999년부터 환경부, 기획재정부, 대통령 비서실 등에서 환경영향평가, 녹색성장, 배출권거래제, 기후변화 전략, 그린 뉴딜, 환경예산 편성 등 환경 정책을 주도적으로 이행하였다. 2012~2015년에는 주독일 대한민국 대사관 본분관에서 기후변화, 생물다양성 분야의 환경 외교관으로 근무하였다. 2021~2024년에는 세계자연보전연맹(IUCN)의 고위 한국협력관으로 활동하면서 생물종 관리, 보호지역 관리, 기업의 자연 분야 ESG, 해양플라스틱 등에 대해 한국 정부와 세계자연보호연맹간 협력 사업을 개발하였다. 또한, 세계자연보호연맹의 생태계 관리 전문위원회(Commission on Ecosystem Management)에 참여하였으며, 자연기반해법에 대한 IUCN 전문가 인증(Professional Certificate on IUCN Global Standard for Nature based Solutions)을 취득하였다.
이 책과 《자연기반해법: 위기에서 살아남는 현명한 방법》(2023)의 기획자이자 대표 저자이다.

김은경 (환경부 감사관)
환경친화적 공간 조성과 비용효과적인 보전 행정에 관심 많은 환경부 공무원

서강대학교 국어국문학과를 졸업하고 영국 맨체스터대학교에서 도시계획정책학 박사 학위를 받았다. 2000년부터 환경부에서 자연, 대기, 물, 화학물질 관리 등 주요 분야의 정책을 담당하고 있다. 전기자동차와 충전기 보급 정책을 추진하여 녹색성장 동력 확보에 기여하였으며, 중소업체 등 기업의 화학물질 관리 역량을 높이기 위한 지원 정책을 마련하고 환경영향평가 법령 정비와 관련 제도 개선, 육해상풍력발전과 같은 친환경 에너지 개발 정책 마련과 대외 소통 등에서 역량을 발휘하였다. 2016~2019년에는 파리 소재 주오이시디(OECD) 대한민국 대표부에서 환경 외교관으로 근무하면서 자연, 대기, 물, 기후변화 등 환경문제를 국제사회와 함께 고민하며 OECD 환경경제정책통합작업반(Working Party on Integrating Environmental and Economic Policies) 부의장을 역임했다. 주요 관심사는 개발의 첫 단계부터 환경 문제를 고려하여 비용효과적 대안을 마련하는 것이다. 유례없는 변화의 속도 가운데에서 행정 효율성과 환경보전 목적 달성을 극대화하기 위해 자연보전국에서 환경영향평가제도를 개선하고, 도시계획 구상 과정에서 '환경 가치'를 높이는 방안을 찾기 위해 박사 과정을 이수한 이유이다.
지금은 감사관실에 근무하면서 다각적인 관점에서 환경 행정을 바라보며 개선하려고 노력하고 있다.

문진영 (대외경제정책연구원 연구위원, 지속가능발전연구팀장)
기후변화 및 환경 관련 국제협력을 연구하는 학자

고려대학교 농업경제학과에서 학부와 석사 과정을 마친 후,
농협선물에서 국내외 상품선물 중개 및 조사 연구를 담당했다. 미국
미네소타대학교에서 응용경제학 박사 학위를 취득하였고, 2012년부터
대외경제정책연구원(KIEP)에서 근무하고 있다.
주요 연구 분야는 국제사회의 지속가능한 발전을 위한 기후변화 및
환경 대응에서 파생되는 국제협력과 이를 지원하는 글로벌 기후
재원(climate finance) 문제이다. 이와 관련해 정부 정책을 자문하고 있으며
한국환경경제학회 이사 및 편집간사, 경희대 국제대학원에서 겸임 교수를
역임하였다. 앞으로도 ESG를 포함한 국제사회의 기후변화와 환경 문제 대응
과정에서 발생하는 이슈와 개발도상국 지원, 한국의 역할에 대해 연구할
계획이다.

이성아 (국제이주기구 사무차장, 전 세계자연보전연맹 사무차장)
지속가능하고 포용적인 경제와 사회 구축에 열정적인 국제기구 경영이사

여러 국제기구에서 통합 전략 수립과 실행을 담당하고 있다. 지금은 국제이주기구(IOM) 사무차장이며, 세계자연보전연맹 사무차장으로 오래 일했다. 그전에는 세계경제포럼, 빌&멜린다 게이츠 재단, 국제금융포용연합, 유엔 아시아태평양 경제사회위원회(UNESCAP), 국제암통제연맹(UICC), 국제무역센터(ITC), LG카드 등 여러 국제기구와 민간 부문에서 활동했다. 특히 지속가능발전에 관한 정책 및 실행, 국제적인 아젠다 설정과 협력을 주도해 왔다. 또한 유엔자본개발기금(United Nations Capital Development Fund)의 금융포용혁신(Shaping Inclusive Finance Transformations) 프로그램, 유엔 Better than Cash Alliance, 그리고 지속가능발전목표를 위한 글로벌 역량강화기관인 Digital Frontiers 이사로 활동했다.

네이처 포지티브 Nature Positive
기업이 알아야 할 자연을 위한 ESG

1판 1쇄 2024년 7월 22일
지은이 오일영 김은경 문진영 이성아

디자인 김민정
펴낸이 이명제

펴낸곳 지을
출판등록 제2021-000101호

전화번호 070-7954-3323
홈페이지 www.jieul.co.kr
이메일 jieul.books@gmail.com

ISBN 979-11-93770-01-6(03320)

ⓒ 오일영 김은경 문진영 이성아, 2024
이 책의 일부 또는 전부를 재사용하려면 반드시 저작권자와 지을
양측의 동의를 얻어야 합니다.

슬기로운 지식을 담은 책 **로운known**
로운은 지을의 지식책 브랜드입니다.

이 책은 재생 펄프를 함유한 종이로 만들었습니다.
표지에 비닐 코팅을 하지 않았으므로 종이류로 분리배출할 수 있습니다.
표지: 올드밀 프리미엄 화이트 250g, 면지: 밍크지 녹두 120g, 내지: 친환경미색지 95g